博士论文
出版项目

“一带一路”价值链驱动机制与中国制造业升级

The Driving Mechanism of “the Belt and Road” Value Chains and China’s Manufacturing Upgrading

潘雨晨 著

中国社会科学出版社

图书在版编目（CIP）数据

“一带一路”价值链驱动机制与中国制造业升级／潘雨晨著．—北京：中国社会科学出版社，2023.4

ISBN 978－7－5227－1671－8

Ⅰ.①一… Ⅱ.①潘… Ⅲ.①制造工业—产业结构升级—国际合作—研究—中国 Ⅳ.①F426.4

中国国家版本馆 CIP 数据核字(2023)第 051158 号

出 版 人 赵剑英
责任编辑 党旺旺
责任校对 周 昊
责任印制 王 超

出 版 中国社会科学出版社
社 址 北京鼓楼西大街甲 158 号
邮 编 100720
网 址 http://www.csspw.cn
发 行 部 010－84083685
门 市 部 010－84029450
经 销 新华书店及其他书店

印 刷 北京君升印刷有限公司
装 订 廊坊市广阳区广增装订厂
版 次 2023 年 4 月第 1 版
印 次 2023 年 4 月第 1 次印刷

开 本 710×1000 1/16
印 张 19.25
字 数 268 千字
定 价 108.00 元

出 版 说 明

为进一步加大对哲学社会科学领域青年人才扶持力度，促进优秀青年学者更快更好成长，国家社科基金2019年起设立博士论文出版项目，重点资助学术基础扎实、具有创新意识和发展潜力的青年学者。每年评选一次。2021年经组织申报、专家评审、社会公示，评选出第三批博士论文项目。按照“统一标识、统一封面、统一版式、统一标准”的总体要求，现予出版，以飨读者。

全国哲学社会科学工作办公室

2022年

摘　要

“一带一路”倡议将中国与沿线各国[①]纳入“共商共建共享”的区域经济合作框架，随着该倡议的不断推进，各国间的经贸合作不断深化，并朝着一体化的方向发展。在全球保护主义抬头、地区摩擦不断、新冠肺炎疫情蔓延的百年未有之大变局下，“一带一路”倡议为地区内各国的共同发展和互利共赢提供了良好的平台。同时，“在构建新发展格局和建设现代化经济体系过程中，”如果不坚持走自主创新道路，中国制造业将面临被遏制和封锁的威胁。此外，中国也面临着“人口红利”消失、经济下行压力增大、欧美国家“再工业化”、其他发展中国家制造能力提升等诸多问题，而构建和参与“一带一路”价值链则成为促进国内制造业转型升级、提升价值链地位的重要途径。可见，构建“一带一路”价值链具有其必要性和时代性。深入探讨“一带一路”价值链中驱动机制如何对中国制造业转型升级产生影响以及产生何种影响为中国与“一带一路”沿线国家实现进一步合作从而实现价值链地位的攀升奠定了更深层次的基础，同时这也使得本书的研究具有较强的理论和现实意义。

本书紧紧围绕“‘一带一路’价值链驱动机制影响中国制造业转型升级”这一主题，从价值链分工视角入手，深入研究在中国主动参与和构建“一带一路”价值链过程中，价值链生产者驱动机制

① 本书中所描述的“一带一路”各沿线国家和经济体不包含中国香港地区、澳门地区和台湾地区，所使用的数据也不包含上述三个地区。

和购买者驱动机制将如何对中国制造业转型升级产生影响。具体来说，在对研究背景、研究意义等方面进行论述的基础上，本书首先从价值链理论、价值链下的产业转型升级、“一带一路”区域经济合作与中国产业转型升级三个方面对现有相关文献进行梳理和综述；其次，从理论层面出发，立足于发展中国家，针对价值链驱动机制影响产业转型升级构建理论框架，并通过数理模型推导对其进行理论分析；再次，从现实角度出发，对“一带一路”沿线国家制造业参与国际分工的典型化事实以及“一带一路”沿线国家制造业互惠合作发展的现实特征进行分析，为进一步研究提供现实基础和数据支持；在此基础上，对“一带一路”价值链驱动机制如何影响中国制造业转型升级的作用机理进行分析；又次，从实证角度出发，在整体层面上对“一带一路”价值链驱动机制对中国制造业转型升级的对称性影响进行检验，并在企业层面上对这一影响进行验证，同时在国家层面上对“一带一路”价值链驱动机制对中国制造业转型升级的非对称性影响进行检验；最后，在总结现实分析、理论分析、实证分析三方面相应结论的基础上，从政府、产业和企业三个层面为中国进一步参与“一带一路”价值链分工从而实现制造业转型升级提出可行的对策建议。

关键词：“一带一路”价值链；生产者驱动机制；购买者驱动机制；制造业升级

Abstract

"The Belt and Road" initiative has brought China and other countries along the line into a framework of regional economic cooperation on the principle of "Seeking Shared Benefits through Consultation and Collaboration". With the continuous promotion of the initiative, countries also actively carry out in-depth economic and trade cooperation and develop towards integration. With the rise of global protectionism, regional friction and the spread of COVID-19, the whole world is in a great change not seen in a century. At this time, "the Belt and Road" initiative provides a great platform for the common development and mutual benefit of countries in the region. Meanwhile, in the process of building a new development pattern and a modern economic system, if we do not adhere to the path of independent innovation, China's manufacturing industry will face the threat of containment and blockade. In addition, China is also faced with such problems as the disappearance of the "Demographic Dividend", the increasing downward pressure on the economy, the "Re-industrialization" of European countries and the United States, and the improvement of manufacturing capacity of other developing countries, etc. Building and participating "the Belt and Road" value chains has become an important way to promote the transformation and upgrading of manufacturing industry and enhance the status in global value chains. Therefore, the construction of "the Belt and Road" value chains has its necessity and epochal nature.

Moreover, deeply exploring the impact of the driving mechanism of "the Belt and Road" value chains on the transformation and upgrading of China's manufacturing industry can lay a deeper foundation for further co-operation between China and other countries along "the Belt and Road" to achieve the rise of the status in global value chains, which also makes the research of this book having strong theoretical and practical significance.

This book closely focuses on the theme of the driving mechanism of "the Belt and Road" value chains affects the transformation and upgrading of China's manufacturing industry. From the perspective of value chain division, it deeply studies how the producer-driven, mechanism and buyer-driven mechanism in the value chain will affect the transformation and upgrading of China's manufacturing industry in the process of participation and construction of "the Belt and Road" value chains. Specifically, based on the research background and research significance, this book firstly reviews literatures from three aspects of theories of value chains, industrial transformation and upgrading in the value chains, regional economic cooperation in "the Belt and Road" and industrial transformation and upgrading. Furtherly, at the theoretical level, based on the developing countries, this book sets up the theoretical framework for the value chain driving mechanism affecting industrial transformation and upgrading, and make theoretical analysis through theoretical derivation of mathematical models. Moreover, at the factual level, this book analyzes the typical facts of the participation of the manufacturing sector in the international division and the development of the mutually beneficial cooperation of the manufacturing industry along "the Belt and Road" to provide practical basis and data support for further research. On this basis, how the driving mechanism of "the Belt and Road" value chains affect the transformation and upgrading of China's manufacturing industry is analyzed. Then, from an empirical point of view, at the overall level, the symmetrical impact of the driving mechanism of "the Belt and Road" on the transformation and upgrading of China's manufacturing industry is tested, and this impact is further verified at the enterprise level. At the same time, the asymmetric impact of the driving mechanism of "the Belt and Road" value chains on the transformation and upgrading of China's manufacturing industry is tested at the national level. Finally, based on the corresponding conclusions from three aspects of reality analysis, theoretical analysis and empirical analysis, this book puts forward feasible suggestions for China's further participation in "the Belt and Road" value chains from the national level, industrial level and enterprise level to achieve transformation and upgrading of manufacturing industry.

Key Words: "The Belt and Road" Value Chains; producer-driven Mechanism; buyer-driven Mechanism; Upgrading of Manufacturing Industry

目　　录

Content

第一章

导　论

本书尝试从“一带一路”价值链分工视角出发，深入研究和探讨“一带一路”价值链驱动机制对中国制造业转型升级的影响。本章节为全书的导论部分，通过研究背景与意义、研究思路、研究框架与主要研究内容、主要研究方法与创新点等方面对本书的整体研究思路与研究内容进行梳理。

第一节　研究背景与意义

一　研究背景

世界是一个由各个国家和区域组成的有机共生体，在过往的三十多年中，各国及各区域通过全球价值链（Global Value Chains，GVC）体系已经在经济层面上形成紧密的关联，而全球价值链在经历了三十多年的发展后，也已经成为目前国际生产分工的主要组织形式。各国通过垂直专业化分工（Vertical Specialization）得以嵌入全球价值链中，并通过参与某一个或多个生产环节来加入到国际分工及其利益分配当中（Koopman et al.，2008，2010）。中国自改革开放以来，一直凭借自身资源优势和廉价的劳动力成本，以加工贸易和代工方式为主的制造业嵌入由欧美日等发达国家所主导和控制的全球价值链体系中，并在加工组装环节形成了较强的比较优势。虽然在全球价值链中一直进行劳动密集型和低附加值的生产能够使中国制造业规模得以快速扩张、对外贸易量得以快速增加，从而实现整体产业的快速发展。但对于中国等发展中国家来说，全球价值链并非是一个互惠共赢的策略，这不仅体现在全球价值链中不公平的利益分配方式，也体现在当中国试图通过传统升级路径在全球价值链中进行产业升级时，会面临“筑墙设垒”“脱钩断链”的风险。

目前全球价值链共生模式对中国和其他发展中国家来说是一种偏利共生的“随动—被动”关系或者是非对称的互惠共生的“主动—随动”关系。在这种关系下，利益无法被公平合理地分配，即无法形成互惠共生的“主动—主动”关系，且由于长期这种不合理分配，导致目前区域间发展的非均衡性与非合理性，而这也直接导致了发展中国家的产业升级的困难问题。根据 Schmitz（2004）的界定，当发展中国家的生产厂商企图在欧美国家控制的价值链中树立自己的核心竞争力时，大型跨国公司为了在这种非对称的共生关系中持续获取超额利润而并不会与之合作，甚至会极力阻碍其行为。基于这一界定，对于中国制造业而言，目前所处于的这种“非互惠共生的环境和状态”可以从两方面进行理解：一方面，从理论来看价值链低端环节一般具有技术门槛低、可替代性强的特点，因此当位于全球价值链低端的厂商沿价值链进行自发性产业升级时，处于高端的厂商或对价值链拥有控制权的厂商会利用低端环节的特点对这种行为采取反制措施，比如将有升级意图或行为的低端厂商从其价值链中剔除出去；另一方面，从现实来看，中国在技术和品牌层面的世界影响力都相对较弱，同时由于创新和研发活动具有投入周期长、不确定性高等特点，使得中国在技术研发和创新方面面临较大的风险，而目前国内不完善的产权制度则更会放大这种风险，同时还会导致研发投入供需市场的失灵，进一步引发创新力不足、投入缺失等问题。另外，近年来国内外经济环境也难以为中国经济增长提供良好的支撑。从外部环境看，2008 年国际金融危机的影响犹在，全球经济复苏缓慢，国际投资与贸易的格局和贸易规则正在逐渐发生变化。欧美国家的“再工业化战略”、保护主义和“长臂管辖”现象明显、其他发展中国家制造能力的提升和成本优势的汇集等因素都对目前已有的贸易格局形成巨大的冲击。从内部环境来看，自国际金融危机之后，中国经济虽然快速恢复，但也难以达到国际金融危机之前的经济增长速度。同时，随着经济下行压力增大以及“刘易斯拐点”的出现和“人口红利”的逐渐消失，中国经济增长的可持续性也受到一定质疑。

综上所述，全球价值链非互惠共生的特点以及所面临的“筑墙设垒”和“脱钩断链”的压力使得中国无法实现依据传统路径的沿着价值链的产业自发性升级，而目前的国内外经济形势又迫使中国不得不在全球投资与贸易中寻求新的影响力和竞争优势，因此中国目前急需寻求一条新的互惠型道路以实现制造业转型升级并带动整体经济增长和可持续发展，即实现“互惠共生”。而在2013年提出的“一带一路”倡议则提供了一个新的思路。本书在坚持共商共建共享全球治理观的基础上，以“一带一路”价值链驱动机制为切入点，重点关注并深入探讨如何通过积极参与“一带一路”价值链下的分工合作，为中国制造业寻求更为有效且实际的产业升级路径。

二　研究意义

理论意义方面，在传统的全球价值链理论中，发达国家企业多位于价值链的上游环节和下游环节，负责产品的研发与设计、品牌服务、市场营销等，而发展中国家企业则大多负责中游的生产与组装环节。根据微笑曲线，绝大多数的利润归属与发达国家企业，仅有相对较少的利润归发展中国家企业所有，即发达国家企业处于价值链高附加值环节，而发展中国家企业处于价值链低附加值环节，且发达国家企业会阻碍发展中国家企业向高附加值环节攀升。从另一角度来看，传统价值链理论下的分工合作并非代表了各参与方的互惠共赢，而是主要代表了发达国家的单方利益。通过生产分工所获取的利益被偏利分配或非对称分配，即发展中国家厂商的消费者剩余被处于高端环节的发达国家厂商通过技术和品牌的控制所剥夺。为摆脱这一处境，发展中国家需要不断进行产业升级，在发达国家控制的全球价值链中树立自己的品牌和影响力，进而增强自身在产业中的获利能力。然而，虽然传统理论为发展中国家产业自发性升级指明了方向，给出了阶段性升级框架，但是较少从理论层面对于发展中国家如何实现互惠共生的发展模式提出科学有效的解决方法。本书借鉴价值链的相关理论，系统性构建了价值链驱动机制影响产业转型升级的理论模型，并通过数理推导得出相应理论假设。同时，在共商共建共享全球治理观的基础上，分析了在以各方互惠共生为核心的“一带一路”价值链下，中国与沿线国家的顺向和逆向分工合作通过价值链驱动机制影响中国制造业转型升级的内在作用机理。这不仅为研究“一带一路”价值链下的中国制造业转型升级以及进一步的合作与实践提供了科学的理论基础，对于深化相关国际贸易理论，以及为中国寻求更为科学和有效的产业升级路径来说也具有十分重要的理论意义。

现实意义方面，随着近年来国际分工的不断深化，发展中国家在全球价值链中的处境越来越受到广泛的关注。其中，作为世界上两大经贸组织，WTO 和 OECD 在其相关研究中也越来越关注发展中国家参与全球价值链的情况，而较为引人注目的分别是发展中国家中普遍存在的“比较优势陷阱”以及如何让发展中国家实现价值链升级，可见改善发展中国家在全球价值链中的处境是全球所关注的一个重要问题。“一带一路”倡议的提出为中国实现价值链升级提供了一个良好的机遇和平台。同时，党的二十大报告指出，在参与全球治理体系改革和建设过程中，要“践行共商共建共享的全球治理观”。通过在“一带一路”沿线国家之间进行区域的一体化建设，并借助相关优势禀赋，在全球价值链和区域价值链共存的“双环流”结构下提高沿线各国生产要素的价值创造能力，在优势互补、互惠共生的基础上促进各国的优势产业形成，提高各发展中国家和新兴市场国家的产业竞争力。另外，针对中国制造业目前所面临的现实情况，通过与其他沿线国家的合作共赢，“一带一路”倡议为其实现转型升级和经济的可持续发展提供了更好的解决思路，这令本书具有较强的现实意义。

第二节　研究思路、研究框架与主要研究内容

一　研究思路

本书基于“一带一路”倡议与共商共建共享的全球治理观，从价值链分工视角出发，以中国制造业实现转型升级为落脚点，深入研究了“一带一路”价值链内部驱动机制对中国制造业转型升级的影响。全文紧紧围绕这一主题，对现实基础、理论框架、实证分析等方面进行了详细的分析。具体来说，本书首先在现有理论模型的基础上进行拓展，得到了“三国价值链分工模型”，并进一步对价值链顺向分工和逆向分工下价值链驱动机制对不同国家产业的具体影响进行分析。随后基于现实事件与数据，对中国与“一带一路”沿线国家制造业参与全球价值链分工以及双边间制造业互惠合作发展的现实特征进行分析。同时，结合“一带一路”倡议的现实情况，针对不同分工下“一带一路”价值链驱动机制（即生产者驱动机制和购买者驱动机制）对中国制造业转型升级的内在影响机理进行讨论，从而形成系统的理论框架，为进一步研究奠定理论基础。之后，本书结合“产业共生水平评价指标体系”测算结果以及中国与“一带一路”沿线国家制造业的全球价值链位置指数测算结果，构建相应计量模型，从整体层面、价值链顺向分工和价值链逆向分工三个方面对“一带一路”价值链驱动机制对中国制造业转型升级的影响进行实证分析，并进一步使用 NARDL 模型从非对称影响的视角出

发，在国家层面上对价值链驱动机制对中国制造业转型升级的非对称影响进行具体检验，从而得出相应实证结果。最后，结合理论分析结果与实证分析结果，本书针对在“一带一路”价值链分工中如何促进和实现中国制造业的转型升级，从国家、产业、企业三个层面提出了可行的对策建议。

二　研究框架

本书的研究框架如图 1－1 所示。

三　主要研究内容

本书共分为八章，第一章为导论，包括研究背景与意义、研究思路、框架及主要内容、研究方法与主要创新点等内容。第二章为相关文献综述，主要针对价值链理论发展、价值链下的产业转型升级以及“一带一路”区域经济合作与中国产业转型升级三个方面的相关研究进行综述，并对现有研究观点进行评述。

第三章从理论层面出发，通过构建数理模型对价值链驱动机制的产业转型升级的影响进行理论分析，具体包括 4 节内容。第一节主要在现有文献研究的基础上，完全立足于发展中国家视角，构建以发展中国家为主的“三国价值链分工模型”，并对生产者驱动机制和购买者驱动机制下各自的均衡状态以及总体均衡状态进行分析，从而得到初始均衡状态。第二节主要从价值链顺向分工合作视角出发，通过数理推导得出价值链顺向分工合作后的均衡结果，并对分工合作对价值链上游和下游国家的具体影响进行分析，得出相应假设。第三节从价值链逆向分工合作视角出发，推导相应均衡结果，并对分工合作对价值链上游和下游国家的具体影响进行分析，得出相应假设条件。在对模型进行推导的基础上，得出相应假设条件。第四节为本章小结。

第四章为对“一带一路”沿线国家制造业分工合作的典型化事实分析，具体包括3 节内容。第一节主要对“一带一路”沿线国家

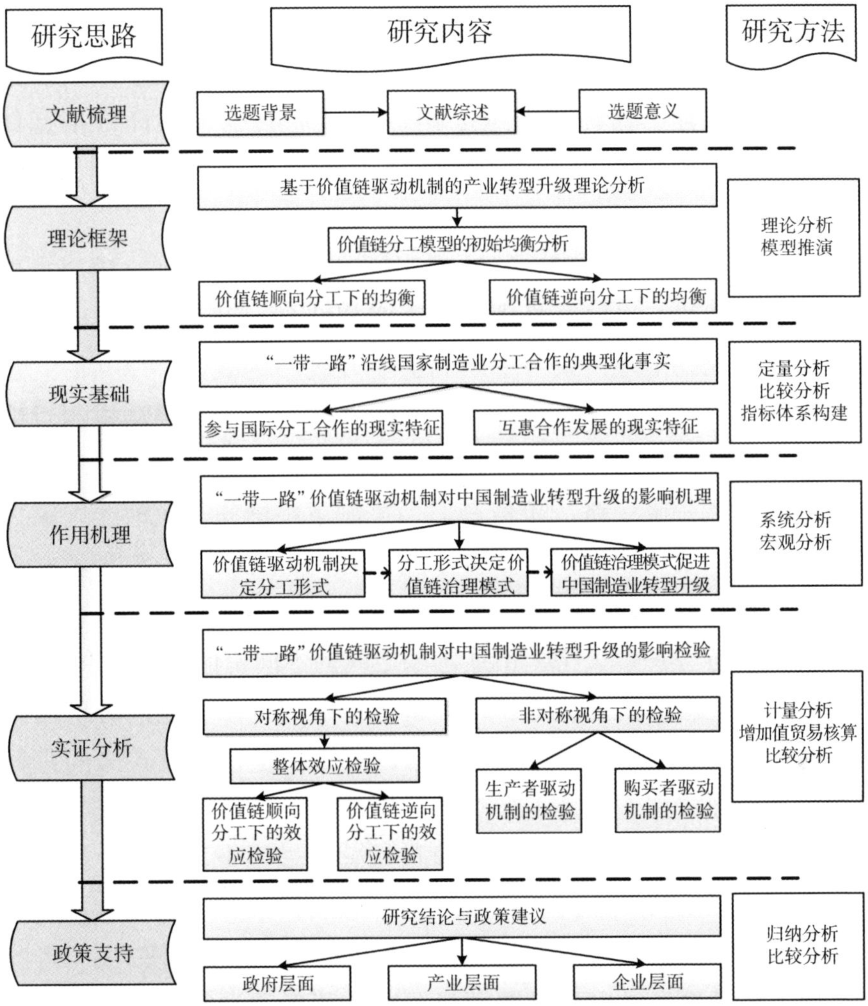

图1－1　本书研究框架

制造业参与国际分工合作的现实特征进行分析，首先从投资和贸易两个方面对中国与其他沿线国家制造业参与全球价值链分工的现状进行探讨。其次，本部分从增加值贸易视角出发，使用 Wang（2017b）提出的全球价值链位置指数对中国与其他“一带一路”沿线国家制造业及其细分行业的 GVC 位置指数进行测算。第二节主要对中国与“一带一路”沿线国家制造业间互惠合作发展的现实特征进行分析，首先对中国与“一带一路”沿线国家制造业之间的投资和贸易合作现状进行分析。其次，本部分引入“共生理论”，并从融合、竞争、依存、互补四个维度构建“产业共生水平评价指标体系”，并在增加值贸易视角下对中国与其他沿线国家制造业间的共生水平进行测算，并对结果进行相应分析。第三节为本章小结。

第五章在结合“一带一路”现实情况的基础上，延续第三章理论分析框架的研究思路，将理论与现实相结合，以“价值链驱动机制→分工形式→治理模式→中国制造业升级”为线索，以共商共建共享全球治理观为基础，分析了“一带一路”价值链驱动机制对中国制造业转型升级的内在作用机理，具体分为4节内容。第一节分析了在不同“一带一路”价值链驱动机制下中国与其他沿线国家之间如何进行价值链分工，即分析了生产者驱动机制下、购买者驱动机制下以及混合驱动机制下进行价值链顺向和逆向分工。第二节分析了在中国与“一带一路”沿线国家之间的不同价值链分工形式下，会具有何种价值链治理模式，即对价值链顺向分工和逆向分工与领导型、层级型、关系型、模块型和市场型价值链治理模式之间进行匹配，从而确定在不同分工形势下的价值链治理模式。第三节分析了在中国与“一带一路”沿线国家进行分工过程中，不同价值链分工形式和治理模式下如何实现对中国制造业转型升级的影响，即综合分析了在不同价值链分工形式下，在不同价值链治理模式中，“一带一路”价值链中的生产者驱动机制与购买者驱动机制对中国制造业转型升级的具体影响。第四节为本章小结。

第六章从对称视角下对“一带一路”价值链驱动机制对中国制造业转型升级的影响进行实证检验，具体分为7节内容。具体来说，在第一节中，本部分基于面板数据，构建面板计量模型，将中国制造业转型升级分为出口技术结构优化、增加值出口贸易规模扩大、产业结构合理化与高级化四个方面，并依据经典价值链理论，将生产者驱动机制与购买者驱动机制进行量化，同时将第三章构建的

“产业共生水平评价指标体系”纳入模型中，从而构建在产业共生背景下“一带一路”价值链生产者驱动机制与购买者驱动机制影响中国制造业转型升级的计量模型。在第二节中，以对外经济贸易大学全球价值链研究院数据库、世界银行为主要数据来源，选取32个“一带一路”沿线国家为研究样本，并对计量模型中的各变量进行统计性检验。第三节从整体层面上对“一带一路”价值链对中国制造业出口技术结构、增加值出口规模、产业结构合理化、产业结构高级化四个方面在静态和动态视角下的影响进行实证分析，并随后进行稳健性检验，从而对前文的假设条件进行验证。第四节和第五节依据第三章中的中国与“一带一路”沿线国家在全球价值链中的分工地位测算结果，按照价值链分工地位的高低将样本国家分为“价值链顺向分工”和“价值链逆向分工”两组，分别对中国与“一带一路”沿线国家进行价值链顺向和逆向分工合作中生产者驱动机制和购买者驱动机制对中国制造业转型升级的具体影响进行检验，从而对前文的假设条件进行更为具体的验证。第六节深入到企业层面，检验“一带一路”价值链驱动机制在总体分工、顺向分工和逆向分工中对中国制造业企业平均生产效率的影响，从而验证参与“一带一路”价值链分工能否促进中国制造业实现全面的转型升级。第七节为本章小结。

第七章从非对称视角出发，使用非对称自回归分布滞后模型，在国家层面上对“一带一路”价值链驱动机制对中国制造业转型升级的具体影响进行检验，共分为5节内容。具体来说，第一节首先对非线性自回归分布滞后模型（NARDL）进行简要介绍，其次在第六章所构建计量模型的基础上，从非线性与非对称影响的视角下对相关计量模型进行改进，从而构建非线性自回归分布滞后模型。第二节主要在国家层面上实证检验了在中国与32个样本国家制造业进行价值链分工过程中，“一带一路”价值链生产者驱动机制对中国制造业转型升级分别具有何种影响，并对结果进行分析。第三节主要实证检验了在中国与32个样本国家制造业进行价值链分工过程中，

“一带一路”价值链购买者驱动机制对中国制造业转型升级分别具有何种影响，并对结果进行分析。在得出相应结果的基础上，第四节进一步从横向和纵向两个角度对各国检验结果进行综合对比分析，首先从横向角度对比分析了中国在与单一国家进行分工过程中，生产者驱动机制与购买者驱动机制会对中国制造业出口技术结构、增加值出口、产业结构合理化以及高级化四个方面分别产生何种影响，其次从纵向角度对比分析了在生产者驱动机制和购买者驱动机制下与哪些国家进行价值链分工可以全面促进中国制造业转型升级，从而为中国与“一带一路”沿线国家在未来的合作提供更加具体和明确的方向。第五节为本章小结。

第八章为研究结论与政策建议，共分为3节内容。具体来说，第一节从现实分析、理论分析、实证分析三个方面总结了本书所得出的相应结论。在此基础上，第二节从国家层面、产业层面、企业层面为中国与“一带一路”沿线国家进行分工合作以实现制造业转型升级提出可行的对策建议。第三节总结了本书的不足以及对未来研究的展望。

第三节 主要研究方法

本书从对相关经典文献的梳理出发，对典型事实和现实情况进行分析，进一步构建数理模型并形成相应的理论假设，同时深入分析了其中所蕴含的内在机理，随后构建指标体系并使用统计分析方法为研究提供相应现实基础与数据支持，最后进行计量分析与理论假设检验，并得出合理建议。在此过程中，本书主要用到以下研究方法。

一 统计分析法

本书使用统计分析法对“一带一路”沿线国家制造业参与国际

分工合作的典型化事实进行分析。具体来说，一方面，本书使用基于生产长度的价值链位置指数对“一带一路”沿线国家制造业及其14个细分行业在全球价值链中的分工地位进行统计性测算；另一方面，本书基于共生理论，从融合性、竞争性、互补性、依存性四个维度构建“产业共生水平评价指标体系”，并对中国与其他“一带一路”沿线国家制造业及其细分行业间的产业共生水平进行统计性测算。

二　比较分析法

在对“一带一路”沿线国家制造业在全球价值链中的分工地位以及中国与其他沿线国家制造业间的共生水平进行统计性测算之后，本书进一步使用比较分析法详细分析在全球价值链的背景下中国与其他“一带一路”沿线国家制造业在全球价值链中的分工状态，明确各自在国际分工中所具备的特征，分析各国制造业在全球分工中有待提高之处，从而为本书的研究指明方向。同时也对中国与不同沿线国家制造业之间的共生水平测算结果进行对比，从而明确在共商共建共享全球治理观下中国在未来的合作方向。

三　理论分析法

在理论层面，本书使用理论分析法对基于价值链驱动机制的产业转型升级进行深入探讨。具体来说，本书构建“三国价值链分工模型”，对区域内国家间产业的顺向和逆向分工合作对各国产业的影响进行理论分析，同时结合“一带一路”现实情况，充分研究了“一带一路”价值链分工通过其内在驱动机制影响中国制造业转型升级的作用机理，从而为本书的进一步研究构建系统的理论框架，奠定了理论基础。

四　计量分析法

根据理论分析得出的相应结果并结合统计分析所得出的相应数

据，本书进一步使用计量分析法对“一带一路”价值链驱动机制对中国制造业转型升级的影响进行实证检验。具体来说，本书首先从对称性影响的视角出发，构建面板模型对共商共建共享全球治理观下的“一带一路”价值链分工对中国制造业转型升级的总体影响进行检验，并基于全球价值链分工地位测算结果进行分样本检验；其次，从非对称影响的视角出发，构建非线性自回归分布滞后模型（NARDL），对中国与各沿线国家之间的价值链分工对中国制造业转型升级的具体影响进行检验，从而得出更为具体的结果。

第四节 主要创新点

本书主要在研究内容、理论框架和实证方法三个方面进行了相应的创新。

一 基于“一带一路”价值链与产业转型升级的研究内容创新

在研究内容方面，通过分析现有文献，可以看出，已有关于中国与“一带一路”沿线国家分工合作的研究大多将重点放在各类因素对中国与沿线国家之间经贸合作是否存在影响、有何种影响以及中国应如何加强与沿线国家进行合作等方面，而对于深入探讨中国与沿线国家如何在“一带一路”价值链中实现分工、“一带一路”价值链的内部驱动机制对于中国制造业实现转型升级有何种影响等方面的研究则相对较少，与共商共建共享全球治理观相契合的研究更是少之又少。本书以“一带一路”倡议为出发点，紧紧贴合党的二十大报告所提出的共商共建共享的全球治理观，创新性地从“一带一路”价值链视角出发，通过对相应数理模型进行推演，重点关注了在产业共生环境下的中国参与“一带一路”价值链分工合作过程中，该价值链的内部驱动机制（即生产者驱动机制和购买者驱动机制）对中国制造业转型升级有何种影响，并对其中的作用机理进行了深入探讨，从而形成相应的理论框架。在此基础上，进一步构建相应计量模型，结合“产业共生评价指标体系”，选取相应指标和样本对在产业共生环境下的“一带一路”价值链驱动机制对中国制造业转型升级的影响进行实证检验，并对所得出的实证结果进行分析和讨论。最后，在总结相关结论的基础上提出可行的对策建议。可以看出，本书更加关注在坚持共商共建共享全球治理观的基础上对“一带一路”价值链分工影响中国制造业转型升级内在机理的研究，这使得本书的研究更具有理论性也更贴近实际情况，而在此基础上所提出的对策建议也更具有借鉴意义。

二　基于发展中国家视角下三国价值链分工的理论框架创新

在理论框架方面，现有关于研究“一带一路”相关问题的文献大多仅对问题所存在内在影响机理进行分析并对构建计量模型进行实证检验，较少从理论角度出发，通过数理模型推演的方式获得较为完整的理论框架，这使得现有文献缺乏一定的理论性。本书依据价值链分工这一观点，在现有模型的基础上进行改进与突破，从而创新性地提出“三国价值链分工模型”，并将该模型与“一带一路”倡议相结合，分析在中国与其他“一带一路”沿线国家之间的价值链顺向或逆向分工中，生产者驱动机制与购买者驱动机制会对中国制造业转型升级（包括出口技术结构、增加值出口规模、产业结构合理化、产业结构高级化四个方面）有何种具体的影响，并根据不同的分析过程提出相应假设条件。在此基础上，本书进一步深入探讨了中国在与“一带一路”沿线国家进行顺向和价值链逆向分工合作过程中，“一带一路”价值链内部驱动机制影响中国制造业转型升级的具体作用机理，从而为本书的研究构建出理论框架。可以看出，“三国价值链分工模型”的提出使本书具有较强的理论性，也为未来的进一步研究奠定了良好的理论基础。

三 增加值贸易下对称与非对称视角相结合的实证方法创新

在实证方法方面，已有关于“一带一路”倡议下贸易方面的研究大多仍以总值贸易数据为基础，但总值贸易数据并未真正将来自于本国增值部分和国外增值部分区分开来，因而无法准确体现出本国的真实出口情况，也无法适用于当前基于全球价值链分工体系的国际贸易格局，这使得相应分析结果有可能偏离其真实情况。而增加值贸易核算体系则为全球价值链研究提供了一套更为全面、系统的量化评价方法。因此，本书创新性地基于增加值贸易数据，从对称影响视角出发，对“一带一路”价值链驱动机制对中国制造业转型升级的影响进行研究。这使得本书的研究过程更加科学，研究结论更贴合实际情况。随后，本书进一步从非对称影响视角出发，使用非线性自回归分布滞后模型（NARDL）在国家层面上对中国与各沿线国家分工过程中“一带一路”价值链驱动机制对中国制造业转型升级的非对称影响进行检验，并对相应的结果进行对比分析，从而明确与各沿线国家进行价值链分工后，生产者和购买者驱动机制会对中国制造业产生何种影响，从而为中国在未来与“一带一路”沿线国家在制造业中的合作提供科学的依据，并指明合作方向。

第二章

文献综述

第一节　价值链理论相关研究

价值链理论经历了从企业价值链到全球价值链再到国家价值链、区域价值链的演进过程。

一　关于企业价值链的研究

自“垂直专业化分工（Vertical Specialization，VS）”的首次提出，到“商品链（Commodity Chain）”和“价值链（Value Chain）”概念的出现，价值链理论也逐渐建立起来（Vanek，1963；Balassa，1967；Grubel & Lloyd，1975；Porter，1985；Kogut，1985）。Porter（1985）在其著作《竞争优势》中首次提出了价值链（Value Chain）的概念，并形成了“企业价值链理论”，认为企业内部的设计、生产、销售、配送以及辅助活动等生产环节构成了一条生产链，从而可以创造相应价值。而企业与处于同产业中的上游供应商、其他制造商、下游产品分销商以及消费者之间的相互关联则构成了完整的“价值体系”。Kogut（1985）进一步将“价值增值”的概念用于国际中，即用以分析国际战略中的国家优势。其认为价值链有效地将技术、劳动力、原材料投入等生产要素进行组合，且在区域和国家层面上来说，企业的竞争能力来源于其在价值链中所选择的环节，国家比较优势在价值链上的体现取决于资源配置状况。

二　关于全球价值链的研究

通过企业将整个生产过程进行分割并在全球范围内进行空间分布，全球价值链得以形成。Krugman（1995）虽然并未直接使用“全球价值链”的概念，但其实已经明确了这一概念的内涵，同时重点研究了在全球价值链形成过程中，企业对价值链条各环节的布局能力以及控制能力，即突出了价值链治理以及产业空间转移两者关联性问题的研究，并将企业间价值链、区域间价值链、国家间价值链相结合，从价值链的总体角度分析了企业在生产过程中如何实现全球化。随后，Gereffi（1996）首次提出了“全球商品链（Global Commodity Chains，GCC）”的概念，并认为这是跨国产业中企业和国家间进行协调与控制的新形式，从而有助于理解全球资本的动态组织形式。Gereffi（1999a）进一步系统分析了全球商品链，并指出节点（Snapshot）是构成全球商品链的基本单位，每一个节点包含着原材料投入、运营组织、市场营销等内容环节。而全球商品链可细分为两种典型的跨国经济网络，即“生产者驱动型（Producer-driven）全球商品链”以及“购买者驱动型（Buyer-driven）全球商品链”（Gereffi，1999b）。进入21世纪，Gereffi（2001）明确提出了“全球价值链（Global Value Chains，GVC）”的概念，提供了一种研究生产活动“全球化”的方法，也标志着全球价值链分工体系的形成。Sturgeon（2001）从组织规模（Organizational Scale）、地理规模（Spatial Scale）和生产性主体（Productive Actors）三个方面更加细化了全球价值链的概念：从组织规模来看，全球价值链是引致和支持特定产品或服务的最终生产用途的一系列生产性活动，即增值活动；从地理规模来看，全球价值链必须具有全球性，即至少涉及两个国家；从生产性主体来看，全球价值链包含有一体化企业、零售商、领导厂商、交钥匙供应商和零部件供应商等生产性主体。Arndt

& Kierzkowski（2001）则使用“片段化”或“碎片化”来解释全球价值链中的生产过程分割现象，并揭示了发展中国家企业如何嵌入全球价值链，为生产外包和跨国公司的全球采购提供了直接的理论基础。2002 年，联合国工业发展组织（2002）正式对全球价值链进行了权威定义：全球价值链是指为实现商品或服务价值而连接生产、销售、回收处理等过程的全球性跨企业网络组织，涉及从原料采购和运输，半成品和成品的生产和分销，直至最终消费和回收处理的整个过程。依据不同的标准，全球价值链所涉及的活动可被归为不同的组合：按照生产过程的参与程度分为主要活动和支持性活动（Porter，1991；Priem & Swink，2012；Tansuchat *et al.*，2016）；按照在价值链中的功能分为上游活动、中间活动和下游活动（Mudambi，2008；Mudambi & Puck，2016）。

通过国内外学者多年来的深入研究与探索，全球价值链理论已经发展得较为成熟，其理论体系也较为完整，包括了价值链构建、价值链治理、价值链升级等多个方面（张辉，2004；芮明杰和刘明宇，2006；隆国强，2007；Antras，2016）。

三 关于国内价值链的研究

作为全球价值链嵌入者，发展中国家的产业升级前景受到全球价值链治理模式的影响。根据交易成本复杂度、交易的可编码性、供应商能力的不同，可以将全球价值链治理模式分为市场型、模块型、关系型、俘获型、层级型（Gereffi et al.，2003）。Humphrey & Schmitz（2003）进一步发现，发展中国家嵌入俘获型价值链或许可以快速实现工艺升级和产品升级，但难以实现更高形式的功能升级和链条升级。同时 Amsden & Chu（2003）也指出，对于国际上已经成功实现产业升级的国家来说，虽然其起初是以“低端嵌入”的方式进入全球价值链分工体系，但后期也逐渐开始构建国家价值链，从而促进相关产业升级。对于中国来说，针对目前所存在的全球价值链升级困境，刘志彪（2008）、张少军和刘志彪（2009）、罗建兵

（2010）、徐宁（2014）等学者明确提出要发展国家价值链从而实现中国产业更高形式的升级。刘志彪和张少军（2008）、黎峰（2016）指出，“国家价值链”或“国内价值链”是以国内本土企业为主要参与单位，立足于国内市场，通过整合国内产业链上游的原材料供应、零部件生产等环节；中游成品加工与组装环节；下游物流配送、售后服务等环节，形成专业化网络生产模式，并以本土企业为主导进行整体链条的治理。王燕飞（2018）认为国家价值链是与区域价值链以及全球价值链共存融合的价值链分工生产体系。李根强和潘文卿（2016）、苏庆义（2016）、邵朝对等（2018）则参照全球价值链的测度方法对国家价值链进行了定量核算和应用。另外，也有学者指出由于全球价值链“低端锁定”使得构建国家价值链的难度较大，且由于国内配套政策的缺失导致更多国外要素的嵌入，从而无法使得国家价值链充分发挥其优势（张杰和刘志彪，2009；袁凯华和彭水军，2017）。

四　关于区域价值链的研究

传统的以 WTO 为代表的多边贸易体制已难以满足全球价值链分工对全球贸易与治理的需要，而近年来随着“一带一路”倡议、中国—东盟自由贸易区、跨太平洋伙伴关系协定等众多区域经济合作机制的建立，区域经济一体化成为目前全球关注的重要议题，这也是国际贸易规则针对全球价值链分工体系下产生的新需求所做出的响应（王原雪和张二震，2016）。同时，无论是在有出口潜力的产业中还是在仅服务于当地的产业中，都可以构建区域价值链，而区域合作可以使国家以及区域经济获得更加显著的发展（Fan & Scott，2003；Myer-Stamer，2004；Suder，2011）。对于发展中国家来说，构建和参与区域价值链是十分有必要的，如非洲发展委员会（Economic Commission for Africa）、非洲联盟（African Union）以及非洲发展银行（African Development Bank，2013）就共同指出构建区域价值链不但可以扩展规模经济、降低生产成本，而且也会帮助去除关税壁垒的影响。具体来说，对于具有产业升级需求的发展中国来说，沿着全球价值链的升级过程可能会收到发达国家主导企业，即“链主”的限制，因此构建既超越国内范围又有较大主导权的区域价值链就成为一个可行选择。事实上，真正意义上的“全球化”较为少见，跨国公司的活动具有很大的“区域性”特征（Rugman & Verbeke，2005）。尽管最终产品的销售可能面向的是全球市场，它们大多数的生产活动、特别是制造环节，一般分布在处于同一区域的国家之间（Backer et al.，2018）。换句话说，全球价值链的区域性集中即为区域价值链。“一带一路”倡议提出后，一些学者提出了中国与沿线国家构建区域价值链、改变中国在全球价值链中的被动地位的设想（魏龙和王磊，2016；钱书法等，2017；陈健和龚晓莺，2018）。

第二节 国际分工下的产业转型升级研究

在国际分工背景下，发展中国家如何突破“被俘获”和“低端锁定”状态，主要从创新、市场需求、制度体系等多个方面入手，而这些方法的最终落脚点则为实现发展中国家的产业升级，进而实现价值链的全面升级。本书所涉及的产业升级仅指在国际分工下的产业升级。

国内理论界从20世纪80年代即开始探讨产业转型升级问题，不过对于产业转型升级内涵的界定尚未统一，与产业转型升级相近的概念有产业升级、产业结构升级、产业组织升级、产业转型等。在概念使用方面，吴崇伯（1988）将产业升级看作产业结构的升级。之后中国学者基本沿着“产业结构调整”这一认识和思路展开研究（陈羽和邝国良，2009），如刘志彪（2000）认为产业升级指产业由低技术、低附加值向高技术、高附加值的演变趋势。徐振斌（2004）则认为产业转型为产业结构的调整。更多的学者则以“产业升级”

为研究重点，且认为产业转型最终是为了实现产业升级（金京等，2013；金碚，2014；费洪平，2017）。

一 价值链理论视角下的产业转型升级

自“全球价值链”体系形成以来，产业内分工不断深化，产业开始出现转移，但转移的客体并非完整的价值链条，而是其中的部分生产环节（许南、李建军，2012），而这种不同生产环节在不同国家的分散就引起了后发国家对自身产业进行升级的要求。价值链视角下的产业升级是以效率的提升、产品的优化、技术的提高、盈利范围的扩大为主要内容（Porter，1990；Gereffi，1999b；Kaplinsky，2000；Poon，2004），以产权外部强度提升为基础的多元权力主体的动态博弈过程（王海杰和李延朋，2013）。在此基础上，国外学者开始大量关注产业升级问题，且形成了“价值链升级”的概念（陈羽和邝国良，2009）。

具体来说，价值链升级一方面体现在技术水平提高，即以知识密集型为主体的产业关联逐渐取代以技术或劳动密集型为主体的产业关联；另一方面体现在产业关联复杂化，即部门间中间品种类增加，交易规模上升（吴进红，2007）。全球价值链下产业升级的实现必须要依靠一个开放的国际生产体系，并通过不断合作完成知识和技术的学习和积累（周晓艳和黄永明，2008），实现技术进步和与其他市场的联系，提升竞争力，最终进入到增加值更高的生产活动中（孙文远，2006）。随着目前越来越多的国家加入到国际分工中，后发国家以及跟随企业的生产活动升级必须在GVC上实现，而全球价值链下的产业升级就是分工地位的提升，即实现全球价值链升级，具体则表现为增值能力和控制能力的提升（刘仕国等，2015；魏龙和王磊，2017）。全球价值链升级通常指企业通过不断提升自身水平以达到相应的标准，进而进入更高环节，获得更强的国际竞争力（Kaplinsky & Morris，2002）。Hobday（1995）认为在价值链中的升级顺序应当由组装生产（OEA），到原始设备制造商贴牌生产

（OEM），再到自主进行设计和生产（ODM），最后到形成自主品牌并进行生产（OBM）四个阶段组成。Gereffi（1999a）也认为在全球商品链中的OEM、ODM和OBM的转换方式较为理想。进入“全球价值链”阶段后，在企业和单个产业方面，Gereffi（1999b）提出一条依次经过工艺升级、产品升级、功能升级和链条升级的产业升级路径。之后Humphrey & Schmitz（2001）对此进行了修改，并提出了工艺升级、产品升级、功能升级以及部门升级的升级路径。Ernst & Kim（2002）则提出了一个五阶段理论，即从产业升级开始，以此通过要素间升级、需求升级和功能升级，最终达到链条升级。Pananond（2015）指出新兴经济体企业通过吸引海外投资的这种行为正是克服其品牌、技术、服务等方面的后发劣势，从而突破低端锁定的一种方法。而Luo & Tung（2007）则认为除了吸引外商直接投资以外，新兴经济体的企业还可以通过在发达经济体开展研发和营销活动进行追赶并与其发达国家的对手竞争。

二　对外贸易与中国产业转型升级相关研究

自改革开放以来，对外贸易一直作为中国参与国际分工的主要方式。随着国际分工的不断细化，人们对中国对外贸易的认知也逐渐从改革开放之初的以出口为导向的加工贸易转向进、出口并重。而随着中国经济设会的不断发展，贸易成为实现中国产业转型升级重要途径之一。蔡海亚和徐盈之（2017）、周茂等（2016）认为，开放和自由化的贸易可以通过资本积累、促进竞争、刺激需求、提升技术等方式促进中国产业结构高级化以及整体产业转型升级。但也有学者持相反的观点，他们认为贸易开放仅有利于部分部门的转型升级，如加工贸易部门，因此无法全面促进中国的产业转型升级（Amiti et al.，2010；马颖等，2012）。对此，众多学者纷纷从出口和进口两个方面展开更加具体的研究和探讨。

1. 出口与中国产业转型升级

在改革开放初期，中国提出并实施了“大经贸”战略和“科技兴贸”战略，这不仅丰富了中国对外贸易理论的相关成果，在一定程度上也提高了中国出口产品的国际竞争力、优化了出口贸易结构、促进了中国高科技产业的发展。随着中国改革开放规模的不断扩大与开放程度的不断深化，出口贸易主要通过贸易结构先导效应、自由化竞争效应、市场规模扩张效应三个方面共同促进中国产业结构优化、生产率提高和技术水平提升，进而推动中国实现产业转型升级。

在贸易结构先导效应方面，Mazumda（1996）指出随着发展中国家引进先进技术以及加强自我技术创新，其主要出口产品会遵循“劳动密集型→资本密集型→技术密集型”的转换路径，而出口贸易结构也随之得到调整和优化，这会进一步拉动国内产业实现结构的优化。李荣林和姜茜（2010）通过实证分析后发现，低技术行业和中等技术行业的出口贸易结构调整会引导产业结构实现高度化，即证明了贸易结构优化对产业结构调整来说具有先导效应。孙晓华和王昀（2013）也通过实证分析印证了这一观点，即贸易结构的调整在一定程度上可以带动产业结构的高度化升级，因此可通过扩大增加工业制成品出口来助力中国产业结构实现高度化升级。

在自由化竞争效应方面，贸易自由化可形成国家间相关产业的自由竞争，这不仅可以促使劳动力、资本、技术等生产要素在产业间和国家间的优化配置，也会通过企业间的优胜劣汰实现对落后企业的技术倒逼，提高整个行业技术水平，并推动总体生产率的提升，促进产业结构调整与升级。基于此观点，于淼杰（2010）通过实证研究指出，坚持贸易自由化不仅促进了中国制造业内相关企业全要素生产率的提升，且相对于非出口企业，出口企业的全要素生产率所受到的影响更大；刘啟仁和黄建忠（2016）则指出，虽然在实施贸易自由化的最初阶段，即在短期内贸易的“规模效应”在一定程度会对相关行业整体生产效率的提升造成抑制作用，但是从长期看，由贸易自由化所产生的“竞争激励效应”会刺激参与贸易的相关企业不断提升其自身技术水平，从而实现行业生产效率的提升和进步。

在市场规模扩张效应方面，对外贸易可以通过扩大市场，尤其是海外市场规模来促进技术创新。这一观点最早可以追溯到熊彼特的创新理论。该理论认为：若企业的规模越大，其技术创新能力也会越强，即企业的技术创新能力与其规模之间成正比，也可表示为市场力量与技术创新之间存在正相关关系（Schumpeter，1942）。Melitz & Trefler（2012）指出，贸易一体化将通过扩大市场规模来增加企业的产量，这会刺激企业扩大对前期固定开发成本的投入国模，最终实现企业生产率的提高以及产业结构的调整。在此基础上，Lileeva & Treflfler（2010）、汤二子（2016）等众多国内外学者也从不同的研究视角出发，对出口规模扩大促进企业创新、提升其技术水平的内在作用机理进行了相应分析。

2. 进口与中国产业转型升级

在价值链分工逐渐细化的背景下，中间品贸易和生产性服务贸易将分布在各个国家的不同生产环节进行“串联”，形成完整价值链条，从而在专业化分工精准化的保持规模经济效应（Grossman & Rossi-Hansberg，2008）。从这个意义上说，进口和出口一样对产业转型升级具有不可忽视的影响。

Coe& Helpman（1995）最早研究了进口贸易对技术的影响，并认为进口存在技术溢出效应，而通过经验分析，他们进一步指出对于欠发达国家来说，进口贸易具有正向的技术溢出效应。随后，结合中国现实情况，众多国内学者通过相应分析对这一研究观点进行了讨论。其中，许和连和赖明勇（2002）、范柏乃和王益兵（2004）、方希桦等（2004）、徐光耀（2007）、高凌云和王洛林（2010）、陈勇兵（2011）、沈能和李富有（2012）等学者都持有相同的观点，他们认为进口有利于促进中国经济增长，且有助于中国产业结构升级。然而，也有另一些学者持有相反的观点，如谢建国（2006）认为进口贸易对中国产业升级的影响其实并不显著；高凌云等（2008）则指出进口贸易不仅不会促进发展中国家的产业升级，反而还会对其造成不利影响。对于此，众多学者纷纷从产业结构

(Gouranga，2002)、人力资本吸收能力（赖明勇，2005；符宁等，2007；沈能和李富有，2012；何雄浪和张泽义，2014）、进口产品来源国以及产品所在行业的技术水平（钱学锋等，2011）、国家的法律等相关制度（Coe & Helpman，1995）等多个方面作出相应解释。

目前，中间品进口已成为中国产业全要素生产率以及产业升级的重要影响因素。田文（2005）将产品的各个生产环节配置到不同国家的现象称为产品内分工，而由此所产生的中间投入品在国家之间的贸易称为产品内贸易，同时指出中国应凭借自身的比较优势来参与到产品内部分工之中，并且通过中间品贸易不断提高自己在整个链条中的地位。从作用机理来看，中间品进口的增加主要通过技术和价格两个方面促进产业结构的调整与优化。钟建军（2016）指出，进口中间产品可以快速扩大投入生产要素的规模、增加投入种类，从而形成“研发替代效应”。钟建军（2016）以富士康为例，进一步指出中国代工企业通过从国外进口中间产品，降低研发和设计成本，从而可以专注于加工和组装环节，并不断产生规模经济。Feenstra et al.（2014）认为若企业想升级至价值链更高环节，可以进口高品质中间品，并通过发挥“学习效应”不断消化和吸收所进口产品内嵌的先进技术，最终实现全要素生产率的提升。在此基础上，苏庆义（2016）则指出“研发替代效应”和“学习效应”是发展中国家所面临的现实选择，其首先通过参与价值链分工，扩大中间品进口来进行高端产品的生产；其次通过“干中学”和“技术溢出”等效应实现生产技术的“内部化”，从而延长了其国内价值链，提升了企业增值能力以及出口品中的国内增加值率，最终实现产业转型升级。从国际层面来看，产品内分工及其所带来的贸易会极大改变原有的国际分工格局，同时产品内贸易可以在长期明显地推动一国经济增长，因此发展中国家可以趁此机遇融入更高技术产业的全球价值链中，即实现全球价值链升级（黄先海和杨高举，2009；李瑞琴，2010；姚博和魏伟，2012）。周大鹏（2015）研究指出，长期内进口服务中间品对中国出口产品技术复杂度的提升具有积极影响，且对知识和技术具有高需求量的制造业所受的影响最为显著。黎峰（2017）发现加工贸易以及相应中间品进口会促进内资企业发展，而这会进一步产生更大程度的技术溢出效应。李平和郭娟娟（2017）发现内销企业和出口企业进口中间品对其全要素生产率的提升都有正向的影响，且该效应在内销企业更加显著。

三　国际直接投资与中国产业转型升级相关研究

中国实施对外开放的另一个重要方面是对外资的开放，通过将外资引入国内，将外国资本及其所蕴含的技术与中国所具有的劳动力优势相结合，从而使中国产业深度嵌入全球价值链相对低端位置，并快速实现了工艺升级和产品升级。但随着国内外经济条件的不断改变，中国要迈向全球价值链中高端、实现更高层次的产业升级，对外直接投资成为重要的选择。

1. 外商直接投资与中国产业转型升级

在改革开放的初期，中国面临着资本和外汇严重短缺的问题。在此背景下，中国实施了“引进来”战略，而这也是中国积极融入经济全球化进程、开启经济现代化的重要战略选择。根据“两缺口”理论（Chenery & Strout，1966）以及“技术缺口”理论（Hirschman，1985），经济结构和产业结构的不断优化与升级是一国经济发展的关键所在，但发展中国家由于存在结构刚性的问题，使得其国内经济发展又受到资本、技术等生产要素不足的制约，因此对发展中国家来说，高效引进和利用外资有助于弥补其国内储蓄和外汇缺口、技术缺口，从而不断促进发展中国家实现经济规模的扩大以及经济结构的优化。

在影响机制方面，宏观上，外商直接投资（Foreign Direct Investment，FDI）通过影响东道国的出口结构（Gabor，2002；Camilla，2002）、市场结构（Gerechi，1976；Fishwick，1981）、供需结构（Chenery et al.，1966；Hirschman，1985），进而影响产业结构调整；微观上，外商直接投资会通过技术溢出效应（Blomström et al.，

1994；Görg & Greenaway，2004；Hanson，2001）、关联效应（Rodríguez-Clare，1996；Markusen & Venables，1997；Barrios et al.，2005）以及竞争效应（Zhou et al.，2002）等影响东道国的经济发展和产业结构的优化与调整。

在实证研究方面，学者们从不同角度检验了外商直接投资对中国产业转型升级的影响。高峰（2002）分析了中国的外资利用情况，并指出 FDI 可以提升中国产业结构的高度化水平，而政府对外资的正确引导与规范化管理则能提升中国产业结构的合理化水平。不仅如此，外商直接投资对中国工业经济增长、技术进步、出口和国有企业改革都会有正向的影响（江小涓，2002）。冼国明和文东伟（2006）在理论层面分析了当跨国公司的生产率水平高于非跨国公司时，跨国公司的进入会对东道国产业发展具有积极影响。另外，从价值链分工视角看，国际分工已经成为产业跨境转移的主要路径（张少军等，2009），因此大量外资的进入也促使中国参与全球价值链分工的程度不断加深。周彩红（2009）就指出通过吸引外商直接投资，可以使中国产业逐渐从低附加值的加工装配环节向高附加值的研发、流通环节延伸，即实现价值链升级。具体来说，外商直接投资所带来的中间品贸易和价值链条的嵌入有利于企业学习和引进国外先进的生产研发技术、管理经验和企业运营模式，从而极大地提高其生产率，并不断提升自身在全球价值链中的位置，实现价值链升级（孙雪莹，2009；余淼杰等，2015）。周新苗和王志斌（2016）也认为 FDI 对中国制造业在全球价值链中地位的提升中有显著的正相关关系，且不同地区之间表现出一定的差异性。

2. 对外直接投资与中国产业转型升级

党的十四大报告指出“积极扩大中国企业的对外投资和跨国经营”，而在“十五”规划期间，党中央正式提出了“走出去”战略，并强调了“走出去”的重要性与必要性。根据边际产业转移理论、比较优势理论等，可以看出对外直接投资（Outward Foreign Direct Investment，OFDI）也会对一国的产业转型升级具有一定的影响。

在理论方面，“产品生命周期理论”（Vernon，1966）、“市场内部化理论”（Buckley & Casson，1976）、“边际产业扩张论”（小岛清，1978）等较早地谈论了对外直接投资与产业结构升级之间的关系。随后，Cantwell & Tolentino（1990）提出了“技术创新产业升级理论”，该理论指出发展中国家是出于获取先进生产技术，提升本国技术水平和促进产业升级的原因，来进行对外直接投资。而“LLL分析框架”Mathews（2006）则具体地分析了这其中的作用机理，即借助“杠杆效应”和“干中学”效应等途径，发展中国家可通过设立跨国公司的方式获取新的竞争优势，弥补自身竞争劣势，从而快速提升其国际化水平，最终实现本国产业结构优化与升级（Kumar，1998；Chen & Chen，1998；Luo & Rui，2009；Luo & Tung，2007）。

随着中国参与国际分工程度的不断加深以及近年来对产业升级需求的不断加大，对外直接投资对产业结构优化与产业转型升级的影响也成为了国内学者重点关注的议题。部分学者的研究观点认为对外直接投资可以显著促进中国产业结构优化以及产业转型升级，尤其是在制造业、采矿业、批发与零售业等产业中，这一影响更加明显（王英和刘思峰，2008；冯春晓，2009；张远鹏和李玉杰，2014；赵云鹏和叶娇，2018），同时也指出对外直接投资会通过企业内部、产业内部和产业之间三个方面结构的调整从而影响整体产业结构水平（江小涓等，2002；杨大楷，2003）。周升起（2011）、李逢春（2012）、蒋冠宏和蒋殿春（2014）、潘素昆和袁然（2014）、贾妮莎和申晨（2016）、毛海鸥和刘海云（2018）等学者通过相应分析后也发现，作为主动寻求国际高级生产要素的主要方式之一，通过对其他国家进行高效率、高水平的直接投资可以快速提升发展中国家的技术水平，扩大海外市场规模，并不断获取以产权为主要表现形式的高级生产要素，从而全面提升本国国内企业的生产率，促进产业结构的调整与优化，最终实现产业转型升级以及在全球价值链中向高附加值环节的攀升。

对外直接投资根据投资动机和资金具体流向的不同可以分为顺

梯度对外直接投资和逆梯度对外直接投资两类（隋月红，2010），而不同类型的直接投资对母国产业升级的影响也不尽相同。首先，顺梯度对外直接投资是指由相对发达国家对相对欠发达国家进行的直接投资，该方向的投资主要是以自然资源寻求和效率寻求为主，以市场寻求为辅（隋月红，2010；廖庆梅和刘海云，2018）。从投资的动因来说，传统资源和市场容量不足、不同国家间成本的差异以及产业比较优势的缺失会使得相对发达国家在进行对外直接投资时具有很强的资源寻求动机以及效率寻求动机（Kolstad & Wiig，2012）。从实现方式来说，相对发达国家进行顺梯度对外直接投资可以通过抽离比较劣势产业、绕开贸易壁垒、打破资源限制、扩大市场容量等方式，将国内不具有比较优势的产业转移至相对欠发达国家，为新兴产业和比较优势产业的发展提供充足的空间（潘素昆和袁然，2014）。而在全球价值链中，转移的客体并非完整的价值链条，而是其中的部分生产环节（许南和李建军，2012）。其次，逆梯度对外直接投资是指由相对欠发达国家向相对发达国家进行的直接投资，该方向的投资主要以战略资产获取为主，以市场寻求为辅（隋月红，2010；廖庆梅和刘海云，2018）。从投资的动因来说，由于新兴市场跨国企业通常不具有企业特定所有权优势，且在技术和研发、销售渠道、营销能力方面也存在一定的欠缺（Rugman，2009；Madhok & Keyhani，2012），因此根据海默（1960）的垄断优势理论、Dunning（1977，1981）的国际生产折中理论，相对欠发达国家进行逆梯度对外直接投资主要是为了获取所有权优势，并为企业带来超额利润（吴先明和黄春，2016）。新兴经济体的对外直接投资不仅可以通过带动母国劣势产业外移以加速母国国内生产要素的优化配置，还可以通过对外直接投资的上下游产业关联、产业内与产业间的示范与竞争等效应以主动或倒逼形式提升母国的产业结构水平（Zhao et al.，2010）。从具体实现方式来说，相对欠发达国家进行逆梯度对外直接投资可以通过逆向技术溢出效应、利润汇回和引进海外消费模式等方式弥补研发和营销等方面的不足，进而推动本国产业向高附加值环节移动，最终促进本国实现产业升级（李梅，2012；蒋冠宏等，2014；潘素昆和袁然，2014）。

3. 双向国际直接投资协调与中国产业转型升级

随着经济进入新发展阶段，中国采用利用外商直接投资和对外直接投资并举的措施，从而促进国内外市场的深度融合以及资源的合理分配。Dunning（1981）的投资发展路径理论认为，外商直接投资可以通过"技术溢出效应"促进对外直接投资的发展（Blomström & Kokko，2001；Yao et al.，2016；聂飞等，2016）。Apergis（2009）、潘文卿等（2015）和Yao等（2016）的研究则基于投资发展路径理论证明了外商直接投资与对外直接投资有显著的正相关关系。贾妮莎等（2014）、张林（2016）则通过实证分析探讨了无论是外商直接投资还是对外直接投资，都会对中国产业结构的合理化与高级化具有显著的正向促进作用，且外商直接投资的作用更加明显。

四　国际外包与中国产业转型升级相关研究

随着经济全球化的不断发展，基于垂直专业化分工的"外包"（Outsourcing）贸易盛行（Kohler，2002），而近年来全球价值链分工体系不断完善，发达国家与发展中国家之间的贸易规模不断扩大，也与外包密不可分，其不仅有利于发达国家扩大贸易规模，也有利于发展中国家促进经济增长（张杰等，2010）。因此，对于中国来说，外包也成为助力中国产业实现升级，促进向价值链高端环节迈进的重要动力之一。

1. 承接外包与中国产业转型升级

由于自改革开放以来，中国主要处于国际分工中的加工组装环节，因此承接外包成为中国产业参与全球价值链的主要方式之一（杨立强，2008）。同时，承接发达国家外包的过程中，部分隐形技术知识支持可以通过培训、指导等方式转移至中国，并提升中国企业的技术能力，从而不断提高或改善生产工艺过程，进而促进中国相关产业的转型升级以及整体经济的增长（World Bank，1993；Evenson & Westphal，1995；张杰等，2010）。张明志（2008）也指出，承接发达国家外包不仅有利于发展中国家获得融入国际分工体系的捷径，也有利于其通过发挥比较优势、提高劳动素生产率、提升技术水平等途径实现产业升级。杨继军等（2008）则将范围具体到服务外包中，认为通过承接国际服务外包，一国（或地区）可以充分发挥其所具有的比较优势，从而在与国外进行动态合作的过程中实现产业结构升级。Gereffi & Lee（2016）则认为对于发展中国家来说，承接服务外包为其提供了一条“捷径”，以实现产业升级。对于中国来说，所承接的发达国家外包会从提升技术水平、优化劳动力结构和就业情况、提高生产效率几个方面促进了产业转型升级。

在提升技术水平方面，跨境外包中的技术溢出效应要包含了出口溢出、进口溢出、纯技术溢出三个方面（王俊，2013），从而对接包国家的本土技术水平造成影响。Feenstra & Hanson（1996）（1997）、徐毅和张二震（2008）、蔡宏波等（2011）认为中国通过外包促进了非熟练劳动力向熟练劳动力进行转换，从而显著提升了中国产业的技能水平。Dossani Rafiq（2006）也指出，通过承接来自发达经济体的外包，发展中国家可以通过其中的“技术外溢效应”实现生产环节由低到高的变动，从而实现产业升级。具体来说，通过承接外包而形成的技术和知识的转移，中国本土企业的技术管理水平、技术研发与创新能力、品牌影响力、为其他企业服务能力等方面都会得到不同程度的提升，从而不断提升产业的国际竞争力，促进实现产业转型升级（王晓红，2008；刘绍坚，2008；阚澄宇和郑继忠，2010；崔萍，2010）。而在技术溢出的过程中，人力资本发挥的作用最大（任志成和张二震，2012）。然而，也有部分学者持有相反的意见。王俊（2013）、李坤望等（2014）认为由外包所引致的贸易并不利于中国企业进行“出口中学习”和“交流中学习”，因此难以实现技术提升和产业升级。

在优化劳动力结构与就业方面，现有研究表明国际外包是影响中国就业水平的重要因素（任恩恩，2009）。王俊和黄先海（2011）的研究发现，在制造业领域内的跨国外包对中国具有正向的就业效应，即会拉动中国就业水平的提升，其中在高技术产业中的这一影响最为明显。蔡宏波和陈昊（2012）指出，多年来的外包使得中国工业行业的劳动力结构不断优化，其中服务的外包对全行业劳动力结构优化起到最主要作用。李占国等（2014）则从需求层面研究了承接国际外包对中国就业的影响，并指出国际制造业外包会对中国劳动力需求具有拉动作用。马晶梅等（2015）也认为中国制造业承接美国、日本和中国香港的外包会促进就业水平的提升，其中日本对中国制造业的外包对中国就业的提升作用最明显。然而，也有学者持有不同的意见。如陈仲常和马红旗（2010）认为制造业外包，包括其中的低技术外包和高技术外包都会阻碍中国就业水平的提升，而服务业外包由于规模较小，因此并不会对中国就业产生明显的影响。卫瑞和庄宗明（2015）指出外包并不利于中国就业增加，且低技能劳动者所受到的影响最大。史青和张莉（2017）基于投入产出表，对中国制造业接包水平进行测度后，也指出制造业外包会通过提高劳动力需求弹性和交叉需求弹性来对中国劳动力市场形成负面的影响，且接包对二者的影响更大。

在提高生产效率方面，Girma & Gorg（2004）认为外包率和劳动生产率、全要素生产率之间存在正向的影响关系。Linda（2008）认为无论是物质外包还是服务外包，都会接包方产生很强的生产率效应。对于中国来说，姚战琪（2010）、肖芍芳和王俊杰（2012）认为无论是工业外包（包括材料品外包）还是服务外包，都会对促进中国工业行业生产率的提升，且服务外包对生产率的提升作用大于其他类型外包。王俊（2014）通过分析企业调研数据后发现，中国跨国外包的强度与生产率之间具有倒“U”形关系，因此在通过外包获得技术溢出之后，中国企业也应重视自主创新与研发。姚星等（2015）针对性地研究了中国服务业相关情况，并指出离岸接包对中国服务业全要素生产率的提升具有正向的促进作用，且该作用主要来源于服务业的纯技术进步。

2. 逆向外包与中国产业转型升级

在承接国际外包的背景下，中国企业在实现产业转型升级过程中的价值链主体地位没有完全的“独立性”，升级机制没有“自动传递性”，升级路径存在低端“锁定性”（刘志彪，2009）。洪联英等（2013）基于全球生产组织理论视角，认为目前的外商直接投资与外包组织形式不仅导致了中国产业的“结构偏向”，也是导致中国制造业存在升级陷阱的微观原因。因此，随着近年来中国企业技术水平、创新能力、企业资本规模、国际影响力的不断提升，对发达经济体的“逆向外包（Reverse Outsourcing）”成为促进中国产业转型升级的重要选择。同时，逆向外包也是中国经济全球化的一种新选择，企业也可以通过逆向外包获取相应技能，从而实现自我成长（俞荣建，2010；刘丹鹭和岳忠刚，2011；张月友和刘丹鹭，2013）。具体来说，逆向外包主要从影响价值链地位、区位选择、技术水平提升等方面助力中国产业转型升级。

在影响价值链地位方面，陈启斐和刘志彪（2013）指出，中国对外逆向服务外包可以进一步鼓励中国企业“走出去”，并通过“虹吸效应”反向吸纳发达经济体的高级生产要素，从而制造业摆脱“低端锁定”，实现价值链地位的提升。姚博（2013）分别考察了材料发包与服务发包对中国工业行业价值链水平的影响，并发现服务发包率的升高会促进中国工业行业价值链水平的提升，而材料发包则具有相反的作用。陈羽等（2014）从价值链租金的视角出发，认为中国可以从获得价值链在位权、链条的横向拓展、链条的纵向拓展以及链条间超越四个方面考虑如何进行逆向外包，从而促进产业转型升级。张亚斌和刘天琦（2016）认为逆向外包可以通过学习高端知识、获取高级要素、主导价值链治理等方面促进发展中国家实现价值链地位的提升，即实现产业升级。

在区位选择方面，Hahn（2010）、Bunyamtavej & Hahn（2012）的研究发现对于逆向外包是以发展中国家为发包方，发达国家为接包方，且逆向外包，尤其是服务外包，是在全球范围内的重新区位选择。这种区位的选择主要根据东道国的经济水平、IT 基础、劳动力成本和素质几个方面来确定，且与制造业相比，服务的离岸外包在资源、空间、设备等方面的要求相对更低（Bardhan & Kroll，2003；Mann，2003；薛求知和宋丽丽，2008）。崔岩等（2013）指出逆向外包作为一种新的外包业务，使传统国际分工体系下的“中心—外围”格局逐渐变得模糊。在此条件下，张月友和刘丹鹭（2013）认为逆向外包并不会阻碍中国创新水平的提升，反而会有利于集聚全球范围内的创新资源，从而促进经济转型并助力产业转型升级。

在提升技术水平方面，刘志彪（2009）研究发现当离岸服务外包发展到一定水平时，发展中国家可以通过吸收和学习接包国家的技术和管理经验促进本土产业结构升级。刘丹鹭和岳中刚（2011）指出通过逆向的研发外包，中国企业可以通过相关技术的学习实现快速的成长，并助力产业升级。孟雪（2011）也认为服务业的反向外包在未来可以提升中国生产率的整体水平。李惠娟和蔡伟宏（2018）认为一国通过生产性服务业的离岸外包，可以从知识溢出、技术创新和人才资本积累三个方面全面促进本土产业结构的升级与优化，且对于发展中国家来说，知识溢出和人才资本积累发挥了更大的作用。陈启斐和巫强（2018）则聚焦于区域经济协调发展的视角，认为离岸外包可以通过吸收先进技术使得参与全球价值链分工的国内地区实现发展。

第三节 “一带一路”区域经济合作与中国产业转型升级相关研究

自 2008 年国际金融危机以来，国际投资与贸易的格局和贸易规则正在逐渐发生变化，欧美国家的“再工业化战略”、其他发展中国家制造能力的提升和成本优势的汇集等因素都对目前已有的贸易格局形成巨大的冲击。而随着经济增速的放缓，中国经济进入“新常态”。同时，随着经济下行压力增大以及“刘易斯拐点”的出现和“人口红利”的逐渐消失，中国经济增长的可持续性也受到一定质疑（徐梁，2016）。在这一背景之下，习近平主席在 2013 年 9 月提出了“新丝绸之路经济带”战略，之后在 10 月又提出了“21 世纪海上丝绸之路”的构想。2015 年 3 月，《推动共建丝绸之路经济带和 21 世纪海上丝绸之路的愿景与行动》的发布标志着“一带一路”倡议正式形成。“一带一路”倡议贯穿中亚、南亚、东南亚、西亚、非洲和欧洲的部分地区，涉及超过 60 个新型市场经济体，人口总数超过 40 亿人，而产出在全球总产出中占据了相当大的部分，其中路上丝绸之路国家产出占 65%，海上丝绸之路国家产出占 30%（Swaine，2015）。该倡议主要关注五个方面的问题：第一，政策沟通（Policy Coordination）；第二，设施联通（Facility Connectivity）；第三，贸易畅通（Unimpeded Trade）；第四，资金融通（Financial Integration）；第五，民心相通（People-to-People Bond）（Du，2016）。从全球经济角度来说，发展中国家是全球经济发展的新动力，因此“一带一路”倡议正引领着世界步入全球化的新阶段（Zheng，2017）。从对外角度来说，“一带一路”倡议是一个基础设施导向的经济一体化计划（Infrastructure-led Economic Integration Plan），实施该倡议可以增强中国的经济实力，扩大中国企业在国际，尤其是在“一带一路”沿线国家内的投资领域与投资规模（Du & Zhang，2017）。同时，该倡议与现有的由西方发达国家主导的国际经济结构相平行，形成“双环流架构”，在此基础上，“一带一路”倡议还向沿线国家提供了一个可以获得双赢的经济合作平台（Kaplan，2017；张辉，2015）。

因此，实施该倡议可以缓解国际金融危机为沿线各国带来的影响，也可以令各国间的合作加深，进而为中国建立一个繁荣、友好、稳定的国际环境（Overholt，2015）。而从中国内部来看，“一带一路”倡议使西部相对落后地区成为对外开放的最前沿地带，这有助于解决沿海发达省份和较不发达的中西部省份之间的社会经济发展不平衡问题，减少收入不平等（European Parliament，2016）。同时为中国企业提供大量的国外投机机会（Ferdinand，2016），并通过扩大出口，“一带一路”可以缓解国内某些工业部门的产能过剩问题，这对于中国长期适应低经济增长率来说十分有利（Ernst & Young，2016）。方慧和赵胜立（2021）基于285个城市的数据，发现“一带一路”倡议提高了城市产业结构层次系数和产业结构高度化水平；傅京燕和程芳芳（2021）也从区域的视角出发，认为“一带一路”倡议促进了地区产业结构升级，且对西北地区和资源型城市的促进效应更为明显；王桂军和卢潇潇（2019）从企业层面入手，指出产业升级本质上是产业内代表性企业的优化升级，而“一带一路”倡议可以有效促进企业升级，尤其是瓶颈产业内的企业。可见，在“一带一路”框架下，沿线国家之间存在巨大的经济合作空间，这也为中国产业转型升级提供了良好的平台与契机。

一　产业转型升级视角下的中国与“一带一路”沿线国家投资合作

从产业升级的方式看，“腾笼换鸟”式升级的理论主要依据边际产业扩张理论、“雁行形态论”。具体到“一带一路”倡议中，有的学者认为，中国应当在完善区域内基础设施条件以及贸易自由化的基础上，构建以中国为核心的新雁阵模式，选择符合转移条件的产业进行“腾笼换鸟”式再升级，将中国优势较弱的产业进行转移，并通过构建境外经贸合作园区深化产业合作，进而实现中国产业转型升级（张茉楠，2016；卫玲和梁炜，2017）。

商务部在2006年公布《境外中国经济贸易合作区的基本要求和申办程序》，宣布建立50个“国家级境外经贸合作区”，鼓励企业在境外建设或参与建设各类经济贸易合作区，如开发区、工业园区、物流园区、自由贸易区、自由港、工业新城以及经济特区等，为中国企业对外投资搭建平台提供可靠的海外发展场所，形成贴近市场的产业链和产业集群，降低企业投资成本和经营风险（沈铭辉和张中元，2016）。通过在“一带一路”沿线国家建立境外经贸合作区，有助于中国企业规避贸易壁垒、减少贸易摩擦，降低竞争成本，在企业间发挥集聚效应，实现规模经济。

目前，虽然“一带一路”倡议仍处于起步阶段，但是已有大量的合作项目投入其中，沿线各国也通过参与到“一带一路”中而获益。Muhammad Saqib Irshad et al.（2015）和 Li & Sun（2015）具体研究了“一带一路”中的“中国—巴基斯坦经济走廊（CPEC）”问题，认为中国、巴基斯坦以及区域内其他国家都会从该项目中获得长期利益。Dipankar Banerjee（2016）指出中印在“一带一路”中通过合作不仅能在经济、文化等方面能够获得巨大的利益，还能解决困扰中国的“马六甲困境（Malacca Dilemma）”，然而前提是边境争端问题得以妥善解决。Huang（2017）认为，作为“一带一路”倡议中的重要组成部分，中国和中东国家的能源合作问题一直受到广泛的重视，但能源安全问题也不容忽视。盛斌和果婷（2017）对比“一带一路”倡议与 APEC 合作框架后发现两者在地理范围、合作原则、合作目标和内涵等方面都有高度的内在联系，且推动亚太地区的互联互通和加强基础设施建设都是两者的主要目标。陆建人和蔡琪（2017）发现中国与菲律宾的经济具有很强的互补性，可进行多方面的合作。陈静（2017）也认为中国和东盟国家在“一带一路”背景下应加强对建设项目的金融支持、国际产业园的投资和电子商务的交流，从而令双方互惠共赢。陆瑾（2016）发现伊朗具有较好的工业基础，但是缺乏完整的工业体系，因此在“一带一路”倡议的实施过程中，中国可以借助伊朗的工业与其进行合作，而伊朗在这一过程中也可以提升自身的工业水平，形成完整工业体系。刘彦君（2016、2017）认为中国和俄罗斯应在“一带一路”背景之下大力推进“跨国次区域经济合作”。贾妮莎和雷宏振（2019）通过实证检验后发现，中国对外直接投资会推动“一带一路”沿线东道国的产业升级，且对中低收入沿线国家的促进效应更为明显。

二　产业转型升级视角下的中国与“一带一路”沿线国家贸易合作

自由贸易区（FTA）的建立作为推进全球自由贸易重要举措，一直受到各国重视。Baldwin（1995）、Egger & Larch（2008）等学者对“多米诺”理论进行研究后发现，FTA 的构建具有“多米诺效应”，即单个 FTA 的构建会带动多个 FTA 的形成，并最终实现全球贸易自由化。自 2013 年“一带一路”倡议提出以来，中国对沿线国家的贸易与直接投资规模显著增加（Du & Zhang，2017），贸易和投资的自由化会进一步促进中国经济发展以及产业的转型升级。从贸易自由化的视角来看，有学者指出中国与“一带一路”沿线国家和地区消除投资与贸易壁垒、共同商建 FTA 是“一带一路”建设的重点内容（陈虹和杨成玉，2015；程大中等，2017；彭宇和沈玉良，2017）。首先，需要考虑 FTA 合作伙伴的选择，赵金龙（2016）设置了三个维度的分析框架，确定中国“一带一路”FTA 战略的最优潜在合作伙伴；彭羽（2017）认为未来应根据双边全球价值链紧密程度优先选择 FTA 伙伴国，同时基于差异化原则，根据“一带一路”沿线国家的经济发展阶段和现有规则水平，加快推进中国与这些国家间不同规则、水平、层次的自贸协定网络，为拓展中国企业与“一带一路”沿线国家间的投资贸易往来提供规则保障。其次，在建立 FTA 的基础上，对周边国家进行辐射，形成具有一定深度及广度的“一带一路”FTA 网络关系，竺彩华（2015）提出了建设“一带一路”FTA 的理想路径，即先逐步建成立足东亚、辐射“一带一路”区域、面向全球的高标准自贸区网络，最终建成“一带一路”FTA。王原雪和张二震（2016）也主张通过构筑包括邻近国家和地区、涵盖“一带一路”沿线国家以及辐射五大洲重要国家的全球自由贸易区网络，巩固和提升中国在全球价值链中的分工地位。

第四节 文献评述

随着自改革开放以来参与全球化生产程度的不断加深，中国凭借广阔的市场与劳动力优势实现了经济的快速发展，且制造与生产能力得到快速的提升。但“两头在外”的生产模式使得中国制造业在全球价值链中逐渐被锁定在低端位置，且难以实现自主突破与产业转型升级。对于此，众多学者进行了相应的研究。通过对相关文献的总结和梳理可以看出，现有国外文献对全球价值链的形成、构建、治理、应用等方面已进行了较为深入的研究，并不断完善价值链的相关理论。但这些研究大部分都立足于发达国家视角，分析其如何通过价值链分工实现对产业链条的控制，从而获得相应利润，并未深入考虑发展中国家如何在全球价值链中实现升级。虽然众多国内学者将研究重点聚焦于此问题，但大多数研究对此仅进行了相应的实证分析，并未形成较为完整的理论框架，且部分研究结果也指出中国在全球价值链中难以实现自主式升级。

在此大背景下，“一带一路”倡议应运而生。该倡议不仅为中国与沿线国家的经贸合作提供了良好的平台，也为中国在价值链中寻求可行的产业转型升级路径提供了明确的方向，学术界对此也给予了充分的关注。然而，通过整理与此相关的文献后可以发现，虽然众多学者认为在“一带一路”倡议下的价值链合作会为中国实现产业转型升级提供新的契机，但相关分析大多仅停留在宏观层面或仅进行实证分析，并未进行深入的研究，且较少在现有全球价值链理论的基础上构建相应数理模型，系统性地探讨“一带一路”价值链下的中国与沿线国家产业分工合作以及“一带一路”价值链内部驱动机制影响中国产业转型升级的内在机理。同时，党的二十大报告提出，要“践行共商共建共享的全球治理观”，并“共建‘一带一路’高质量发展”，但现有关于“一带一路”的相关文献大多并未深入考虑如何通过“一带一路”框架下的经贸合作实现区域内各国的互利共赢。这使得现有关于“一带一路”倡议下经贸合作与中国产业转型升级的相关文献的理论性不足且并未真正地与党的二十大报告最新论述报告精神相契合，也令相关研究对中国借助“一带一路”倡议实现转型升级的探讨并不充分。综合上述观点，本书在已有价值链理论的基础上，立足于发展中国家视角，结合沿线国家的国际分工现状与“共商共建共享”这一现实特征，构造“三国价值链分工模型”，使用理论推导的方式系统性地刻画中国与“一带一路”沿线国家之间的价值链顺向和逆向分工合作，同时对分工合作如何通过“一带一路”价值链驱动机制促进中国制造业实现转型升级的内在机理进行分析。随后，进一步在增加值贸易视角下，以产业共生为背景，针对上述问题构建相应的实证模型，并进行相关实证检验。在得出实证结论的基础上，从多个方面为中国参与“一带一路”价值链，实现制造业转型升级提供可行的对策建议。

第三章

基于价值链驱动机制的产业转型升级理论分析

根据对现有文献的梳理，可以看出目前大部分研究都是立足于发达国家，研究其如何通过价值链分工实现利润的获取以及对整体链条的控制与治理，较少有研究从发展中国家视角出发，对价值链内的上下游产业合作以及在此基础上实现自身产业转型升级进行详细的理论分析。另外，大多理论研究仅涉及两国，即一个发达国家与一个发展中国家，并没有考虑进一步区分不同类型的发展中国家在价值链合作中会有何种作用与影响，这使得该部分研究并没有较好地反映真实情况。同时，目前全球价值链分工体系通过企业间的垂直一体化分工和水平一体化分工形成了前向与后向的产业关联关系，而垂直一体化和水平一体化又是在价值链中生产者驱动和购买者驱动的基础上形成具体的分工形式。因此，研究价值链中的上下游产业合作必须要考虑生产者驱动和购买者驱动这两种基本的价值链驱动机制，但现有研究在分析过程中较少考虑这种投入产出关系在价值链中的影响。基于上述观点，本章节从发展中国家视角出发，在包含发达国家、较强发展中国家以及较弱发展中国家的“三国价值链分工模型”基础上，结合价值链驱动机制以及由此而形成的前、后向产业关联关系，对价值链下的产业合作以及发展中国家如何实现产业转型升级进行理论分析，为本书的整体研究奠定良好的理论基础。

第一节　价值链分工模型的初始均衡分析

本章节所使用的“三国价值链分工模型”是在 Baldwin 和 Venables（2015）所提出的两国模型的基础上拓展而来，该模型认为产业关联在贸易政策以及包含中间品和最终品的全球分工过程中扮演了十分重要的角色，而价值链下的产业合作也必须要考虑产业间的这一关系。然而该模型并未考虑发展中国家在价值链分工中如何与上下游国家进行合作，以及通过生产者驱动以及购买者驱动机制，发展中国家如何在价值链中实现自身产业转型升级，同时模型也并未针对现实情况对发展中国家进行进一步的细分。因此，针对上述问题，本章节将对 Baldwin 和 Venables（2015）的模型进行改进与拓展，从而可以分析价值链驱动机制下的发展中国家产业转型升级过程。

一　基本模型描述

在本章节所使用的模型中，假设世界上存在三个开放经济体，即发达国家 C1、发展较好的发展中国家 C2 以及发展较弱的发展中国家 C3。各国在世界上仅生产两种产品 y 和 z，其中 z 为最终产品，y 为中间品，二者均为连续的产品集合，即 $y \in [0, \infty)$，$z \in [0, \infty)$。在整个生产过程中仅涉及劳动这一单一生产要素，用于生产中间品，且各国的一单位劳动力可生产一单位 y。劳动力成本以工资率 ω 来表示，在世界范围内的价格以 p 来表示。在价值链分工中，三国的分工地位由高到低依次为 C1 国家、C2 国家、C3 国家。假设在三个国家中，由于劳动力知识、技术、经验的不同，使得劳动力成本各不相同，且 $\omega_1 > \omega_2 > \omega_3$，即 C1 国家的劳动力成本大于 C2 国家，而C2国家的劳动力成本大于C3国家。若假设发达国家所生产的中间品成本为1，且组装过程无成本，则发达国家最终品的价格也为1。因此，在不考虑关税等成本的情况下，对于同一类中间品，有$p_1>p_2>p_3$，且不同国家所生产的同种中间品是完全同质的。可以看出，对于发展较弱的国家来说，其生产的中间品价格要小于发展较强的国家所生产的中间品。另外，假设由于在发展较强国家的生产过程中使用较弱国家中间品的协调成本较高，因此发展相对较弱国家所生产的中间品在发展相对较强国家中并不具有竞争优势。这使得在三国之间，具有较强技术优势的发达国家C1可以生产全部范围的中间品和最终品，并向C2、C3国家出口其生产的产品，无须从C2、C3国家进口中间品；发展较好的发展中国家C2由于技术水平弱于C1国家但强于C3国家，因此可以生产较大范围的中间品和最终品，C2国家可出口其生产的最终品，但仅会从C1国家以p_1的价格进口中间品且仅向C3国家出口中间品；发展较弱的发展中国家C3由于所具有的技术禀赋最低，因此仅可生产较小范围的中间品和最终品，虽然其可以出口所生产的最终品，但只能从C1和C2国家分别以p_1、p_2的价格进口中间品而无法实现出口。

供应链上下游产品之间相互作用的一个关键特征是，最终品会随着其所需的中间品集合的不同而变动，同时中间品也会随其所供应的最终品集合的不同而变动①，即最终品与中间品之间会因供需关系而相互影响。对于本书所使用的模型来说，本国所生产的最终品范围取决于中间品生产范围，反之亦然。在本模型中，当发展中国家对中间品的需求超过“最小效率规模（Minimum Efficient Scale，MES）”时，超过MES的这部分中间品会在本国国内进行生产②；若需求没有超过MES，则中间品投入全部以进口的方式实现。同时，

① Richard Baldwin and Anthony J. Venables, “Trade Policy and Industrialisation when Backward and Forward Linkages Matter.” *Research in Economics*, Vol. 69, No. 2, 2015.

② 一国对中间品的需求取决于不同最终产品相对成本的大小。

本模型假设规模报酬不变，且在此前提下当中间品越复杂（或所含技术水平越高）时，其相应的MES也越大，对进口的依赖程度也就越高。另外，本国和外国生产的中间品是不完全替代的，并以g（w，p）的形式来表示其成本函数①，即采购特定中间品的最小单位成本。因最终品的生产仅使用本国或外国的单一中间品，故在中间品成本函数中的替代弹性大于1，即$p>g$（w，p）。具体来说，对于发展中国家C2和C3，当本土供应可行时，$\omega<1$；当本土供应不可行时，即对于尚无法实现国内生产的部分，$\omega\to\infty$。本章节所使用的“三国价值链分工模型”基本框架如图3－1所示。

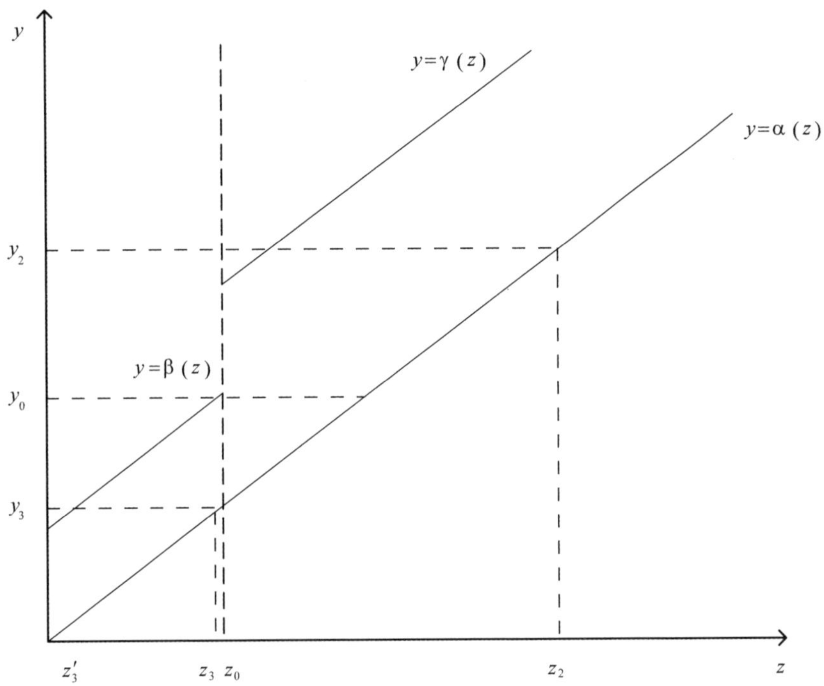

图3－1　“三国价值链分工模型”基本框架

① g（w，p）具体采用CES生产函数形式。

根据模型设定，最终品的生产需要以中间品作为要素投入，且每种最终品的供应链包含了一系列相关中间品的投入，即 $y(z)=[\alpha(z), \gamma(z)]$，其中 $\alpha(z)$ 和 $\beta(z)$ 或 $\gamma(z)$ 分别代表在生产各类最终产品时可能用到的复杂程度最低到最高的中间品集合。具体来说，$\alpha(z)$、$\beta(z)$ 和 $\gamma(z)$ 是一种世界范围内的普遍情况，指在相应技术水平下，最终品和中间品的对应关系，即给出生产最终品所需要的最简单到最复杂的中间品范围，本书假设三者是 z 的严格递增函数，且假设 $\alpha(z)=z$，$\beta(z)=z+1$，$\gamma(z)=z+2$。

在所构建的模型中，横纵坐标分别代表中间品和最终品的复杂程度，也反映了产品所含的技术水平，即当 y 和 z 的数值越大时，中间品和最终品的复杂程度也就越高。每种最终品都会与一条特定的供应链相关，其中会涉及一系列特定的中间品，这一关系为 $y(z)$。在最终品 z 的生产过程中，中间品的组装无成本，且假定所使用中间品 y 的投入量为 $a(y, z)$。本模型进一步以最终品 z_0 为分界点将所有最终品划分为两类，其中一类为较为简单的最终品，即 $z\in(0, z_0)$，其复杂程度与所含技术水平较低，所使用的中间品投入量也较少。为简化模型，本书假设当 $y\in[\alpha(z), \beta(z)]$ 且 $z\in(0, z_0)$ 时，$a(y, z)=1$。另一类为较为复杂的最终品，即 $z\in[z_0, \infty)$，其复杂成程度与所含技术水平较高，所使用的中间品投入量也较多，并假设当 $y\in[\alpha(z), \gamma(z)]$ 且 $z\in[z_0, \infty)$ 时，$a'(y, z)=2$。同时，本模型假设在初始状态下，C1 国家的技术禀赋使其可以生产全部的中间品以及最终品；C2 国家的技术禀赋使其可以生产 $(0, y_2]$ 的中间品以及 $(0, z_2]$ 的最终品；C3 国家的技术禀赋只能使其生产 $(0, y_3]$ 的中间品以及 $(0, z_3]$ 的最终品，且由于技术障碍等原因，C3 国家无法实现自主技术突破，即无法突破 z_0 这一分界点。

二 生产者驱动下的均衡情况

在生产者驱动下，对于发展中国家 C2 来说，y_2 以下的中间品会

以 g（w_2，p_1）的成本在国内进行采购，而 y_2 以上的中间品会以 p_1 的成本从 C1 国家进行采购（如 z_2'' 点）。在［z_2'，z_2］范围内，其最终品生产成本为：

$$c_2\ (z,\ y_2)\ =\int y_2\ (z)_{\alpha(z)} g\ (\omega_2,\ p_1)\ a\ (y,\ z)\ dy + \int \beta\ (z)_{y_2(z)} p_1 a'\ (y,\ z)\ dy \tag{3.1}$$

其中，c_2（z，y）为 C2 国家的最终品生产成本函数，y_2（z）$=y_2$ 且 $y_2 \in$［α（z），γ（z）］。$\int y_2\ (z)_{\alpha(z)} g\ (\omega_2,\ p_1)\ a\ (y,\ z)\ dy$ 表示在 C2 国内进行生产的中间品成本，$\int \beta\ (z)_{y_2(z)} p_1 a\ (y,\ z)\ dy$ 表示需要从 C2 国家进口的中间品成本。在 C3 国家的生产范围内，（0，z_2'］部分最终品可实现本土化生产；而［z_2'，z_2］部分最终品的生产过程需从国外进口相应中间品，且随着 z 的数值不断增加（即最终品的复杂程度不断增加），其所使用的进口中间品比例也会越高。

同理，对于发展较弱的发展中国家 C3 来说，在 y_3 以下的中间品会以 g（w_3，p_2）的成本在国内进行采购，而 y_3 以上的中间品则会以 p_2 的成本从 C2 国家进行采购（如 z_3'' 点）①。而在［z_3'，z_3］范围内，其最终品生产成本为：

$$c_3\ (z,\ y_3)\ =\int y_3\ (z)_{\alpha(z)} g\ (\omega_3,\ p_2)\ a\ (y,\ z)\ dy + \int \beta\ (z)_{y_3(z)} p_2 a\ (y,\ z)\ dy \tag{3.2}$$

其中，c_3（z，y）为 C3 国家的最终品生产成本函数，y_3（z）$=y_3$ 且 $y_3 \in$［α（z），β（z）］。在 C3 国家的生产范围内，由于（0，z_3'］部分最终品所对应的中间品集合可在国内采购，因此该部分最终品可实现本土化生产；而由于［z_3'，z_3］部分最终品所对应的中间品集合无法完全在国内进行采购，因此该部分最终品的生产过程需从国外进口相应中间品，具体如图 3－2 所示。

① 由于对于同种中间品来说，C2 国家生产的产品价格低于 C1 国家产品的价格，因此 C3 国家会选择进口 C2 国家生产的中间品。

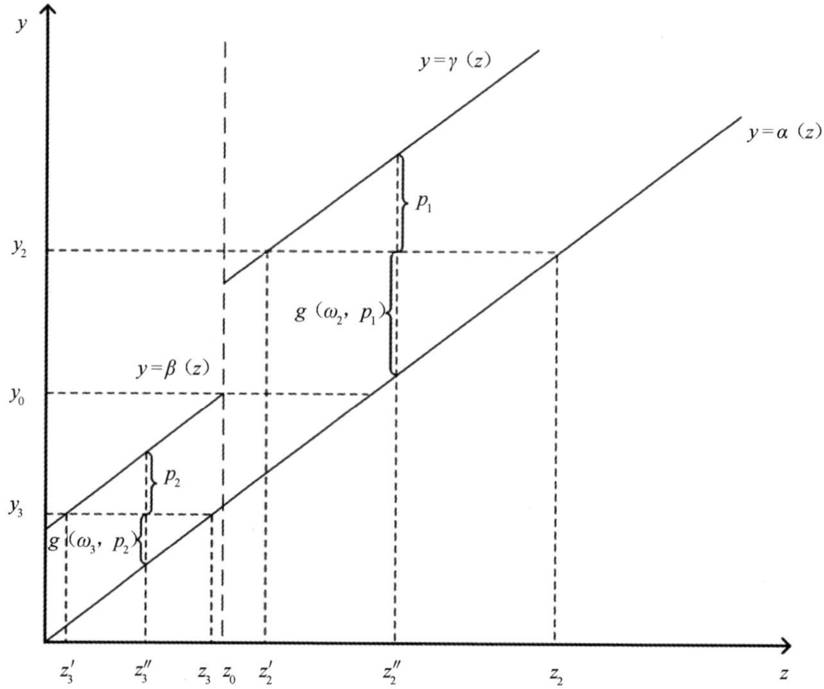

图3-2 生产者驱动下的初始状态

在模型中，无论C2还是C3国家，当包含任意关税或补贴后的进口成本低于其世界价格1时，最终品会在本国国内进行生产。假定本国最终品价格为s，即单位最终品的出口价格，则关税或补贴部分为$s-1$。当$c(z, y) \leqslant s$时，本国生产的最终品在世界上更有竞争力。对于C2国家来说，假设$p_1 > s_2 > g(\omega_2, p_1)$，则此时：

$$s_2 = \int y_2(z)_{\alpha(z)} g(\omega_2, p_1)\ a(y, z)\ dy + \int \beta(z)_{y_2(z)} p_1 a'(y, z)\ dy \tag{3.3}$$

经整理后可得：

$$s_2 = 2(y_2 - z)\ g(\omega_2, p_1) + 2(z + 2 - y_2)\ p_1 \tag{3.4}$$

进一步可得：

$$z = y - \frac{4p_1 - s_2}{2\ [p_1 - g\ (\omega_2,\ p_1)]} \tag{3.5}$$

这一关系可进一步表示为：$z = Z_2\ (y)$。

对于 C3 国家来说，假设 $p_2 > s_3 > g\ (\omega_3,\ p_2)$，则此时：

$$s_3 = \int y_3\ (z)_{\alpha(z)} g\ (\omega_3,\ p_2)\ a\ (y,\ z)\ dy + \int \beta\ (z)_{y_3(z)} p_2 a\ (y,\ z)\ dy \tag{3.6}$$

经整理后可得：

$$s_3 = (y_3 - z)\ g\ (\omega_3,\ p_2) + (z + 1 - y_3)\ p_2 \tag{3.7}$$

进一步可得：

$$z = y - \frac{p_2 - s_3}{p_2 - g\ (\omega_3,\ p_2)} \tag{3.8}$$

这一关系可进一步表示为：$z = Z_3\ (y)$。

可以看出，在生产者驱动下，由于国家间中间品贸易使得三国间形成供给侧的关联，即产业的前向关联。

三　购买者驱动下的均衡情况

在购买者驱动下（如图 3－3 所示），当一国需求超过 MES 时，特定中间品会在其国内生产，且模型中对中间品的需求为无弹性的。同时，假设对于任意最终品 z 来说，其在全球范围内的需求为 $h\ (z)$，且 $h\ (z)$ 为固定的参数形式，并不会发生内生变动，即令 $h\ (z) = h$。

对于发展中国家 C2 来说，当 C2 国内最终品的生产范围为［0，z_2''］时，其对于国内所生产的中间品需求为：

$$q_2\ (y,\ z_2'') = \int z_2^+\ (y)_{z_2^-(y)} g_\omega\ (\omega_2,\ p_1)\ a'\ (y,\ z)\ h\ (z)\ dz \tag{3.9}$$

其中，$g_\omega\ (\omega_2,\ p_1)$ 为 $g\ (\omega_2,\ p_1)$ 对 C2 国家国内中间品生产价格的一阶偏导，且等于单位最终品生产中对本土生产中间品的需求。同时，$z_2^-\ (y)$ 与 $z_2^+\ (y)$ 分别代表 y_2 可参与的最简单和最复杂的最终品生产过程。具体来说，$z_2^-\ (y) = \max\ [0,\ \gamma^{-1}\ (y)]$，

$z_2^+(y)=\min[z_2'',\alpha^{-1}(y)]$。对于C2国家，其国内生产的中间品 y_2 用于 $z_2^-(y)=\gamma^{-1}(y)$ 至 $z_2^+(y)=z_2''$ 之间的最终品生产过程。

根据前文所作设定，当对中间品的需求超过MES时，特定的中间品会在本国国内进行生产。基于此，本模型进一步假设随着中间品复杂程度越高，其对应的MES水平也就越高，即国外中间品进口的依赖程度越高，这一关系由 $m(y)$ 来表示，且假设 $m(y)$ 为严格递增的函数，即令 $m(y)=\mu y$。因此，C2国家参与中间品生产的临界点为其对 y 的需求等于MES，即表示为 $m(y)=q_2(y,z_2'')$，具体如公式（3.10）所示。

$$m(y)=\int z_2^+(y)_{z_2^-(y)}g_\omega(\omega_2,p_1)\,a'(y,z)\,h(z)\,dz \tag{3.10}$$

经整理后可得：

$$\mu y=2\left[z_2''-(y-2)\right]g_\omega(\omega_2,p_1)\,h \tag{3.11}$$

进一步可得：

$$y=\frac{2g_\omega(\omega_2,p_1)\,h}{\mu+2g_\omega(\omega_2,p_1)\,h}(z+2) \tag{3.12}$$

这一关系可表示为 $y=Y_2(z)$。

对于发展中国家C3来说，当C2国内最终品的生产范围为（0，z_0）时，其对于国内所生产的中间品需求为：

$$q_3(y,z_3'')=\int z_3^+(y)_{z_3^-(y)}g_\omega(\omega_3,p_2)\,a(y,z)\,h(z)\,dz \tag{3.13}$$

其中，$g_\omega(\omega_3,p_2)$ 为 $g(\omega_3,p_2)$ 对C3国家国内中间品生产价格的一阶偏导。$z_3^-(y)$ 与 $z_3^+(y)$ 分别代表 y_3 可参与的最简单和最复杂的最终品生产过程。具体来说，$z_3^-(y)=\max[0,\beta^{-1}(y)]$，$z_3^+(y)=\min[z_3'',\alpha^{-1}(y)]$。对于C3国家，其国内生产的中间品 y_3 用于 $z_3^-(y)=\beta^{-1}(y)$ 至 $z_3^+(y)=z_3''$ 之间的最终品生产过程。同时，C3国家参与中间品生产的临界点为 $m(y_3)=q_3$

$(y,\ z_3'')$，具体如公式（3.14）所示。

$$m(y) = \int z_3^+(y)_{z_3^-(y)} g_\omega(\omega_3,\ p_2)\ a(y,\ z)\ h(z)\ dz \tag{3.14}$$

经整理后可得：

$$\mu y = [z_3'' - (y-1)]\ g_\omega(\omega_3,\ p_2)\ h \tag{3.15}$$

进一步可得：

$$y = \frac{g_\omega(\omega_2,\ p_1)\ h}{\mu + g_\omega(\omega_2,\ p_1)\ h}(z+1) \tag{3.16}$$

这一关系可表示为 $y = Y_3(z)$。

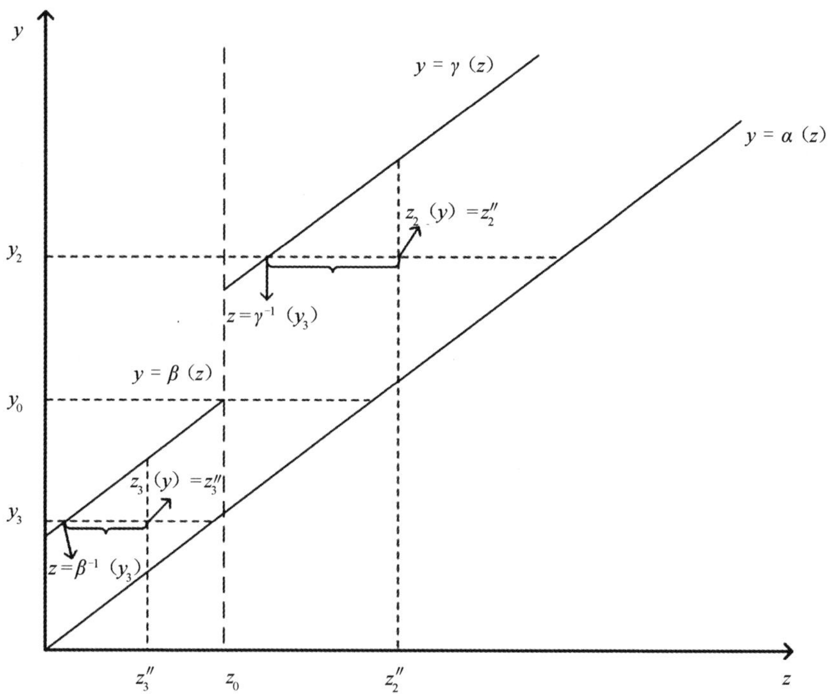

图 3-3　购买者驱动下的初始状态

可以看出，在购买者驱动下，由于国家间中间品贸易使得三国间形成需求侧的关联，即产业的后向关联。

四　总体均衡情况

根据前文所构建模型，在价值链中，发展中国家在生产者驱动以及购买者驱动下可以得到中间品以及最终品之间的供给侧均衡以及需求侧均衡。在此基础上，本章节进一步推导各国中间品与最终品的总体均衡情况，即得到各国的 $\{y^*, z^*\}$，具体如图 3－4 所示。

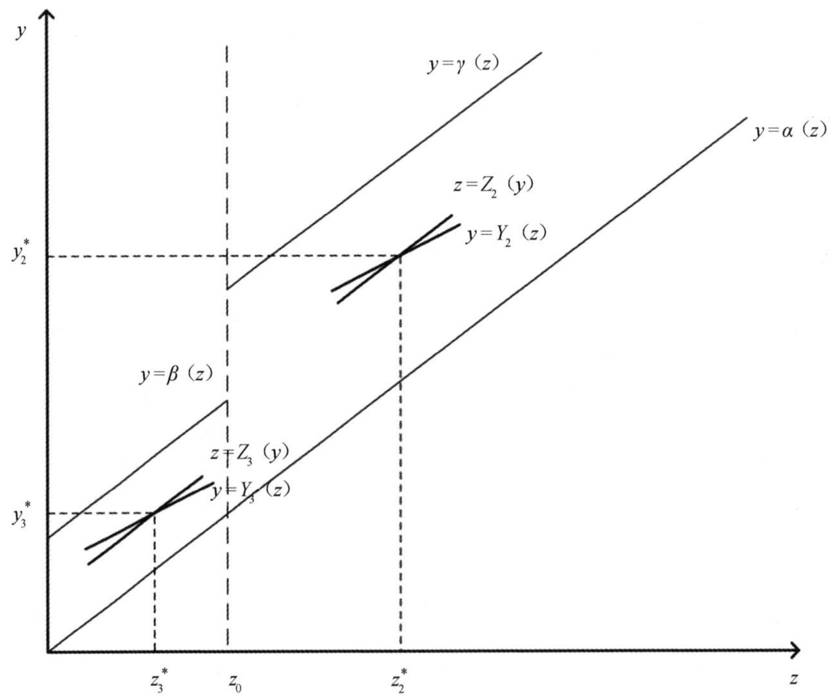

图 3－4　初始状态下的总体均衡情况

对于发展中国家 C2 来说，其生产者驱动下的供给侧均衡为 $z = Z_2(y)$，购买者驱动下的需求侧均衡为 $y = Y_2(z)$。联立方程后，可得 C2 国家在初始状态下的总体均衡 $\{y_2^*, z_2^*\}$。

$$y_2^* = \frac{g_\omega(\omega_2, p_1)h}{\mu}\left[\frac{s_2 - 2g(\omega_2, p_1)}{p_1 - g(\omega_2, p_1)}\right] - \frac{g_\omega(\omega_2, p_1)h[4g_\omega(\omega_2, p_1)hp_1 + 2\mu g(\omega_2, p_1)]}{\mu[\mu + 2g_\omega(\omega_2, p_1)h][p_1 - g(\omega_2, p_1)]} \quad (3.17)$$

$$z_2^* = \frac{2g_\omega(\omega_2, p_1)h[s_2 - 2g(\omega_2, p_1) - 2p_1] - \mu(4p_1 - s_2)}{2\mu[p_1 - g(\omega_2, p_1)]} \quad (3.18)$$

同理，对于发展中国家 C3 来说，其生产者驱动下的供给侧均衡为 $z = Z_3(y)$，购买者驱动下的需求侧均衡为 $y = Y_3(z)$。联立方程后，可得 C3 国家在初始状态下的总体均衡 $\{y_3^*, z_3^*\}$。

$$y_3^* = \frac{g_\omega(\omega_3, p_2)h}{\mu}\left[\frac{s_3 - g(\omega_3, p_2)}{p_2 - g(\omega_3, p_2)}\right] \quad (3.19)$$

$$z_3^* = \frac{[s_3 - g(\omega_3, p_2)]g_\omega(\omega_3, p_2)h - (p_2 - s_3)\mu}{[p_2 - g(\omega_3, p_2)]\mu} \quad (3.20)$$

第二节　价值链顺向分工合作下的均衡分析

在对本模型中的发展中国家在初始状态下的均衡状态进行推导与分析的基础上，本节进一步开始对三国参与价值链合作与分工后的情况进行分析。由于本书主要研究中国在“一带一路”价值链中如何通过不同驱动机制实现自身产业转型升级，因此本模型对于国家间价值链分工合作的分析也主要立足于发展中国家视角。而在发展中国家 C2 和 C3 中，发展较好的 C2 国家与中国目前在“一带一路”乃至全球范围内所处的情况与状态相类似，因此本模型将以 C2 国家为核心，探讨其如何与其他国家进行价值链合作以及合作可能对其形成的影响。

另外，由于在其他两国中既存在发达国家，也存在发展较弱的发展中国家，因此对于与不同国家的价值链合作，C2 国家将采取不同的合作方式。本模型假设与比自身发展较落后国家间的价值链分工定义为价值链顺向分工合作，而与比自身发展较好国家间的价值链分工定义为价值链逆向分工合作①。本小节主要分析价值链顺向分工下（即 C2 国家与 C3 国家合作）的均衡情况以及合作对价值链上下游国家的影响。

一 均衡情况

根据 Baldwin 和 Venables（2015）的观点，一国参与到价值链分工是通过承担相对发达国家产品的部分生产过程而实现的。而前文假设一国只能向与自身相比发展较弱的国家出口中间品，无法向与自身相比发展较强的国家出口中间品，即 C2 国家只能向下游的 C3 国家出口中间品，而无法向上游的 C1 国家出口；C3 国家生产的中间品只能用于本国国内最终品的生产，而无法向上游的 C1 和 C2 国家进行出口。因此，本模型假设在 C2 国家进行价值链顺向分工的过程中，C3 国家可通过价值链分工参与到相对发达国家的生产过程中。

具体来说，当 C2 国家在价值链中进行顺向分工合作时，会将产品的部分生产过程转移至下游的 C3 国家，从而实现价值链顺向分工，而 C3 国家的中间品生产范围也因此得以扩大。假设 C3 国家中间品生产范围扩大 θ_3，即价值链顺向分工合作使得 C3 国家中间品生产范围扩大至（$0, y_3+\theta_3$），同时假设 C3 国家生产的 θ_3 部分中间品可以进行出口，而国内生产的其他中间品仍无法实现出口。这种变化会使得 $Y_3(z)$ 曲线的位置上移至 $Y_3'(z)$（如图 3－5 所示）。

此时 $Y_3'(z)$ 表达式为：

$$y=\frac{g_\omega(\omega_2,\ p_1)\ h}{\mu+g_\omega(\omega_2,\ p_1)\ h}(z+1)+\theta_3 \tag{3.21}$$

联立 $z=Z_3(y)$ 和 $y=Y_3'(z)$ 后，可得 C3 国家在价值链顺向

① 该比较方式主要关注一国技术水平的高低。

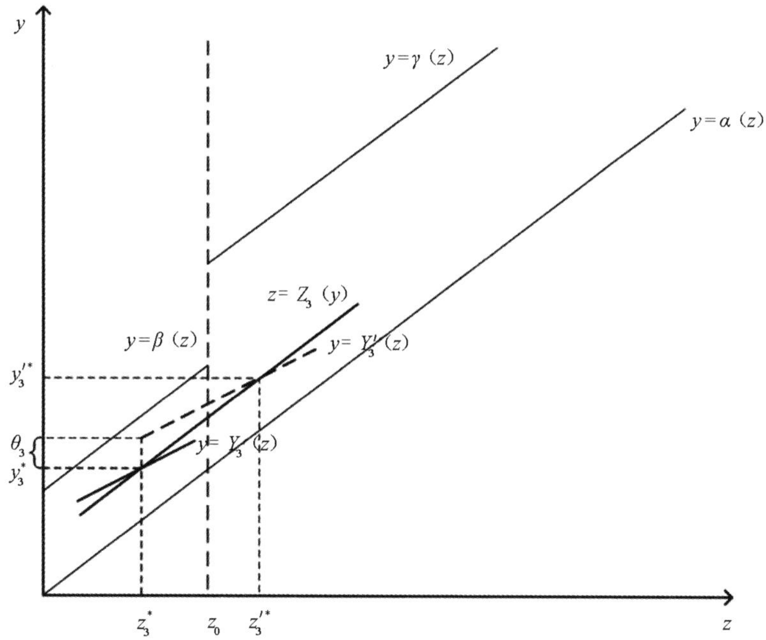

图 3-5　价值链顺向分工下的均衡情况

分工合作中，通过生产者驱动和购买者驱动下的溢出效应形成新的均衡 $\{y_3'^*,\ z_3'^*\}$，即：

$$y_3'^* = y_3^* + \frac{\theta_3[\mu + g_\omega(\omega_3,\ p_2)h]}{\mu} \tag{3.22}$$

$$z_3'^* = z_3^* + \frac{\theta_3[\mu + g_\omega(\omega_3,\ p_2)h]}{\mu} \tag{3.23}$$

二　对价值链上游国家的影响

在 C2 国家的价值链顺向分工合作中，由于下游国家 C3 在新的均衡处生产 $y_3'^*$ 的中间品以及 $z_3'^*$ 的最终品，因此其会对更加复杂的中间品产生需求。而这也对上游国家 C1 和 C2 的中间品出口产生影响。

在 C3 国家的初始均衡状态下，其仅能生产 y_3^* 的中间品和 z_3^* 的最终品，且并未能突破技术障碍分界点 z_0。在此情况下，C3 国家对上游国家生产的中间品需求仅为 A 所代表的面积部分，且该部分全部从 C2 国家进口，即在初始状态下 C3 国家对 C1 国家生产的中间品并不存在需求。同时，A 也可反映 C2 国家的中间品出口情况。假设在初始状态下，C2 国家中间品出口以 EX_2 来表示，并令 $z_3^*(y)=z_3^*$、$z_3'(y)=z_3'$、$y_3^*(z)=y_3^*$，则此时：

$$EX_2=\int_{z_3'(y)}^{z_3^*(y)}\int_{y_3^*(z)}^{\beta(z)} p_2 a(y,z)\,dydz \tag{3.24}$$

在价值链顺向分工合作后的 C3 国家新均衡中，随着 C3 国家参与价值链分工后的中间品和最终品生产范围扩大程度的不同，其对上游国家的中间品出口也有着不同的影响（如图 3－6 所示）。

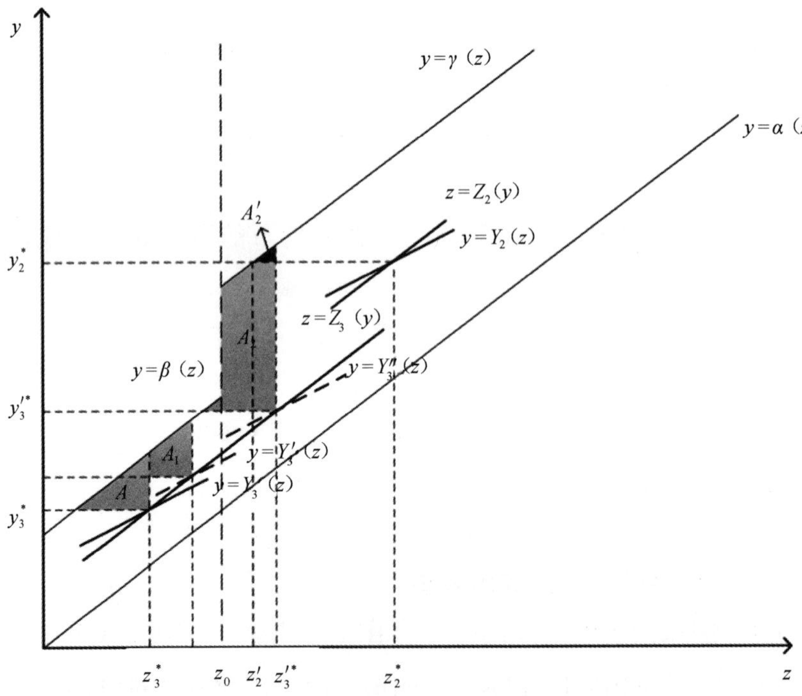

图 3－6　价值链顺向分工对上游国家的影响

1. 当 C3 国家参与价值链顺向分工后的中间品和最终品生产范围扩大程度较小时（θ_3 较小且 $y_3^{'*}$ 所对应的 $z_3^{'*} < z_0$），即所承接的 C2 国家生产过程部分较少时，通过生产者驱动和购买者驱动下的溢出效应所实现的技术提升幅度较小。此时，C3 国家需要从 C2 国家进口更加复杂的中间品以满足国内生产，即 C2 国家会向 C3 国家增加复杂度高的中间品出口，而减少复杂度低的中间品出口。可以看出 C2 国家在价值链中的顺向分工合作会改善自身的出口技术结构。另外，A_1 部分面积表示在新均衡下 C2 国家出口至 C3 国家的中间品规模。由于 Z_3'（y）与 α（y）、β（y）的斜率相同，因此 $A_1 = A$，表示在新的均衡下，C2 国家的出口技术结构虽然会得到改善，但向 C3 国家的中间品出口规模并未发生改变。

2. 当 C3 国家参与价值链顺向分工后的中间品和最终品生产范围扩大程度较小时（θ_3 较大且 $y_3^{'*}$ 所对应的 $z_3^{'*} > z_0$），即所承接的 C2 国家生产过程部分较多时，通过生产者驱动和购买者驱动下的溢出效应所实现的技术提升幅度也较大。此时，C2 国家会向 C3 国家增加复杂度高的中间品出口，而减少复杂度低的中间品出口，即 C2 国家在价值链中的顺向分工合作会改善其出口技术结构。同时，A_2 部分面积大于 A 部分面积，即 $A_2 > A$，表明价值链顺向分工会令 C2 国家向 C3 国家的中间品出口规模也得以扩大。而当 $z_3^{'*}$ 进一步扩大且超过 z_2' 后，C3 国家的最终品生产不仅需要从 C2 国家进口中间品，也需要从 C1 国家进口复杂度更高的中间品（如 A_1'' 部分面积所示），即 C2 国家的价值链顺向分工也会促使 C1 对 C3 国家产生新的出口。

3. 随着 C3 国家在新均衡处的中间品和最终品生产范围进一步扩大，通过生产者驱动和购买者驱动下的溢出效应使 C3 国家技术水平不断接近 C2 国家。在此情况下，由于大部分中间品可实现本土化生产，当 C3 国家的中间品生产范围超过某一临界值 t^* 时，C3 国家对 C2 国家的中间品需求不断降低，而对 C1 国家的中间品需求不断增加，即 C2 国家虽然仍会出口复杂度较高的中间品，但其出口规模会随着 C3 国家技术水平的提升而不断缩小；而 C1 国家的出口规模不断扩大，且更加倾向于对高复杂度中间品的出口。

4. 当 C3 国家参与价值链顺向分工后的技术水平提升至与 C2 国家一致时，即 $y'^{*}_{3} = y^{*}_{2}$ 时，C3 国家不再对 C2 国家的中间品有需求，C2 国家的中间品出口将为 0。C3 国家对 C1 国家生产的中间品存在大量需求，换言之，C1 国家的中间品出口规模将不断扩大。综合上述观点，本章节提出以下假设条件。

假设 1：处于价值链相对上游位置的发展中国家 C2 与相对下游位置的发展中国家 C3 之间的价值链顺向分工，一方面会改善 C2 国内的出口技术结构，另一方面会扩大其国内以及处于价值链更高位置的 C1 国家中间品出口规模。但随着技术水平的不断提升，当 C3 国家的中间品生产规模超过某一临界值 t^* 后，C2 国家的中间品出口规模会降低，而 C1 国家的中间品出口规模则会不断扩大。

三 对价值链下游国家的影响

在 C2 国家的价值链顺向分工合作中，对于下游国家 C3 来说，通过部分生产过程的转移使得 C3 国家在新的均衡中，中间品和最终品的生产范围都得到扩大，即提升了 C3 国家所生产产品的复杂程度。具体来说，中间品生产范围的扩大（即 θ_3）通过生产者驱动下的溢出效应，使 C3 国家在均衡时的最终品生产范围扩大 $\frac{\theta_3[\mu + g_\omega(\omega_3, p_2)h]}{\mu}$，说明 C2 国家与 C3 国家的价值链分工会令 C3 国家突破存在于 z_0 处的技术障碍，增强 C3 国家对于更加复杂最终品的需求以及供应能力。并且通过购买者驱动下的溢出效应，使 C3 国家在均衡时的中间品生产范围扩大程度大于 θ_3，即 $\frac{\theta_3[\mu + g_\omega(\omega_3, p_2)h]}{\mu} > \theta_3$，说明 C2 国家与 C3 国家的价值链分工会进一步刺激 C3 国家提升自我技术水平，从而可以生产更加复杂的中间品。

由模型的基本假设可知，中间品和最终品生产范围的扩大代表着一国国内技术水平的提升，且均衡时的生产范围越大代表其国内对复杂产品的需求与供应能力也都上升。因此，可以看出 C2 国家沿价值链的顺向分工会帮助处于价值链下游的 C3 国家突破技术屏障，从而促进其实现国内的产业结构优化。基于此观点，本章节提出以下假设。

假设 2：处于价值链相对上游位置的发展中国家 C2 与相对下游位置的发展中国家 C3 之间的价值链顺向分工，会帮助 C3 国家突破技术障碍，提升其国内技术水平，改善产业结构，从而可以增强对复杂度更高的中间品和最终品的供应与生产能力。

第三节　价值链逆向分工合作下的均衡分析

前文假设在价值链中，一国与比自身发展较好国家间的价值链分工定义为价值链逆向分工合作。本小节主要关注价值链逆向分工（即 C2 国家与 C1 国家间的合作）下的均衡情况以及合作对价值链上下游国家的影响。

一　均衡情况

当 C2 国家在价值链中进行逆向分工合作时，会将产品的部分高环节生产过程转移至位于价值链上游的 C1 国家，或承接由 C1 国家转移的部分相对高环节的生产过程，从而实现价值链逆向分工，这使得 C2 国家可生产的中间品范围得以扩大。假设在价值链逆向分工下 C2 国家的中间品生产范围扩大 θ_2，即价值链逆向分工使得 C2 国家中间品生产范围扩大至（0，$y_2+\theta_2$），同时假设 C2 国家生产的 θ_2 部分中间品可以出口至 C1 国家，但国内生产的其他中间品仍仅能出口至 C3 国家或用于本土生产。这种变化会使得 $Y_2(z)$ 曲线的位置上移至 $Y_2'(z)$（如图 3－7 所示）。

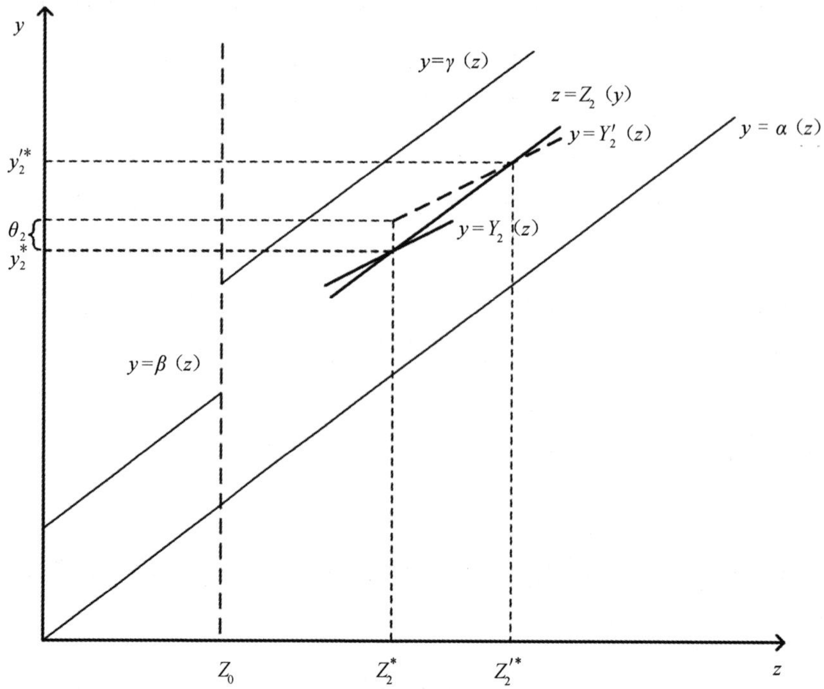

图3－7 价值链逆向分工下的均衡情况

此时 $Y_2^{'}$（z）的表达式为：

$$y = \frac{2g_{\omega}\ (\omega_2,\ p_1)\ h}{\mu + 2g_{\omega}\ (\omega_2,\ p_1)\ h}\ (z+2)\ +\theta_2 \tag{3.25}$$

联立 $z=Z_2$（y）和 $y=Y_2^{'}$（z）后，可得 C2 国家在价值链逆向分工中，通过生产者驱动和购买者驱动下的溢出效应形成新的均衡 $\{y_2^{'*},\ z_2^{'*}\}$，即：

$$y_2^{'*} = y_2^{*} + \frac{\theta_2[\mu + 2g_{\omega}\ (\omega_2,\ p_1)\ h]}{\mu} \tag{3.26}$$

$$z_2^{'*} = z_2^{*} + \frac{\theta_2[\mu + 2g_{\omega}\ (\omega_2,\ p_1)\ h]}{\mu} \tag{3.27}$$

二 对价值链上游国家的影响

在 C2 国家的价值链逆向分工合作中，对于上游的发达国家 C1

来说，在 C2 国家的初始均衡状态下，其仅能生产 y_2^* 的中间品和 z_2^* 的最终品。在此情况下，如图 3－7 所示，C3 国家对上游国家生产的中间品需求仅为 B 所代表的面积部分，且该部分全部从 C1 国家进口。同时，B 也可反映 C1 国家向 C2 国家的中间品出口情况。假设在初始状态下，C1 国家向 C2 国家的中间品出口以 EX_1 来表示，并令 $z_2^*(y)=z_2^*$、$z_2'(y)=z_2'$、$y_2^*(z)=y_2^*$，则此时：

$$EX_1=\int z_2^*(y)_{z_2'(y)}\int \gamma(z)_{y_2^*(z)}p_1a'(y,z)\,dydz \qquad (3.28)$$

在价值链逆向分工后的 C2 国家新均衡中，随着 C2 国家参与价值链分工后的中间品和最终品生产范围扩大程度的不同，其对上游国家的中间品出口也有着不同的影响（具体如图 3－8 所示）。

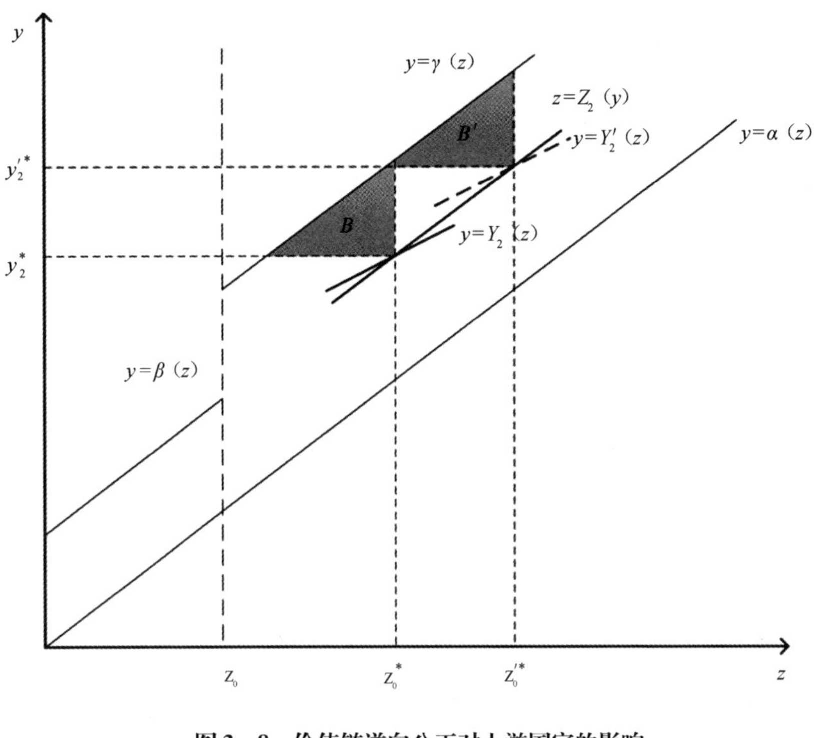

图 3－8　价值链逆向分工对上游国家的影响

具体来说，一方面，当 C2 国家与 C1 国家进行价值链逆向分工合作后，C2 国家的中间品和最终品生产范围都会扩大（由 $\{y_2^*, z_2^*\}$ 扩大至 $\{y'^*_2, z'^*_2\}$），即价值链逆向分工通过生产者驱动和购买者驱动下的溢出效应使 C2 国家实现的技术提升，增强对高复杂度中间品与最终品的生产和供应能力。而这也会进一步令 C2 国家对更为复杂的中间品进口产生需求，即需要从 C1 国家进口复杂度更高的中间品以满足国内生产。换言之，C1 国家会向 C2 国家增加复杂度高的中间品出口，而减少复杂度低的中间品出口。可以看出 C2 国家在价值链中的逆向分工合作会改善上游国家 C1 的出口技术结构。另一方面，如图 3－8 所示，B_1 部分面积表示在新均衡下 C1 国家出口至 C2 国家的中间品规模。由于 $Z_2'(y)$ 与 $\alpha(y)$、$\gamma(y)$ 的斜率相同，因此 $B_1 = B$，表示在新的均衡下，C1 国家的出口技术结构虽然会得到改善，但向 C2 国家的中间品出口规模并未发生改变。基于此观点，本章节提出以下假设。

假设 3：处于价值链相对下游位置的发展中国家 C2 与相对上游位置的发达国家 C1 之间的价值链逆向分工，会改善 C1 国家的出口技术结构，对 C2 国家出口复杂度更高的中间品，减少出口低复杂度的中间品，但分工并不会改变 C1 国家的中间品出口规模。

三　对价值链下游国家的影响

在 C2 国家的价值链逆向分工合作中，对于下游的 C2 国家来说，由于部分高端环节生产过程得以实现，使得 C2 国家在新的均衡中，其国内所能生产的中间品和最终品范围都有所扩大，即提升了 C2 国家所生产产品的复杂程度。具体来说，一方面，中间品生产范围的扩大（即 θ_2）通过生产者驱动下的溢出效应，使 C2 国家在均衡时的最终品生产范围扩大$\frac{\theta_2[\mu + 2g_\omega(\omega_2, p_1)h]}{\mu}$，说明 C2 国家与 C1 国家的价值链逆向分工会增强 C2 国家对于更加复杂最终品的需求以及供应能力；另一方面，通过购买者驱动下的溢出效应，使 C2 国家在均衡时的中间品生产范围扩大程度大于 θ_2，即 $\frac{\theta_2[\mu+2g_\omega(\omega_2, p_1)h]}{\mu}>\theta_2$，说明C2国家与C1国家的价值链逆向分工会进一步刺激C2国家提升自我技术水平，从而可以生产更加复杂的中间品。可以看出，C2国家沿价值链的逆向分工会刺激本国技术提升，以生产更为复杂的中间品和最终品，同时国内也会对高技术产品产生相应需求，从而促进实现其国内的产业结构优化。基于此观点，本章节提出以下假设。

假设4：处于价值链相对下游位置的发展中国家C2与相对上游位置的发达国家C1之间的价值链逆向分工，会提升C2国家的国内技术水平，改善其国内的产业结构，增强其对更高复杂度的中间品与最终品的供应与生产能力。

第四节　本章小结

本章在“三国价值链分工模型”的基础上，立足于发展中国家视角，为其与上、下游国家之间实现价值链顺向和逆向分工合作构建了相应的理论框架，分析了价值链分工合作如何通过内部的生产者驱动和购买者驱动机制对链条上游和下游国家形成影响，并得出相应理论模型假设。

具体来说，价值链顺向分工方面，发展较好的发展中国家（C2）与发展较弱的发展中国家（C3）的价值链分工会通过供给侧的生产者驱动和需求侧的购买者驱动下的溢出效应，提升处于价值链下游的C3国家国内技术水平，促进其国内实现产业结构优化。而下游国家产业结构的优化反过来会增强其国内对较高复杂度中间品和最终品的生产与供应能力，并对更为复杂中间品产生需求。这会使C2国家对C3国家增加复杂度较高的中间品出口规模，降低复杂度较低的中间品出口规模，即优化了C2国家的出口技术结构。同时处于价值链上游的 C2 国家对下游的 C3 国家中间品出口规模会存在先不变，再上升，后下降的趋势。价值链逆向分工方面，发展较好的发展中国家（C2）与发达国家（C1）的价值链逆向分工会通过供给侧的生产者驱动和需求侧的购买者驱动下的溢出效应，提升处于价值链下游的 C2 国家国内技术水平，促进国内实现产业结构优化。同时，C2 国家的技术升级也会带动其国内生产能力的提升，扩大中间品与最终品的生产范围，并对 C1 国家更为复杂中间品产生更大需求。而这反过来会促进处于价值链上游的 C1 国家向处于下游的 C2 国家出口复杂度更高的中间品，即改善其国内出口技术结构，但出口规模并未发生改变。

第四章

“一带一路”沿线国家制造业分工合作的典型化事实

在对相关文献进行梳理和总结之后，本章节开始在中国与其他沿线国家制造业参与国际分工合作以及互惠合作发展的现实特征两个方面对“一带一路”沿线国家制造业分工合作的典型化事实进行分析。在中国与其他沿线国家制造业参与国际分工合作的现实特征方面，首先从投资和贸易两个角度对“一带一路”沿线国家产于现有国际分工的现状进行分析，其次使用基于生产长度的价值链位置指数对中国与其他“一带一路”沿线国家制造业及其细分行业目前在 GVC 中的地位进行测算，并针对结果进行分析。在中国与其他沿线国家制造业互惠合作发展的现实特征方面，首先对中国与其他沿线国家制造业间的投资合作与贸易合作现状进行分析，其次引入共生理论，从增加值贸易视角出发，在融合、竞争、依存、互补四个维度构建“产业共生水平评价指标体系”，并对中国与其他沿线国家制造业及其细分行业间的产业共生水平进行测算，同时对结果进行分析。最后为本章小结。

第一节 “一带一路”沿线国家制造业参与国际分工合作的现实特征

一 “一带一路”沿线国家制造业参与国际分工的现状分析

（一）中国制造业参与国际分工的典型事实

自改革开放以来，中国就积极参与到国际分工中。党的二十大报告提出，“加快建设现代化经济体系，着力提高全要素生产率，着力提升产业链、供应链韧性和安全水平”。可以看出，近年来中国制造业在全球价值链中不仅追求参与规模的扩大，也关注参与程度的深化以及参与环节的高端化，即在不断扩大价值链国际分工“量”的同时，也在追求“质”的飞跃，而这主要体现在外商直接投资、对外直接投资、出口、进口四个方面。

第一，外商直接投资方面。随着近年来中国经济和科技的不断发展，在制造业领域吸引外商直接投资（Foreign Direct Investment，FDI）方面得到了显著提升。（1）从投资规模来看，2008 年以来，外商对中国制造业的直接投资受到了一定冲击，虽然在 2011 年以前出现了一定程度的上升，但在 2011—2016 年，由于世界上很多国家制造业在国际金融危机之后难以在短期内快速恢复，且中国国内经济的不稳定性，使得中国利用外资规模出现了严重下滑①。随着 2016 年进入“十三五”规划时期以来，国内大力推行供给侧改革、财税改革等一系列措施，国外大力推行“一带一路”倡议，使得中国在国际上的影响力不断提升，从而吸引了越来越多的国外厂商来华进行合作。因此 FDI 规模也在 2017—2018 年得到一定程度的回升。（2）从来源国或地区来说（如图 4－1 所示），亚洲近 10 年来一直是中国外商直接投资的主要来源地区，且一直处于稳定增长的趋

① 数据来源：《中国统计年鉴》。

势中；2016 年以前，欧洲逐渐超过拉丁美洲成为中国第二大 FDI 来源地区，且一直处于稳步上升阶段。可以看出中国吸引外资的重点主要放在亚洲、欧洲和拉丁美洲地区。

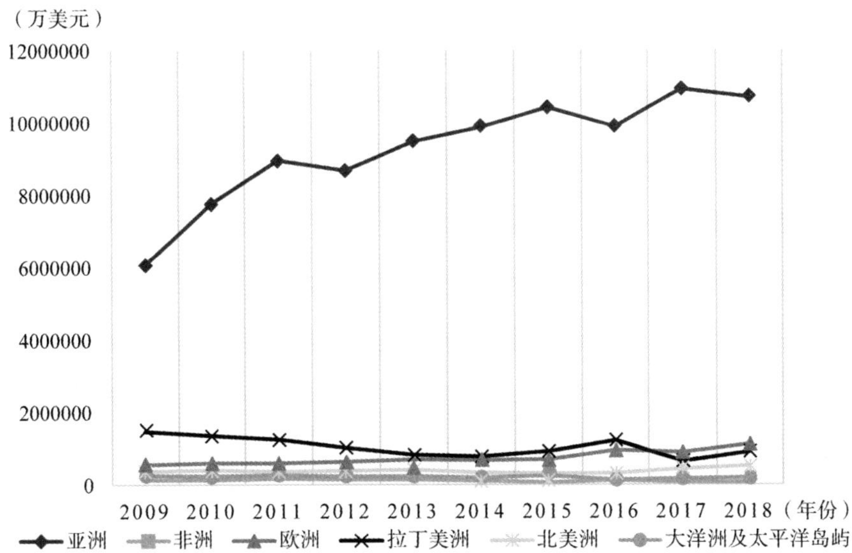

图 4－1 2009—2018 年中国 OFDI 来源国或地区情况

数据来源：《中国统计年鉴》，经笔者整理。

第二，对外直接投资方面，随着中国在世界范围内的影响力不断扩大，对外直接投资（Outward Foreign Direct Investment，OFDI）规模也在不断扩大。具体到制造业领域，（1）从规模来说，2009—2018 年，中国制造业对外直接投资规模总体具有上升的趋势，但这一趋势 2017 年以后出现了快速下滑，这也与全行业对外直接投资规模变动趋势一致①。究其原因，对比 2017 年和 2018 年的统计数据，可以发现虽然制造业 OFDI 规模有所降低，但服务业 OFDI 则出现了明显的上升，即对外直接投资对象逐渐由制造业向服务业进行转移，

① 数据来源：《中国统计年鉴》。

这也印证了中国对外直接投资行业结构的优化调整。（2）从目的国家和地区来说，纵观中国 OFDI 近 10 年来的变动趋势（如图4－2 所示），亚洲地区一直为中国 OFDI 的主要目标地区，这也是大力推进“一带一路”倡议的结果之一；中国对世界其他地区 OFDI 的差距并不大，其中对拉丁美洲国家的投资规模最大，但近年来有被欧洲地区赶超的趋势，可以看出近年来中国对外直接投资开始向欧洲地区有所侧重。同时，中国对各地区 OFDI 在 2016 年和 2017 年都出现了不同程度的下降，说明中国在对各地区投资中都进行了一定程度的行业结构调整。

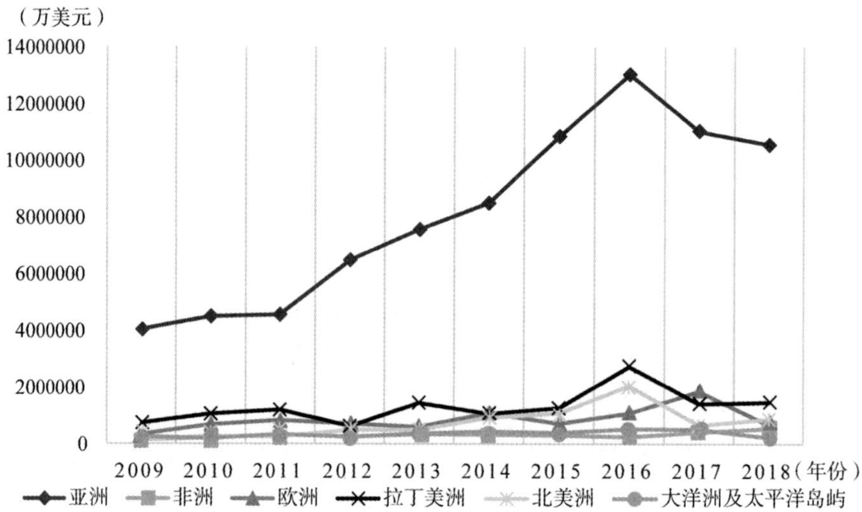

图 4－2　2009—2018 年中国 OFDI 细分区域情况

数据来源：《中国统计年鉴》，经笔者整理。

第三，出口方面，随着全球生产的“碎片化”以及中国参与全球价值链的程度不断加深，传统的总值贸易数据无法真正将来自本国的增值部分和国外的增值部分区分开来，因而不能准确体现出本国产业的真实出口情况，也无法适用于当前基于全球价值链分工体系的国际贸易格局。可以看出，对于近年来中国制造业的出口情况，应当在增加值贸易数据上进行分析。从制造业总体情况来看，如图4－3所示，对比2010—2017年中国在总值贸易视角下和增加值贸易视角下的出口数据，可以看出其间中国制造业的真实出口价值并不像总值贸易数据所表现的一般，即增加值视角下的制造业真实出口价值要远低于总值贸易视角下的出口价值，但波动性总体较小。这也反映出中国制造业仍需要大力发展并不断提升自身价值创造能力。

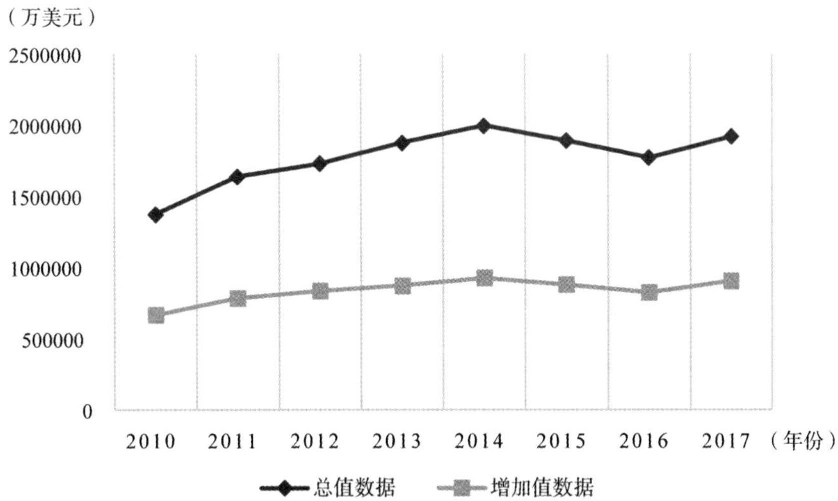

图4－3　2010—2017年中国制造业总值与增加值出口对比

数据来源：对外经济贸易大学全球价值链研究院数据库，经笔者整理。

第四，进口方面，在国际分工过程中，当处于价值链上游的国家将零部件或相应产品生产完毕后，出于对产品的需求，价值链下游国家会进口上游国家所生产的产品，即通过需求关系形成跨国供应链条。因此进口也为参与全球价值链分工的主要途径之一。具体到制造业，如图4－4所示，无论是从总值贸易视角下还是从增加值贸易视角下，近年来中国制造业进口规模总体保持相对稳定的状态，并未出现较大幅度的变动。而对比总值进口与增加值进口数据，可以看出各年份中国制造业总值贸易视角下的制造业进口规模要远大于增加值贸易视角下的进口规模，且后者在其间的波动性要小于前者。可以看出，总值贸易视角下的进口并未反映出全球价值链中的分工以及各国真实的价值创造能力。

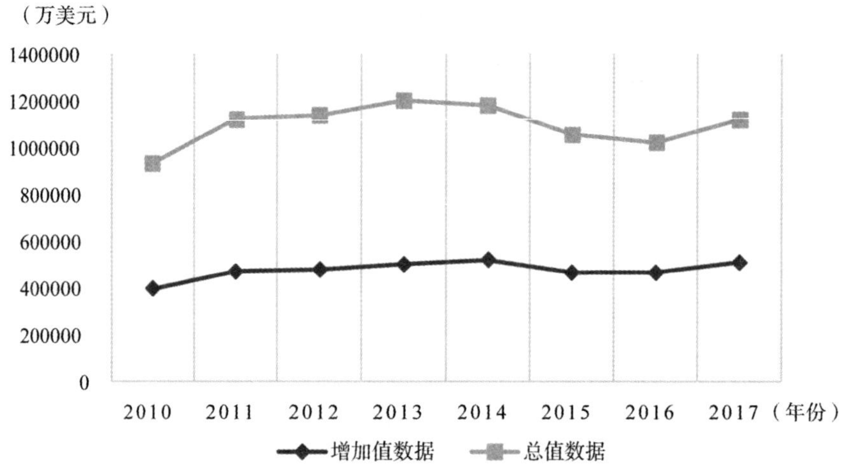

图4-4　2010—2017年中国制造业总值与增加值进口对比

数据来源：对外经济贸易大学全球价值链研究院数据库，经笔者整理。

（二）其他沿线国家制造业参与国际分工的典型事实

“一带一路”倡议贯穿中亚、南亚、东南亚、西亚、非洲和欧洲，不仅涉及相对发达的国家，也包含了众多相对落后的发展中国家，各国制造业发展程度和参与国际分工的方式与程度都各不相同，因此有必要对其他“一带一路”沿线国家参与国际分工的现状进行分析，从而全面了解和掌握各国具体情况。这一分析主要从直接投资和贸易两个方面进行①。

① 样本来自《“一带一路”贸易合作大数据报告2018》中所确定的71个沿线国家名单。

第一，直接投资方面。(1) 从“一带一路”沿线国家2000—2018年的外商直接投资水平发展现状来看（如图4-5所示），沿线国家在2007年以前一直广受全球资本的关注，因此FDI规模得以迅速扩大。但自2008年国际金融危机之后，世界对“一带一路”沿线国家的直接投资规模急剧缩小，且近年来该水平的波动较大，2017年和2018年FDI规模更是出现进一步的缩减。可以看出，在国际金融危机之前，“一带一路”沿线国家参与全球价值链分工的情况较为理想，但危机之后沿线国家参与全球分工的情况并不尽如人意。(2) 分区域来看（如图4-6所示），2009年以前欧洲地区国家一直为“一带一路”沿线国家中吸引全球投资规模最大的地区，亚洲大洋洲地区和西亚地区FDI规模相似，其他地区的FDI规模相对较少。而在2009年之后，随着国际金融危机、欧债危机、难民危机等一系列问题的出现，导致世界对欧洲地区国家的投资水平急剧下降，亚洲大洋洲地区国家从国际金融危机中得以快速恢复，逐渐成为吸收全球直接投资的主要地区，西亚地区FDI水平也在不断下降且有被南亚地区赶超的态势，其他地区均未发生较大的波动。具体到国家来说，《“一带一路”大数据报告(2018)》的统计数据显示，新加坡、新西兰、韩国、阿联酋和俄罗斯为5个投资环境最好的沿线国家。

第二，对外贸易方面。“一带一路”沿线国家对外贸易总额在2017年为9.3万亿美元，占据全球贸易总额的27.8%。可以看出部分“一带一路”沿线国家通过贸易参与全球生产分工的程度也较深。(1) 从贸易规模来看（如图4-7所示），可以发现增加值贸易视角下的“一带一路”沿线国家制造业出口规模要远小于总值贸易视角下的出口。同时也可看出总值出口数据在2010—2017年波动较大，而增加值出口数据则表现相对平稳，即沿线国家制造业增值能力

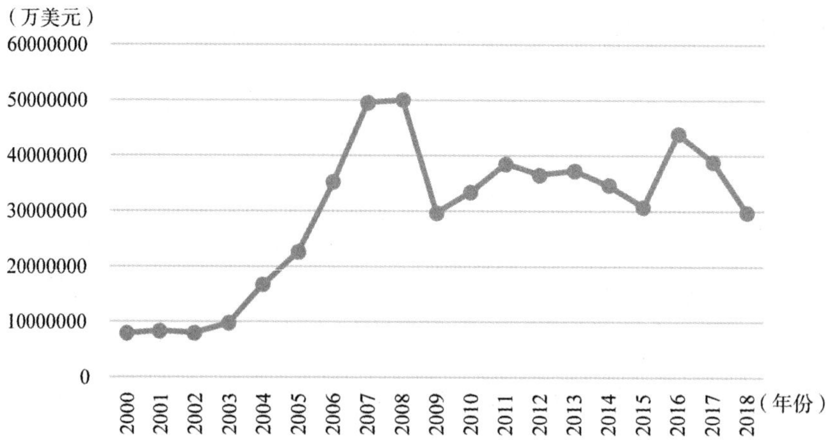

图4－5 2000—2018年“一带一路”沿线国家FDI变动趋势

数据来源：世界银行，经笔者整理。

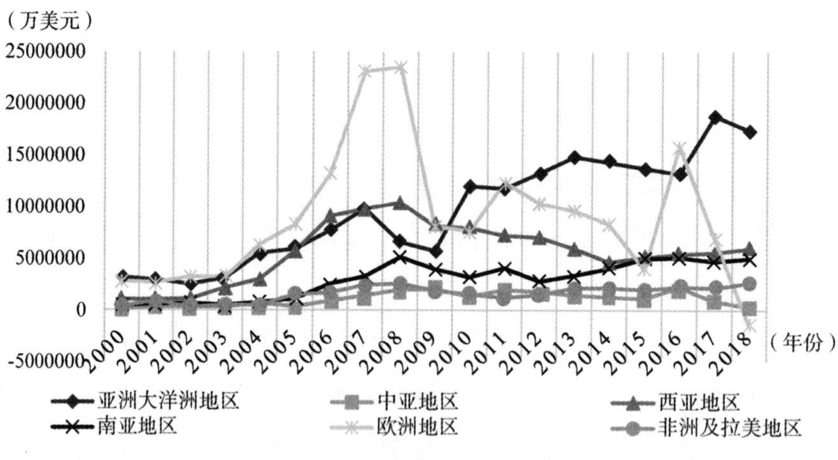

图4－6 2000—2018年“一带一路”各区域FDI变动趋势

数据来源：世界银行，经笔者整理。

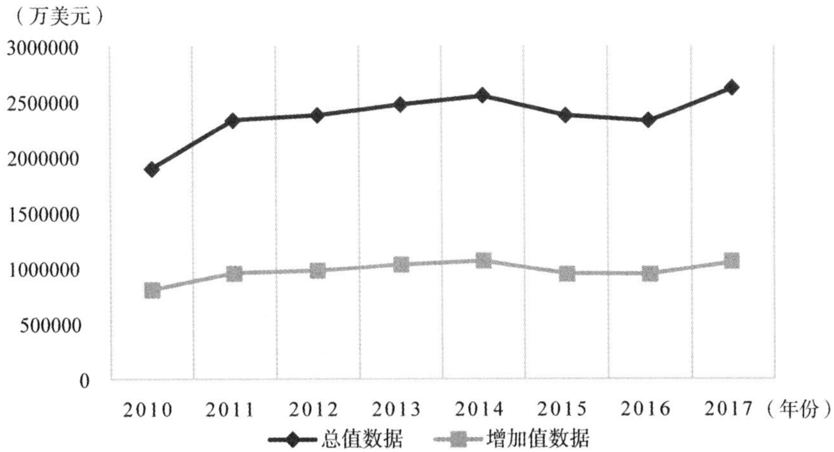

图4－7 2010—2017年沿线国家制造业总值与增加值出口对比

数据来源：对外经济贸易大学全球价值链研究院数据库，经笔者整理。

在所选期间内保持相对稳定的状态。（2）具体到国家来说，如图4－8和4－9所示①，纵观贸易体量最大的前10位“一带一路”沿线国家制造业在2010—2017年的总值贸易出口和增加值出口规模②，可以看出无论是在总值贸易视角下还是在增加值贸易视角下，韩国一直是制造业出口规模最大的国家。除此之外，在制造业的总值贸易出口中，印度为排名第二的国家，且保持持续上升的趋势，而在增加值贸易视角下，虽然也在不断上升，但印度制造业出口在2015年后才成为排名第二的国家。俄罗斯制造业无论在总值贸易视角下还是在增加值贸易视角下，在2014年之后其出口规模都发生了显著的萎缩，但不同的是，俄罗斯制造业出口在总值贸易和增加值贸易下的下降规模并不相同，即在增加值出口下降规模更为明显。在其他国家中，制造业增加值出口规模虽然都低于总值出口规模，但在

① 由于阿联酋的增加值贸易数据不可得，因此仅对比其他9个国家的相关数据。

② 贸易体量最大的10个“一带一路”沿线国家分别为韩国、新加坡、印度、俄罗斯、阿联酋、泰国、波兰、越南、马来西亚、土耳其。

2010—2017 年的变动趋势并未发生明显改变。

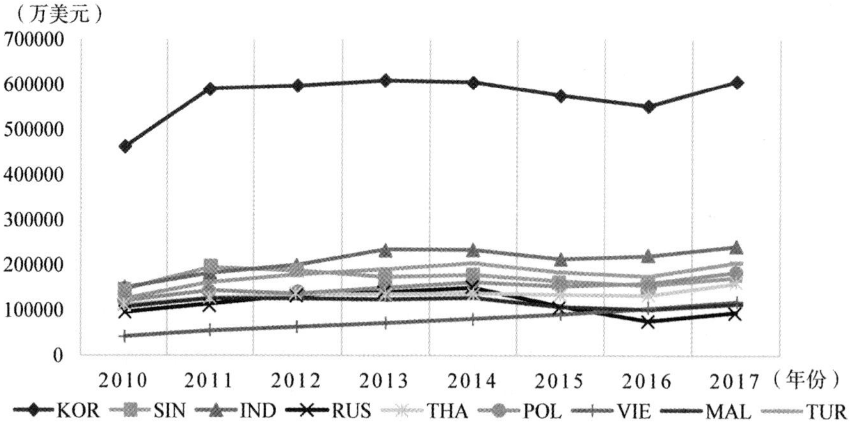

图 4-8 贸易体量较大的沿线国家制造业总值出口对比

数据来源：对外经济贸易大学全球价值链研究院数据库，经笔者整理。

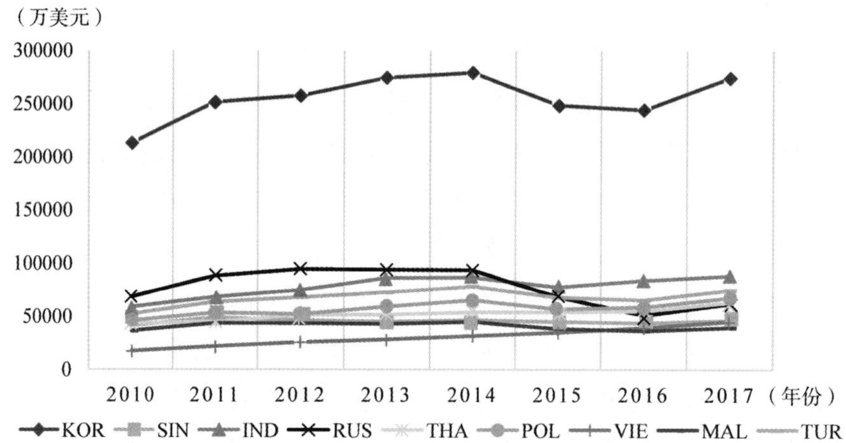

图 4-9 贸易体量较大的沿线国家制造业增加值出口对比

数据来源：对外经济贸易大学全球价值链研究院数据库，经笔者整理。

二 “一带一路”沿线国家在全球价值链中的位置分析

随着国际分工的不断深化，“一带一路”各沿线国家在全球价值链中的分工地位也不尽相同。因此，在对中国与其他“一带一路”沿线国家制造业参与国际分工的现实特征进行分析之后，本部分基于价值链理论，对增加值贸易下“一带一路”沿线国家制造业及各细分行业在全球价值链中的分工位置进行分析，为本书进一步的研究奠定现实基础并提供数据支持。

（一）指标描述

在传统价值链理论中，对一国或一部门在价值链中位置的测算一般使用 Koopman 等（2010）在价值链前向和后向参与度指数（Hummels 等，2001）的基础上所提出的 GVC 分工地位指数进行测算，即对比一国或一部门在全球价值链中的前向和后向参与程度的相对高低。Wang 等（2017a）则在生产阶段的视角下，指出生产位置是一个相对的概念，即一国或一部门在全球生产网络中的相对上游或相对下游位置取决于前向和后向的“生产长度（Production Length）”。据此，一国总体生产活动被分为纯国内生产活动（Domestic Segment）、传统国际贸易（Tradition Trade）、简单 GVC 活动（Simple GVC Activities）和复杂 GVC 活动（Complex GVC Activities）4 个部分（马盈盈，2019），并形成基于生产长度的 GVC 生产位置指数。该方法修正了传统方法中的缺陷，综合考虑了贸易环节和国内需求环节，因此其包容性和科学性更强，而本部分也使用此方法对“一带一路”沿线国家在全球分工中的位置进行测算。

基于前向产业关联的全球价值链生产长度为 PLv_GVC，其也表示了一国或一部门在国际分工中的上游程度（Wang 等，2017b），具体如公式（4.1）所示。

$$PLv\_GVC = PLv\_GVC\_S + PLv\_GVC\_C = \frac{Xv\_GVC\_S}{V\_GVC\_S} + \frac{Xv\_GVC\_C}{V\_GVC\_C} \tag{4.1}$$

其中，PLv_GVC_S 表示基于前向产业关联的简单 GVC 活动生产长度；PLv_GVC_C 表示基于前向关联的复杂 GVC 活动生产长度；Xv_GVC_S 表示基于前向关联的由简单 GVC 活动所引致的单一国家或部门总产出（即增加值）；V_GVC_S 表示基于前向关联的由简单GVC活动引致的总产出；Xv_GVC_C 表示基于前向关联的由复杂GVC活动所引致的单一国家或部门总产出；V_GVC_C 表示基于前向关联的由复杂GVC活动引致的总产出。

基于后向产业关联的全球价值链生产长度为 PLy_GVC，其也表示了一国或一部门在国际分工中的下游程度（Wang 等，2017b），具体如公式（4.2）所示。

$$PLy\_GVC = PLy\_GVC\_S + PLy\_GVC\_C = \frac{Xy\_GVC\_S}{Y\_GVC\_S} + \frac{Xy\_GVC\_C}{Y\_GVC\_C} \tag{4.2}$$

其中，PLy_GVC_S 表示基于后向产业关联的简单GVC活动生产长度；PLy_GVC_C 表示基于后向关联的复杂GVC活动生产长度；Xy_GVC_S 表示基于后向关联的由简单GVC活动所引致的单一国家或部门总产出（即增加值）；Y_GVC_S 表示基于后向关联的由简单GVC活动引致的总产出；Xy_GVC_C 表示基于后向关联的由复杂GVC活动所引致的单一国家或部门总产出；Y_GVC_C 表示基于后向关联的由复杂GVC活动引致的总产出。

可以看出，在全球生产网络的某一环节上，对于单一国家或部门来说，在前向关联下的生产长度越长，表明其处于生产链相对上游的位置；在后向关联下的生产长度越长，表明其处于生产链相对下游的位置（Wang 等，2017b）。因此，在全球价值链中的位置指数 $GVC\_Position$ 可以表示为如下形式：

$$GVC\_Position = \frac{PLv\_GVC}{PLy\_GVC} \tag{4.3}$$

公式（1.4）显示当 $GVC\_Position$ 数值越大，表示一国或一部门处于全球生产链相对上游的位置（Upstreamness），而当 $GVC\_Position$ 数值越小，表示一国或以部门处于全球生产链相对下游的位置（Downstreamness）。

（二）样本与数据选取

样本方面，本部分将《“一带一路”贸易合作大数据报告2018》

中的沿线国家名单与对外经贸大学全球价值链研究院（UIBE GVC）数据库样本进行匹配，共选择包含中国在内的34个“一带一路”沿线国家作为研究样本。其中，涉及东亚国家3个，包括中国（CHN）、韩国（KOR）和蒙古国（MON）；南亚国家7个，包括印度（IND）、孟加拉国（BAN）、巴基斯坦（PAK）、斯里兰卡（SRI）、尼泊尔（NPL）、马尔代夫（MDV）、不丹（BTN）；东南亚国家9个，包括新加坡（SIN）、文莱（BRN）、柬埔寨（CAM）、越南（VIE）、泰国（THA）、菲律宾（PHI）、印度尼西亚（IDN）、马来西亚（MAL）、老挝（LAO）；中亚国家2个，包括吉尔吉斯斯坦（KGZ）、哈萨克斯坦（KAZ）；中东欧国家13个，包括保加利亚（BGR）、土耳其（TUR）、斯洛文尼亚（SVN）、斯洛伐克（SVK）、罗马尼亚（ROM）、俄罗斯（RUS）、波兰（POL）、拉脱维亚（LVA）、立陶宛（LTU）、匈牙利（HUN）、克罗地亚（HRV）、爱沙尼亚（EST）、捷克（CZE）。

数据方面，本部分所使用的世界及“一带一路”国家增加值贸易数据均来自对外经贸大学全球价值链研究院数据库（UIBE GVC数据库），该数据库基于亚洲发展银行（Asian Development Bank）中的多区域投入产出表（ADBMRIO）发展而来。另外，将ADBMRIO表中的14个制造业①（即C3—C16）8年的贸易数据作为样本数据。因此，本部分从增加值贸易视角下对“一带一路”沿线国家制造业及14个细分行业在2010—2017年的价值链位置进行对比分析和研究。

（三）整体产业层面测算结果分析

本部分首先从整体产业层面对“一带一路”沿线国家制造业在

---

① C3—C16分别为食物、饮料与烟草；织物与纺织品；皮、皮革与鞋类；木材、木制品与软木制品；纸浆、纸制品、纸质印刷与出版；焦炭、精炼石油与核燃料；化学品与化学制品；橡胶与塑料制品；其他非金属矿石；基本金属与加工金属；机械装备；电子设备与光学设备；运输装备；其他制造业与回收业。

全球价值链中的位置进行测算（如表4－1所示）。各沿线国家制造业每年的GVC位置指数通过以各细分行业增加值出口规模为权重对其位置结果进行加权平均计算而来①。

根据测算结果，在34个“一带一路”沿线国家中，中国在所选期间内的制造业GVC位置指数平均为0.9055，处于相对上游位置；孟加拉国的制造业GVC位置指数平均为0.3455，为样本中处于相对最下游位置的国家；蒙古国的制造业GVC位置指数平均为1.1300，为样本中处于相对最上游位置的国家。究其原因，一方面，孟加拉国经济发展的总体水平较弱，且自然资源、劳动力优势并不明显，除成衣制造业外（苏娜，2014），其他行业参与全球价值链分工的程度也较弱，因此使得其处于价值链相对低端的位置；另一方面，蒙古国虽然整体经济发展水平不高，产业结构也相对单一，但由于地理原因，使得其国内的资源极其丰富。蒙古国对外出口也以资源性产品为主，这使得蒙古国在全球价值链分工中处于相对上游位置的原材料供应环节。

另外，具体到中国来说，可以看出2010—2017年中国制造业的GVC位置指数总体表现出“先下降后上升”的趋势（如图4－10所示）。首先，受到国际金融危机的冲击，中国制造业总体呈现出相对低迷的状态，导致其在2010—2012年在全球价值链分工中的地位出现下滑的趋势（由0.9136下降至0.9016）；在随后的3年中，即2013—2015年，中国制造业在全球价值链分工中的地位整体呈现出一种相对平稳的状态，维持在0.9005—0.9030这一区间内；2016—2017年，中国制造业的GVC位置指数出现明显的上升趋势，由2015年的0.9006上升至2016年的0.9109，虽然2017年的GVC位置指数下降至0.9052，但总体水平仍高于2012—2015年的水平。

① 由于不丹、马尔代夫、柬埔寨的部分制造业细分行业GVC生产长度指数和位置指数无法获得，因此仅对可以获得数据的行业进行平均。

表4-1 “一带一路”沿线国家制造业的GVC位置测算结果

国家	2010年	2011年	2012年	2013年	2014年	2015年	2016年	2017年	均值
孟加拉国	0.3565	0.3076	0.3149	0.2996	0.3557	0.3677	0.3744	0.3876	0.3455
保加利亚	0.9401	0.9271	0.9451	0.9209	0.9131	0.8964	0.9051	0.8981	0.9183
文莱	0.8223	0.9096	0.9580	0.9882	0.8315	0.8327	0.8586	0.8464	0.8809
不丹	0.8188	0.8345	0.8311	0.9269	0.8840	0.8638	0.8659	0.8628	0.8610
柬埔寨	0.7199	0.7178	0.7356	0.7446	0.7464	0.7523	0.7513	0.7465	0.7393
中国	0.9136	0.9071	0.9016	0.9022	0.9031	0.9006	0.9109	0.9052	0.9055
越南	0.8429	0.8441	0.8379	0.8348	0.8318	0.8296	0.8351	0.8313	0.8359
土耳其	0.8834	0.8610	0.8664	0.8603	0.8529	0.8450	0.8541	0.8430	0.8583
泰国	0.9068	0.8927	0.8981	0.9027	0.8973	0.8918	0.9041	0.9039	0.8997
斯洛文尼亚	0.8952	0.8931	0.8957	0.8975	0.9016	0.8744	0.8770	0.8773	0.8890
斯洛伐克	0.8916	0.8832	0.8888	0.8874	0.8914	0.8707	0.8728	0.8634	0.8812
斯里兰卡	0.7988	0.7973	0.8038	0.8057	0.8264	0.8204	0.8208	0.8182	0.8114
新加坡	0.9694	0.9616	0.9627	0.9735	0.9605	0.9669	0.9870	0.9643	0.9682
罗马尼亚	0.8569	0.8514	0.8807	0.8992	0.9061	0.8949	0.8936	0.8895	0.8840
俄罗斯	1.0234	1.0364	1.0379	1.0220	1.0056	0.9977	1.0069	1.0030	1.0166
波兰	0.9143	0.9173	0.9249	0.9172	0.9206	0.9031	0.9083	0.9036	0.9137
菲律宾	0.9040	0.8961	0.9091	0.9147	0.9108	0.9087	0.9161	0.9088	0.9085
巴基斯坦	0.7896	0.8009	0.8050	0.8123	0.8108	0.8048	0.8109	0.8084	0.8053
尼泊尔	0.8626	0.8306	0.8752	0.8724	0.8519	0.8522	0.8503	0.8690	0.8580
马尔代夫	1.0797	1.0744	1.0215	1.0602	1.1551	1.1130	1.1234	1.1215	1.0936
马来西亚	0.9572	0.9575	0.9573	0.9678	0.9638	0.9615	0.9748	0.9757	0.9645
拉脱维亚	0.8895	0.8794	0.8859	0.8692	0.8731	0.8541	0.8657	0.8631	0.8725
立陶宛	0.9625	0.9718	0.9703	0.9533	0.9369	0.9090	0.8915	0.9085	0.9380
老挝	0.8194	0.8188	0.8088	0.8011	0.7919	0.7890	0.8097	0.7995	0.8048
韩国	0.9316	0.9358	0.9315	0.9193	0.9230	0.9119	0.9273	0.9292	0.9262
吉尔吉斯斯坦	0.9468	0.9463	0.9723	0.9606	0.9697	0.9404	0.9349	0.9183	0.9487
哈萨克斯坦	1.0113	0.9740	1.0549	1.0500	0.9973	0.9742	0.9818	0.9584	1.0002

续表

国家	2010 年	2011 年	2012 年	2013 年	2014 年	2015 年	2016 年	2017 年	均值
印度	0. 9557	0. 9390	0. 9458	0. 9365	0. 9212	0. 9024	0. 8853	0. 9058	0. 9239
印度尼西亚	0. 8971	0. 9053	0. 8924	0. 8898	0. 8748	0. 8651	0. 8709	0. 8682	0. 8829
匈牙利	0. 9010	0. 8941	0. 9049	0. 9010	0. 8982	0. 8768	0. 8848	0. 8754	0. 8920
克罗地亚	0. 8889	0. 8875	0. 8895	0. 8876	0. 8937	0. 8817	0. 8828	0. 8837	0. 8869
爱沙尼亚	0. 8902	0. 8836	0. 8800	0. 8782	0. 8824	0. 8777	0. 8744	0. 8734	0. 8800
捷克	0. 8795	0. 8715	0. 8800	0. 8768	0. 8781	0. 8626	0. 8679	0. 8638	0. 8725
蒙古国	1. 0836	1. 1917	1. 1582	1. 0743	1. 1438	1. 1136	1. 1205	1. 1542	1. 1300

数据来源：笔者计算。

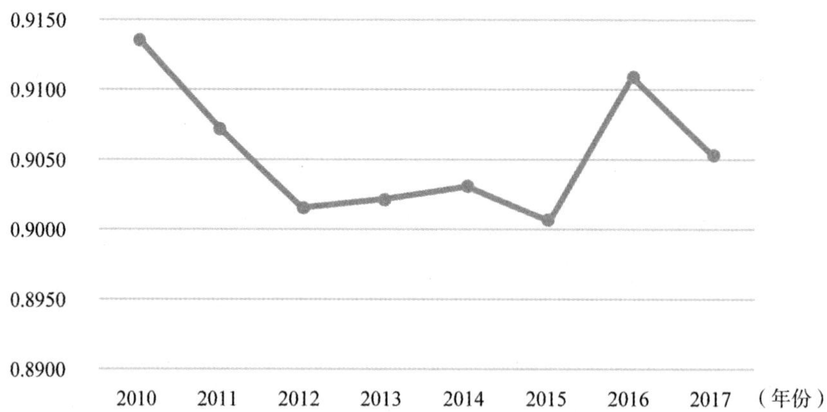

图 4－10 中国制造业 GVC 位置指数变动趋势

数据来源：经笔者计算后整理所得。

对比各国制造业总体 GVC 位置指数测算结果，可以发现在全球价值链分工中地位低于中国的沿线国家共有 20 个，高于中国的共有 13 个，即在“一带一路”沿线国家制造业中，中国位于价值链相对上游的位置（见表 4－2）。

表4-2 中国与“一带一路”沿线国家制造业的GVC位置结果对比

位置低于中国的沿线国家		位置高于中国的沿线国家	
国家名称	GVC位置指数	国家名称	GVC位置指数
孟加拉国	0.3455	菲律宾	0.9085
柬埔寨	0.7393	波兰	0.9137
老挝	0.8048	保加利亚	0.9183
巴基斯坦	0.8053	印度	0.9239
斯里兰卡	0.8114	韩国	0.9262
越南	0.8359	立陶宛	0.9380
尼泊尔	0.8580	吉尔吉斯斯坦	0.9487
土耳其	0.8583	马来西亚	0.9645
不丹	0.8610	新加坡	0.9682
拉脱维亚	0.8725	哈萨克斯坦	1.0002
捷克	0.8725	俄罗斯	1.0166
爱沙尼亚	0.8800	马尔代夫	1.0936
文莱	0.8809	蒙古国	1.1300
斯洛伐克	0.8812		
印度尼西亚	0.8829		
罗马尼亚	0.8840		
克罗地亚	0.8869		
斯洛文尼亚	0.8890		
匈牙利	0.8920		
泰国	0.8997		

数据来源：笔者计算。

（四）细分行业层面测算结果分析

随后，本部分进一步深入到细分行业层面，对“一带一路”沿线国家的14个制造业细分行业在全球价值链中的具体位置进行测算，并对结果进行分析。具体来说，本部分首先对中国制造业各细分行业在2010—2017年的GVC位置指数进行测算，具体如表4-3以及图4-11所示。

表4-3　　中国制造业各细分行业GVC位置测算结果

制造业细分行业	2010年	2011年	2012年	2013年	2014年	2015年	2016年	2017年
食物、饮料与烟草行业（C3）	1.1017	1.1098	1.1373	1.1322	1.1406	1.1357	1.1478	1.1171
织物与纺织品行业（C4）	0.7521	0.7404	0.7623	0.7586	0.7630	0.7675	0.7769	0.7651
皮、皮革与鞋类行业（C5）	0.9203	0.8531	0.8841	0.8776	0.8816	0.8795	0.8875	0.8749
木材、木制品与软木制品行业（C6）	0.9517	0.9648	0.9401	0.9661	0.9885	0.9868	0.9973	0.9840
纸浆、纸制品、纸质印刷与出版行业（C7）	1.0653	1.0468	1.0249	1.0180	1.0310	1.0297	1.0369	1.0316
焦炭、精炼石油与核燃料行业（C8）	1.3968	1.4162	1.4094	1.3893	1.3780	1.3590	1.3675	1.3628
化学品与化学制品行业（C9）	0.9977	0.9951	0.9977	0.9925	0.9947	0.9895	1.0001	0.9939
橡胶与塑料制品行业（C10）	0.9001	0.8907	0.8723	0.8777	0.8867	0.8855	0.8932	0.8920
其他非金属矿石行业（C11）	0.8552	0.8653	0.8328	0.8303	0.8304	0.8261	0.8326	0.8377
基本金属与加工金属行业（C12）	1.0092	1.0161	1.0086	1.0181	1.0025	0.9953	1.0062	1.0055
机械装备行业（C13）	0.8669	0.8512	0.8363	0.8498	0.8506	0.8448	0.8593	0.8664
电子设备与光学设备行业（C14）	0.8279	0.8273	0.8274	0.8265	0.8340	0.8354	0.8524	0.8472
运输装备行业（C15）	0.8433	0.8239	0.8100	0.8191	0.8189	0.8130	0.8189	0.8340
其他制造业与回收行业（C16）	0.7558	0.7440	0.7129	0.7268	0.7128	0.7205	0.7423	0.7205

数据来源：笔者计算。

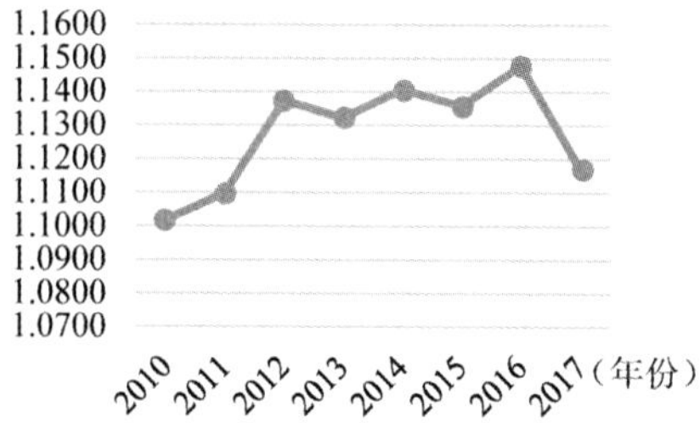

（a）食物、饮料与烟草

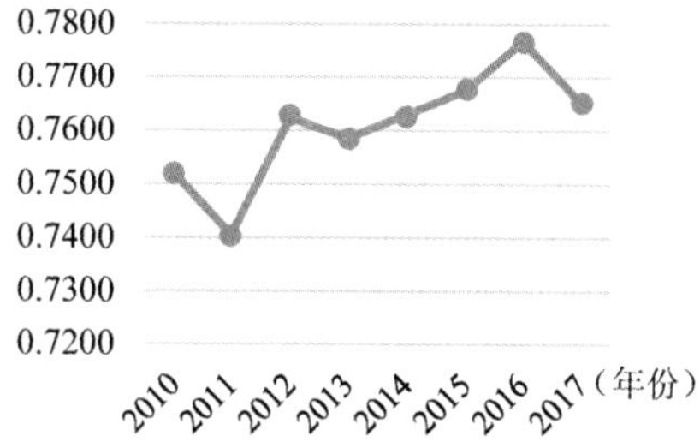

（b）织物与纺织品

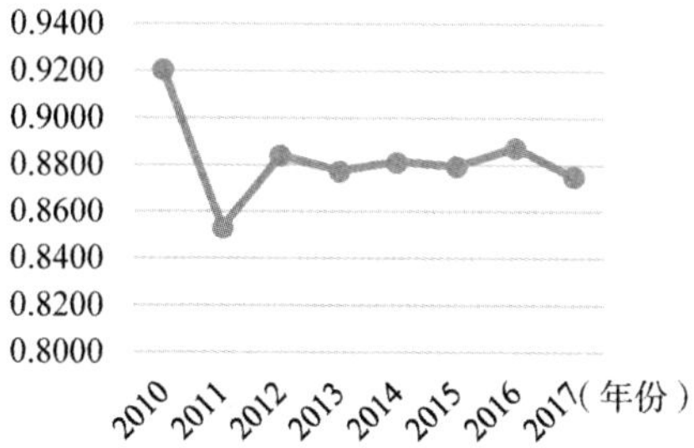

（c）皮、皮革与鞋类

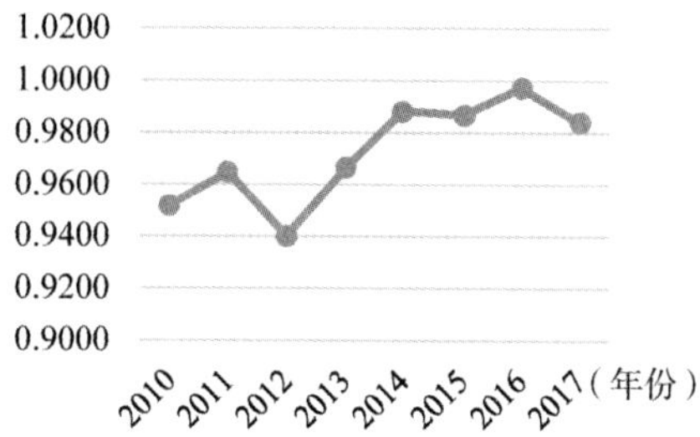

（d）木材、木制品与软木制品

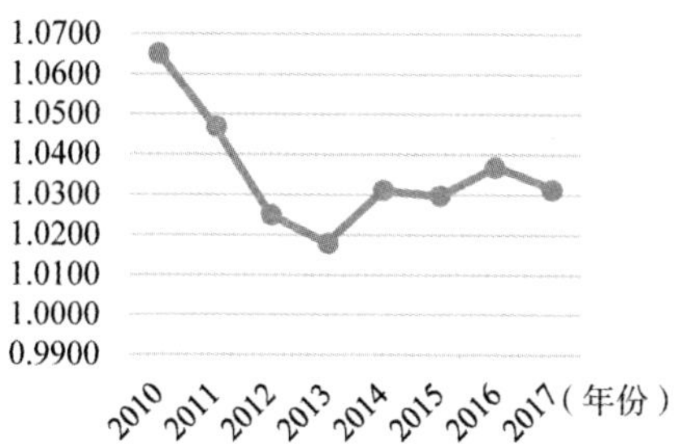

（e）纸浆、纸制品、纸质印刷与出版

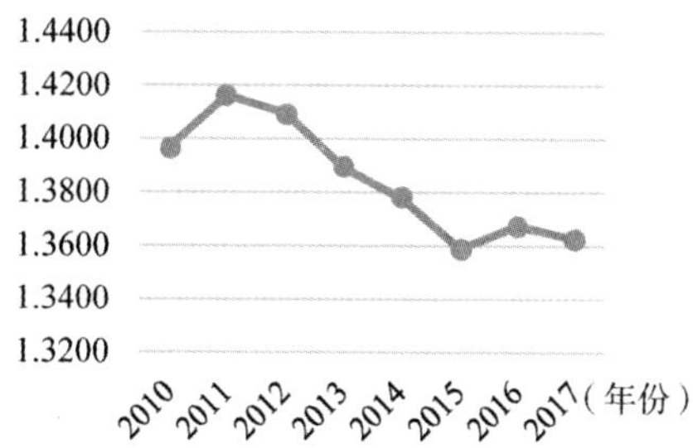

（f）焦炭、精炼石油与核燃料

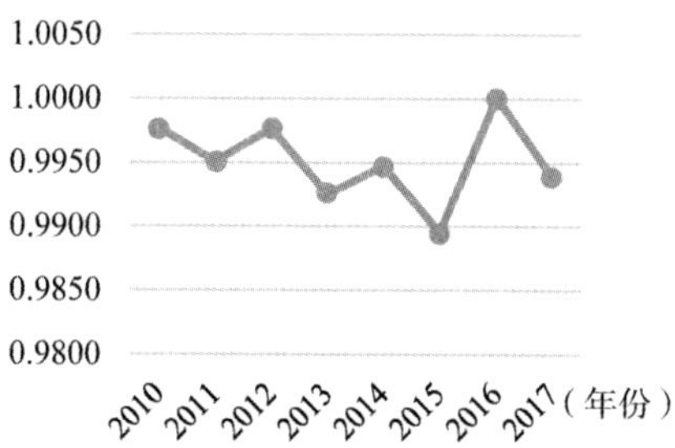

（g）化学品与化学制品

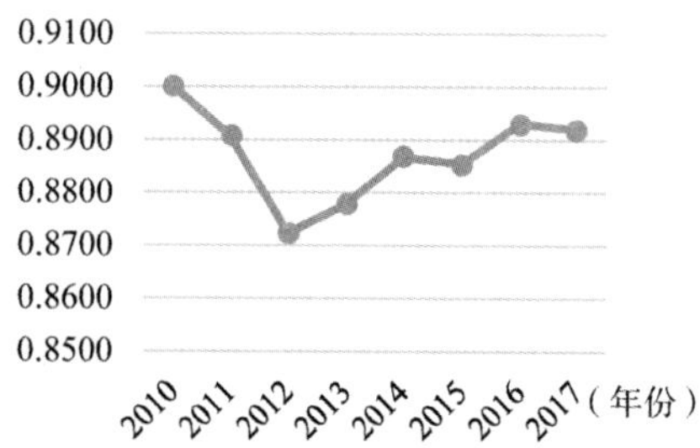

（h）橡胶与塑料制品

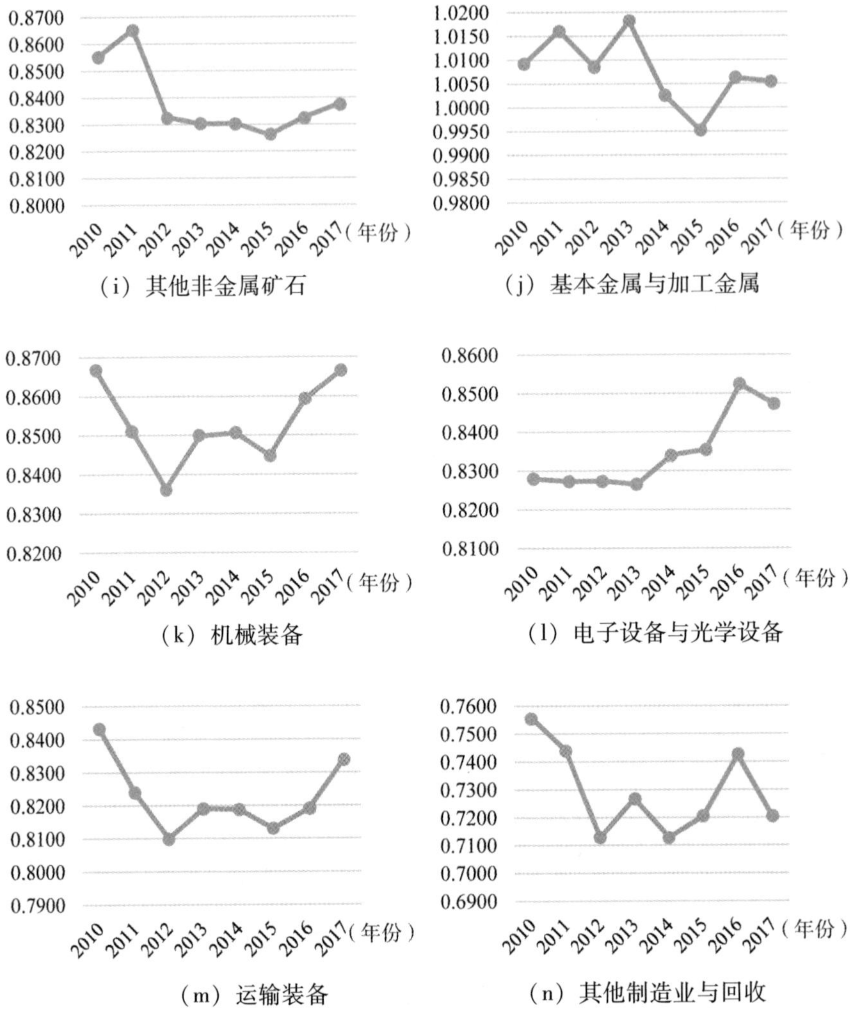

图 4－11　中国制造业细分行业 GVC 位置指数变动趋势

数据来源：经笔者计算后所得。

根据结果，织物与纺织品（C4）、木材、木制品与软木制品（C6）、电子设备与光学设备（C14）这 3 个行业在所选期间内的 GVC 位置指数总体呈现出波动式上升的趋势，即总体上三者在不断向价值链上游移动。其次，纸浆、纸制品、纸质印刷与出版（C7）

行业在2010—2013年的位置指数快速下降，而在2013—2017年则波动式缓慢上升；橡胶与塑料制品（C10）行业在2010—2012年呈现出下降的趋势，并在之后年份中不断上升；其他非金属矿石（C11）、机械装备（C13）、运输装备（C15）行业在2010—2012年同样呈现出下降的趋势，在2012—2015年相对平稳，之后呈现出上升的趋势。此外，食物、饮料与烟草（C3）以及焦炭、精炼石油与核燃料（C8）这2个行业在2010—2017年在全球价值链中所处环节由相对下游位置移动至相对上游位置后再次下降。其中前者在2010—2012年的位置指数快速上升，在2012—2016年表现为波动式上升，而在2016—2017年则快速下降；后者在2010—2011年快速上升，在2011—2015年呈现出快速下降的趋势，而在2015—2017年呈现出稳中调整的态势。最后，皮、皮革与鞋类（C5）、化学品与化学制品（C9）、基本金属与加工金属（C12）、其他制造业与回收（C16）这4个行业在2010—2017年并未显示出明显的变动趋势，且后三者较前者来说结果的波动性较大，可见中国皮、皮革与鞋类行业在全球价值链分工体系中的位置已经相对固定。除其他非金属矿石（C11）、机械装备（C13）以及运输装备（C15）三个行业外，其他所有行业在2016—2017年的GVC位置指数均出现了不同程度的下降。可以看出近年来由于不断推动“一带一路”倡议，中国在上述三个行业中的发展速度较快，产品在国际市场中的竞争力也不断增加，这也符合了当下的现实情况。

在对中国制造业细分行业的GVC位置指数进行详细分析之后，本部分进一步对所有“一带一路”样本国家制造业细分行业在8年中的GVC位置结果进行探讨和对比，具体如表4－4所示。

根据结果，可以看出在14个制造业细分行业中，相比于其他“一带一路”沿线国家，中国在食物、饮料与烟草行业（C3）、皮、皮革与鞋类行业（C5）、木材、木制品与软木制品行业（C6）、焦

表4-4　“一带一路”沿线国家制造业细分行业的GVC位置测算结果均值

国家	C3	C4	C5	C6	C7	C8	C9
孟加拉国	1.2025	0.7972	0.8778	1.3686	1.1858	0.8616	1.0651
保加利亚	0.7674	0.9110	0.9179	0.7894	1.0453	1.2014	0.9702
文莱	1.0875	1.0825	1.0751	1.2431	1.2524	0.8723	0.8971
不丹	0.8541	0.9763	1.0544	1.0898	0.9133	0.0000	0.8419
柬埔寨	0.8969	0.7144	0.0000	0.7763	0.8952	1.3612	1.1782
中国	1.1278	0.7607	0.8823	0.9724	1.0355	1.3849	0.9952
越南	0.7271	0.7967	0.7085	0.8613	1.0508	1.1981	1.0634
土耳其	0.8533	0.7970	0.9022	0.9143	1.0273	1.0325	0.9945
泰国	0.7816	0.8296	0.9428	0.8934	1.0279	1.1668	1.1349
斯洛文尼亚	0.9003	0.8353	0.8018	0.8914	0.9820	1.0944	0.9037
斯洛伐克	0.8296	0.8313	0.8023	0.8876	0.9322	1.2322	0.9177
斯里兰卡	0.7774	0.7731	0.8197	0.9048	0.9637	1.0670	1.0208
新加坡	0.8598	0.9299	0.2885	0.9230	0.9858	0.9187	1.0378
罗马尼亚	0.8963	0.9035	0.8361	0.8259	1.0546	1.1888	0.9123
俄罗斯	1.0203	1.1000	0.8014	0.9179	0.9890	0.9850	1.0086
波兰	0.8768	0.8396	0.7834	0.8302	0.9972	1.3228	1.0093
菲律宾	0.7744	0.9291	0.9018	0.7332	1.0540	1.4245	1.1177
巴基斯坦	0.7560	0.7343	0.7235	0.9825	1.0215	1.0972	1.0170
尼泊尔	0.9250	0.7664	0.7286	0.9989	0.9047	1.0579	0.9032
马尔代夫	1.0638	1.0872	0.9194	1.2413	1.1680	0.0000	0.0000
马来西亚	0.8519	0.9001	0.9987	0.7998	1.1125	1.1668	1.0543
拉脱维亚	0.7906	0.8261	0.8962	0.7925	1.0073	0.9917	0.9296
立陶宛	0.7847	0.8334	0.8490	0.8813	0.9966	1.1859	1.0110
老挝	0.7881	0.7569	0.7517	0.7221	0.7298	1.0495	1.0449
韩国	1.2010	0.7714	0.8572	1.2314	1.0625	1.3588	1.0239
吉尔吉斯斯坦	1.0817	0.8148	0.8616	0.9630	0.9963	1.0297	1.0478
哈萨克斯坦	0.9048	1.0785	0.8527	1.3152	1.3492	0.9995	1.1237
印度	0.8390	0.7208	0.7493	0.9681	1.0096	1.1961	0.9319
印度尼西亚	0.7941	0.7568	0.7899	0.7694	0.9439	1.1049	0.9895

续表

国家	C3	C4	C5	C6	C7	C8	C9
匈牙利	0.8311	0.8382	0.8149	0.8897	1.0218	1.1870	0.9312
克罗地亚	0.8791	0.8448	0.8349	0.8729	0.9291	1.1909	0.9099
爱沙尼亚	0.8944	0.8404	0.8225	0.7917	0.9418	1.0383	0.9959
捷克	0.8581	0.8115	0.7927	0.8808	0.9558	1.3109	0.9420
蒙古国	1.1759	0.8856	0.8292	1.2983	1.3868	1.1595	1.3998
国家	C10	C11	C12	C13	C14	C15	C16
孟加拉国	1.0219	1.1694	1.0996	1.0297	0.9750	0.9403	1.1232
保加利亚	0.9795	0.8858	0.9940	0.8885	0.8718	0.7921	0.8044
文莱	1.2582	1.2728	1.1921	1.1291	1.1493	1.1482	1.1776
不丹	0.8795	0.8966	0.7614	1.1142	1.0115	0.7478	0.9641
柬埔寨	1.0292	1.1400	0.9094	1.0049	0.9964	0.8136	1.0228
中国	0.8873	0.8388	1.0077	0.8532	0.8348	0.8226	0.7294
越南	0.8846	0.7060	1.0397	1.1077	0.8723	0.7602	0.8041
土耳其	0.8893	0.8106	0.9167	0.8562	0.8807	0.7592	0.7837
泰国	0.9093	0.9290	0.9006	1.0156	1.0247	0.7358	1.0373
斯洛文尼亚	0.8828	0.8873	0.9534	0.8848	0.8594	0.7969	0.7909
斯洛伐克	0.8869	0.8927	0.9813	0.8694	0.8263	0.7942	0.8160
斯里兰卡	0.8287	1.1358	1.0146	0.9585	1.0682	0.8350	0.9084
新加坡	0.9031	1.0166	0.9757	0.9499	0.9673	0.9164	1.0142
罗马尼亚	0.9109	1.0256	0.9571	0.8814	0.8040	0.7859	0.8804
俄罗斯	1.2852	1.1586	0.9615	1.1387	1.1903	1.2219	1.2801
波兰	0.9116	0.9387	0.9704	0.9113	0.8323	0.7922	0.8075
菲律宾	0.9021	0.8010	1.0024	0.8342	0.9419	0.6618	0.9734
巴基斯坦	0.9122	0.8398	0.9030	0.9282	0.9535	0.8719	1.0045
尼泊尔	0.8302	0.9393	0.8467	1.0049	1.0478	0.9602	0.7813
马尔代夫	0.0000	1.3186	1.2226	0.0000	0.0000	1.0170	1.0702
马来西亚	0.9362	1.0418	1.0379	0.9559	0.9020	0.9597	0.9749
拉脱维亚	0.8892	0.8629	1.0011	1.0549	0.8546	0.8844	0.7704
立陶宛	0.9104	0.8509	0.9309	1.0203	0.9313	0.9513	0.8645
老挝	1.0356	1.0518	0.9907	1.0322	1.0190	1.0330	0.9501
韩国	0.8302	0.9758	1.0276	0.8959	0.8602	0.7761	1.0144

续表

国家	C10	C11	C12	C13	C14	C15	C16
吉尔吉斯斯坦	0.9102	0.8922	0.9469	0.9979	1.0172	1.0252	1.1050
哈萨克斯坦	1.1884	1.2812	0.9482	1.3348	1.1858	0.9942	1.2642
印度	0.8476	0.8574	1.0236	0.9129	0.8662	0.7829	0.8863
印度尼西亚	0.8440	0.8422	0.9026	1.0111	0.8394	0.8519	0.8155
匈牙利	0.8907	0.8725	0.9693	0.9269	0.8343	0.8206	0.8288
克罗地亚	0.9246	0.8352	0.9173	0.9277	0.8671	0.8282	0.8302
爱沙尼亚	0.8775	0.8504	0.9323	1.0026	0.8378	0.8432	0.7969
捷克	0.9229	0.8665	0.9634	0.8671	0.8203	0.8013	0.8362
蒙古国	1.3856	1.3450	1.1242	1.3124	1.4098	1.3141	1.2767

数据来源：笔者计算。

炭、精炼石油与核燃料行业（C8）、基本金属与加工金属行业（C12）中的GVC位置指数相对较高，且为排名前十位的国家（如表4－5所示），即中国在“一带一路”沿线国家的相关行业中处于相对上游的位置，具有一定的优势，且国际竞争力较强。然而，其他行业在“一带一路”沿线国家中均处于相对下游的位置，其中织物与纺织品行业（C4）、其他非金属矿石行业（C11）、机械装备行业（C13）以及电子设备与光学设备行业（C14）的GVC位置指数更是排在所有“一带一路”样本国家中的后10位，即中国在这四个行业中的增值能力较弱。

综合来看，从整体产业层面来说，在“一带一路”沿线国家中，制造业GVC位置指数大于中国（即处于中国上游）的沿线国家有13个，而小于中国（即处于中国下游）的沿线国家有20个，可以看出中国制造业在“一带一路”沿线国家中处于相对高端的位置，同时蒙古国制造业的整体表现最好，而孟加拉国制造业的整体表现最差。从细分行业层面来说，在2010—2017年，中国的木材、木制品与软木制品行业（C6）呈现出波动式上升的趋势；食物、饮料与烟草行业（C3）和焦炭、精炼石油与核燃料行业（C8）呈现出先上

表 4－5　制造业细分行业的 GVC 位置测算结果前十位的"一带一路"沿线国家

排名	国家	C3	国家	C4	国家	C5	国家	C6	国家	C7
1	孟加拉国	1.2025	俄罗斯	1.1000	文莱	1.0751	孟加拉国	1.3686	蒙古国	1.3868
2	韩国	1.2010	马尔代夫	1.0872	不丹	1.0544	哈萨克斯坦	1.3152	哈萨克斯坦	1.3492
2	蒙古国	1.1759	文莱	1.0825	马来西亚	0.9987	蒙古国	1.2983	文莱	1.2524
3	中国	1.1278	哈萨克斯坦	1.0785	泰国	0.9428	文莱	1.2431	孟加拉国	1.1858
4	文莱	1.0875	不丹	0.9763	马尔代夫	0.9194	马尔代夫	1.2413	马尔代夫	1.1680
5	吉尔吉斯斯坦	1.0817	新加坡	0.9299	保加利亚	0.9179	韩国	1.2314	马来西亚	1.1125
6	马尔代夫	1.0638	菲律宾	0.9291	土耳其	0.9022	不丹	1.0898	韩国	1.0625
7	俄罗斯	1.0203	保加利亚	0.9110	菲律宾	0.9018	尼泊尔	0.9989	罗马尼亚	1.0546
8	尼泊尔	0.9250	罗马尼亚	0.9035	拉脱维亚	0.8962	巴基斯坦	0.9825	菲律宾	1.0540
9	哈萨克斯坦	0.9048	马来西亚	0.9001	中国	0.8823	中国	0.9724	越南	1.0508
10	斯洛文尼亚	0.9003	蒙古国	0.8856	孟加拉国	0.8778	印度	0.9681	保加利亚	1.0453
排名	国家	C8	国家	C9	国家	C10	国家	C11	国家	C12
1	菲律宾	1.4245	蒙古国	1.3998	蒙古国	1.3856	蒙古国	1.3450	马尔代夫	1.2226
2	中国	1.3849	柬埔寨	1.1782	俄罗斯	1.2852	马尔代夫	1.3186	文莱	1.1921
2	柬埔寨	1.3612	泰国	1.1349	文莱	1.2582	哈萨克斯坦	1.2812	蒙古国	1.1242
3	韩国	1.3588	哈萨克斯坦	1.1237	哈萨克斯坦	1.1884	文莱	1.2728	孟加拉国	1.0996
4	波兰	1.3228	菲律宾	1.1177	老挝	1.0356	孟加拉国	1.1694	越南	1.0397
5	捷克	1.3109	孟加拉国	1.0651	柬埔寨	1.0292	俄罗斯	1.1586	马来西亚	1.0379
6	斯洛伐克	1.2322	越南	1.0634	孟加拉国	1.0219	柬埔寨	1.1400	韩国	1.0276
7	保加利亚	1.2014	马来西亚	1.0543	保加利亚	0.9795	斯里兰卡	1.1358	印度	1.0236
8	越南	1.1981	吉尔吉斯斯坦	1.0478	马来西亚	0.9362	老挝	1.0518	斯里兰卡	1.0146

续表

排名	国家	C3	国家	C4	国家	C5	国家	C6	国家	C7
9	印度	1.1961	老挝	1.0449	克罗地亚	0.9246	马来西亚	1.0418	中国	1.0077
10	克罗地亚	1.1909	新加坡	1.0378	捷克	0.9229	罗马尼亚	1.0256	菲律宾	1.0024
排名	国家	C13	国家	C14	国家	C15	国家	C16		
1	哈萨克斯坦	1.3348	蒙古国	1.4098	蒙古国	1.3141	俄罗斯	1.2801		
2	蒙古国	1.3124	俄罗斯	1.1903	俄罗斯	1.2219	蒙古国	1.2767		
2	俄罗斯	1.1387	哈萨克斯坦	1.1858	文莱	1.1482	哈萨克斯坦	1.2642		
3	文莱	1.1291	文莱	1.1493	老挝	1.0330	文莱	1.1776		
4	不丹	1.1142	斯里兰卡	1.0682	吉尔吉斯斯坦	1.0252	孟加拉国	1.1232		
5	越南	1.1077	尼泊尔	1.0478	马尔代夫	1.0170	吉尔吉斯斯坦	1.1050		
6	拉脱维亚	1.0549	泰国	1.0247	哈萨克斯坦	0.9942	马尔代夫	1.0702		
7	老挝	1.0322	老挝	1.0190	尼泊尔	0.9602	泰国	1.0373		
8	孟加拉国	1.0297	吉尔吉斯斯坦	1.0172	马来西亚	0.9597	柬埔寨	1.0228		
9	立陶宛	1.0203	不丹	1.0115	立陶宛	0.9513	韩国	1.0144		
10	泰国	1.0156	柬埔寨	0.9964	孟加拉国	0.9403	新加坡	1.0142		

升后下降的趋势；皮、皮革与鞋类行业（C5）和基本金属与加工金属行业（C12）呈现出不明显的变动趋势，且上述行业在“一带一路”沿线国家中都处于价值链相对上游的位置。另外，虽然在所选期间内中国的织物与纺织品行业（C4）和电子设备与光学设备行业（C14）呈现出波动式上升的趋势；其他非金属矿石行业（C11）和机械装备行业（C13）呈现出先下降后上升的趋势，但在“一带一路”沿线国家中，上述行业总体上仍处于价值链相对下游的位置。

第二节 “一带一路”沿线国家制造业互惠合作发展的现实特征

自“一带一路”倡议提出以来，中国一直在不断扩大与沿线国家之间的多领域合作，而党的二十大报告中“共商共建共享的全球治理观”更是为中国与沿线国家之间的合作提出了更加明确的要求，即不断推进双多边产业间的互惠性合作。具体到制造业领域，这种互惠性合作主要通过投资与贸易两方面加以实现。

一 中国与其他沿线国家制造业投资与贸易合作的现状分析

（一）投资合作方面

投资一直是推进“一带一路”倡议的主要方式之一，且随着合作的不断深入，中国与沿线国家之间的投资合作规模也在不断扩大。《2018 年度中国对外直接投资统计公报》的数据显示，2018 年中国在“一带一路”沿线国家设立企业数量超过 1 万家，且当年的直接投资额就达到 178.9 亿美元，而自 2013 年以来，中国企业对“一带一路”沿线国家累计直接投资总额达到 986.2 亿美元。其中，主要投资对象为新加坡、印度尼西亚、马来西亚、老挝、俄罗斯、泰国等国家。另外，从 2013—2018 年中国对“一带一路”沿线国家直接投资流量的变动趋势也可看出（如图 4 – 12 所示），中国对沿线国家直接投资规模在 6 年内虽然表现出一定的波动性，但总体来说仍然保持稳中向好的态势。

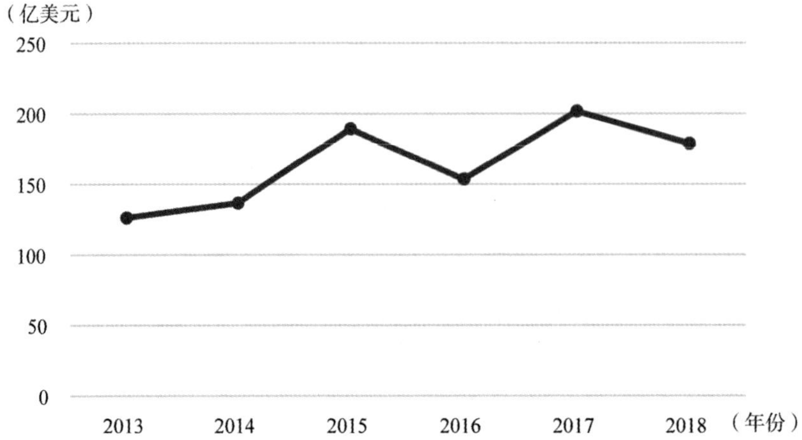

图 4－12　中国对“一带一路”沿线国家投资流量

数据来源：《2018 年度中国对外直接投资统计公报》，经笔者整理。

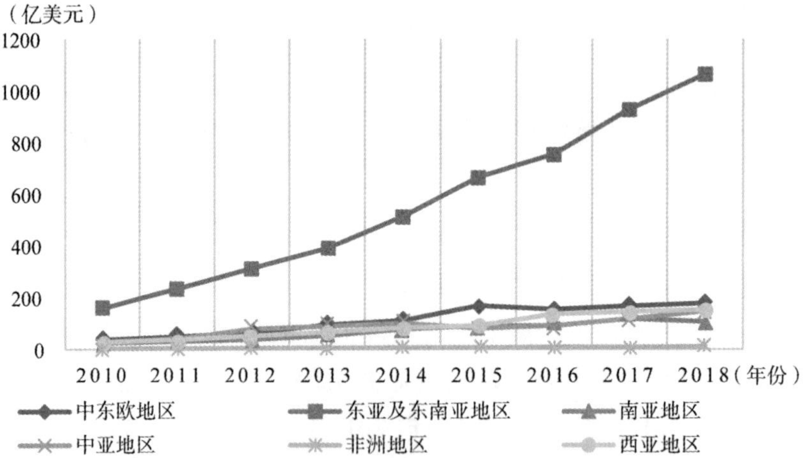

图 4－13　中国对“一带一路”沿线国家分区域投资存量

数据来源：各年度《中国对外直接投资统计公报》，经笔者整理。

从分地区来看（如图 4－13 所示），中国对“一带一路”不同区域内的直接投资情况在所选期间内各不相同。其中，中国对东南亚地区国家直接投资规模在逐年增加，且2014年以后增速加快，即东南亚地区国家仍然为中国首要合作伙伴。中国对中东欧地区国家直接投资在近年的增长幅度也较大，成为与中国投资合作的第二大地区，但总体增长势头相对平缓。中国对其他地区直接投资规模虽然也在逐年上升，但上升幅度都较小。总体来看，中国对“一带一路”沿线各区域的直接投资规模都在不断扩大，这也说明双边投资合作规模也在逐步扩张。

（二）贸易合作方面

作为另一项推动“一带一路”倡议的主要方式，贸易在中国与沿线国家制造业互惠合作中也扮演了举足轻重的角色。2017年中国与“一带一路”沿线国家的进出口出现快速增长，进出口总额达到14403.2亿美元，其中出口为7742.6亿美元，增速约为8.5%，进口为6660.5亿美元，增速约为19.8%①。另外，自“一带一路”倡议提出以来，中国对沿线国家进出口贸易规模虽然存在一定的波动性，但总体仍然相对稳定。进出口总额和进口在2014—2017年均表现出明显的波动性；相比之下出口则保持相对稳定的状态（如图4－14所示）。

从分区域情况来看，中国对“一带一路”沿线各区域的贸易情况各不相同。出口方面，如图4－15所示，中国对亚洲大洋洲地区的出口额最大，可以看出周边国家为中国的主要贸易伙伴，也从侧面反映出中国与周边国家一直保持着良好的贸易往来关系；其次为西亚、南亚、东欧地区，其中，中国对南亚地区的出口在2014—2015年超过对东欧的出口；再次为非洲及拉美、中亚；中国对各区域出口在所选期间内均保持相对平稳的状态。进口方面，如图4－16所示，亚洲大洋洲地区仍为中国进口的出要来源地，其次为西亚、东欧、非洲及拉美、中亚；在六大区域中，亚洲大洋洲地区和西亚

① 数据来源：《“一带一路”贸易合作大数据报告2018》。

地区虽然为中国进口的主要来源地，但在所选期间内两地进口都表现出明显的波动性，其他地区则保持相对稳定的状态。

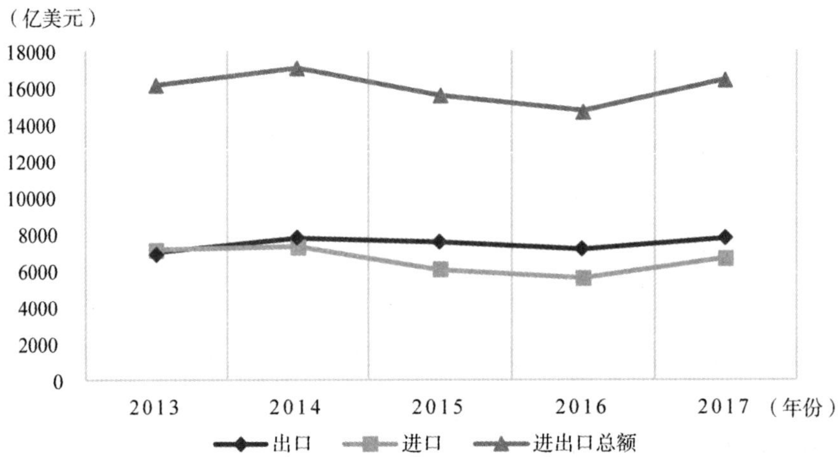

图4－14　中国对“一带一路”沿线国家贸易额

数据来源：《“一带一路”贸易合作大数据报告2018》，经笔者整理。

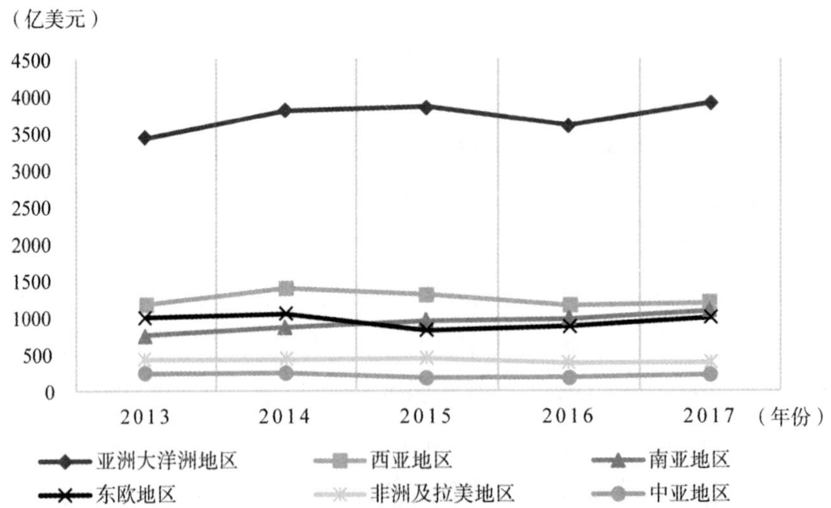

图4－15　2013—2017年中国对“一带一路”沿线各区域出口额

数据来源：《“一带一路”贸易合作大数据报告2018》，经笔者整理。

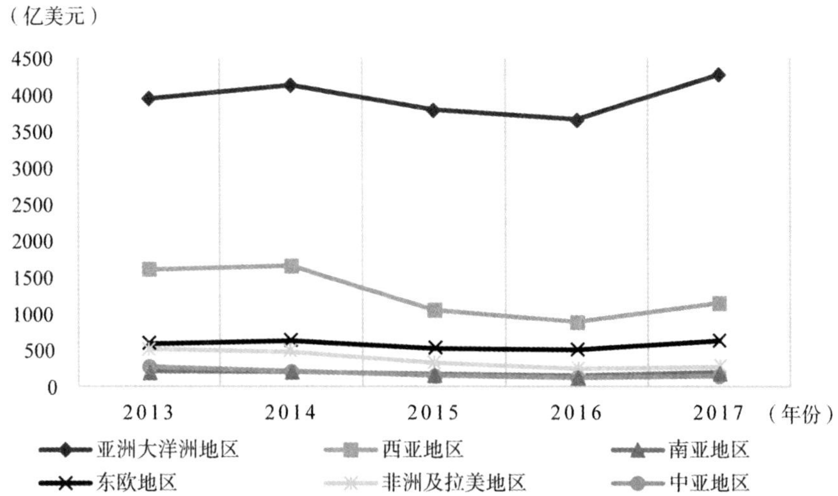

图 4 - 16 2013—2017 年中国从“一带一路”沿线各区域进口额

数据来源：《“一带一路”贸易合作大数据报告 2018》，经笔者整理。

二 “一带一路”沿线国家制造业共生水平分析

在“一带一路”倡议中，双边良好的产业共生关系既有利于进一步构建“一带一路”，也有利于促进实现区域内价值链分工合作的“互惠共赢”。因此，本部分引入共生理论，在增加值贸易视角下，从融合性、竞争性、互补性和依存性四个维度构建“产业共生水平评价指标体系”，对中国与“一带一路”沿线国家间制造业共生水平进行分析，为进一步的实证分析奠定现实基础并提供数据支持。

（一）“产业共生水平评价指标体系”构建

根据共生理论（Symbiosis Theory）的观点，经济学领域内的共生是指各经济体（共生单元）之间通过“紧密合作”，形成一种相互依存、相互促进、优势互补的一种持续性特殊物质关系以应对外界的变化，其核心理念是双赢和共存（Moor，1993；袁纯清，1998；Zaccaro & Horn，2003）。具体到区域经济体系之内，各经济体之间会通过依赖、共生和包容等关系相互影响其发展，从而发展形成共生系统，进而实现区域和谐共生发展（Martin & Sunley, 1998；黄小勇，2014）。在国际分工的大背景下，各国产业间的相互融合情况是各方能否长期稳定协调发展的关键性因素，而各国产业的相互依存以及良性的互补合作与竞争则有利于双多边产业的良好共生。基于此观点，本书从双边贸易的融合性、竞争性、互补性和依存性四个维度选取相应指标构建“产业共生水平评价指标体系”（如表4-6所示），从而科学衡量中国与“一带一路”沿线国家间制造业的共生水平。

表4-6　　　　产业共生水平评价指标体系

目标层	准则层	指标层
产业间共生水平	融合性	增加值贸易共生度
	竞争性	增加值出口相似度指数
	互补性	增加值贸易互补性指数
	依存性	增加值贸易结合度指数

（二）样本与数据选取

在样本方面，本部分仍以“一带一路”33个沿线国家为研究样本。

在数据方面，本部分仍以对外经贸大学全球价值链研究院数据库（UIBE GVC数据库）的ADBMRIO表中的14个制造业8年的贸易数据作为本部分的数据基础。因此，本部分将从增加值贸易视角出发，针对中国与“一带一路”沿线国家14个制造业产业在2010—2017年的共生水平进行对比分析和研究。

（三）指标描述

首先，借鉴共生理论中的共生度（Symbiotic Degree）来构造相应指标以表示中国与“一带一路”沿线国家间制造业的融合性。根据共生理论（Symbiosis Theory）的观点，质参量反映共生单元的内在性质，而共生度则反映了共生单元之间质参量变化的关联度①。本部分将中国与“一带一路”沿线国家的制造业作为共生单元，并以此为基础构建增加值贸易共生度指数（Value - added Trade Symbiotic Degree Index，VATSDI）。共生度和增加值贸易共生度指数的具体表达形式分别如公式（4.4）、（4.5）所示。

$$\delta_{ij}=\frac{dZ_i/Z_i}{dZ_j/Z_j},\ (dZ_i\neq 0) \tag{4.4}$$

$$VATSDI_{ij}=\frac{dVAX_i/VAX_i}{dVAX_j/VAX_j},\ (dVAX_i\neq 0) \tag{4.5}$$

在共生度的表达式中，δ_{ij}表示共生单元 A 和 B 以质参量来衡量的共生度，即共生单元 B 的质参量 Z_j 的变化率所引起的共生单元 A 的质参量 Z_i 的变化率。增加值视角下的共生度表示中国制造业对世界市场增加值出口变动率所引起的沿线国家制造业对世界市场的增加值出口变动率，其中将 $dVAX_j/VAX_j$ 定义为中国制造业对世界市场增加值出口的变动率，而 $dVAX_i/VAX_i$ 则定义为各沿线国家对世界市场增加值出口的变动率。当 $VATSDI>0$ 时，表示双边制造业呈现正向共生的趋势，即融合性较好；当 $VATSDI<0$ 时，表示双边制造业呈现负向共生的关系，即融合性较差；当 $VATSDI=0$ 时，表示双边制造业没有表现出共生性。

其次，使用增加值出口相似度指数（Value - added Export Similarity Index，VAESI）来反映中国与“一带一路”沿线国家间制造业贸易的竞争性。出口相似度指数是由 Finger 和 Kreinin 在 1979 年提出的，用于表示两国或两地区商品对同一目的地的出口结构相似程度。$VAESI$ 表达形式为如公式（4.6）所示。

$$VAESI=\left\{\sum_{i=0}^{n}\left[\frac{VAX_{ak}^{i}/VAX_{ak}+VAX_{bk}^{i}/VAX_{bk}}{2}\times\right.\right.$$

① 胡晓鹏：《产业共生：理论界定及其内在机理》，《中国工业经济》2008 年第 9 期。

$$\left(1 - \left|\frac{VAX_{ak}^{i}/VAX_{ak} - VAX_{bk}^{i}/VAX_{bk}}{VAX_{ak}^{i}/VAX_{ak} + VAX_{bk}^{i}/VAX_{bk}}\right|\right)\Bigg]\Bigg\} \times 100 \quad (4.6)$$

其中，VAX_{jk}^{i}表示j国出口到目的地k的所有商品增加值总额中，第i类商品增加值出口所占比例。本节将各国出口目的地设定为世界，VAESI的取值范围为0—100，当获得的值越大时，表示a、b两国的出口结构越相似，两国产业间贸易的竞争性也就越大。反之，若取值越小，则两国产业间贸易的竞争性越小。本书将增加值出口相似度大于50作为判别中国与目标国家间竞争性是否较强的标准。若$VAESI>50$，说明中国与沿线国家之间在贸易层面具有较大的竞争性；若$VAESI<50$，表明竞争性较小。

再次，选取增加值贸易互补性指数（Value - added Trade Complementarity Index，VATCI）对中国与“一带一路”沿线国家制造业间的互补性进行计算和分析。贸易互补性指数最早由Drysdale（1967）提出，其作用主要是体现一国或地区的出口产品结构与另一国或地区进口产品结构之间的对应关系①。VATCI的具体表达式如公式（4.7）所示：

$$VATCI = \sum_{k=1}^{n}\frac{VAX_{w}^{k}}{VAX_{w}} \times \frac{VAX_{i}^{k}/VAX_{i}}{VAX_{w}^{k}/VAX_{w}} \times \frac{VAX_{j}^{k}/VAX_{j}}{VAX_{w}^{k}/VAX_{w}} \quad (4.7)$$

其中，$\frac{VAX_{i}^{k}/VAX_{i}}{VAX_{w}^{k}/VAX_{w}}$表示$k$产品在$i$国的增加值出口占$i$国所有产品增加值出口总额的份额与$k$产品在世界的增加值出口占世界总增加值出口的份额之比；$\frac{VAX_{j}^{k}/VAX_{j}}{VAX_{w}^{k}/VAX_{w}}$表示$k$产品在$j$国的增加值进口占$j$国所有进口商品所含增加值总额的份额与$k$产品在世界的增加值进口占世界所有进口商品所含增加值总额的份额之比；$\frac{VAX_{w}^{k}}{VAX_{w}}$

① 何敏、张宁宁、黄泽群：《中国与“一带一路”国家农产品贸易竞争性和互补性分析》，《农业经济问题》2016年第11期。

表示在世界范围内，k 产品增加值出口占全球增加值总出口的比重。若 $VATCI>1$，这说明 i 国与 j 国在 n 个产品范围内的贸易具有较强的互补性；反之若 $VATCI<1$，则说明 i 国与 j 国在 n 个产品范围内的贸易互补性较弱。

最后，在中国与“一带一路”沿线国家之间制造业的依存性方面，本节使用增加值贸易结合度指数（Value - added Trade Intensity Index，VATII）进行测算与分析。贸易结合度指数由 Brown（1947）提出，该指数主要用于反映两国或两地区间在贸易层面上的相互依存情况，其表达式如公式（4.8）所示。

$$VATII=\frac{VAX_{ab}/VAX_{a}}{VAM_{b}/VAM_{w}} \tag{4.8}$$

其中，VAX_{ab}/VAX_{a} 表示在 a 国对外增加值出口总额中，其对 b 国的增加值出口额占比；VAM_{b}/VAM_{w} 表示在世界范围内所有产品增加值进口总额中，b 国从世界市场上的增加值进口额占比。其结果显示出 a、b 两国在增加值贸易层面的紧密程度，即相互依存的程度。当 $VATII>1$ 时，表示 a、b 两国的贸易联系紧密；而当 $VATII<1$ 时，表示两国之间的贸易关系相对松散。

（四）整体产业层面测算结果分析

在构建“产业共生水平评价指标体系”后，本节基于增加值贸易数据对中国与“一带一路”沿线国家间制造业的竞争性、互补性、依存性和融合性进行分析。具体来说，在四个方面都表现较好的国家被认为与中国具有较高的产业共生水平，而在三个方面表现较好的国家与中国具有相对良好的产业共生水平，其他情况则均为产业共生水平表现一般。结果如表 4 - 7 所示。

表 4 - 7　　中国与“一带一路”沿线国家各指标测算结果均值

国家	*VATSDI*	*VAESI*	*VATCI*	*VATII*
孟加拉国	0.8409	17.3226	0.5122	0.8962

续表

国家	*VATSDI*	*VAESI*	*VATCI*	*VATII*
保加利亚	-1.0215	79.2071	0.7575	0.4167
文莱	-11.8472	8.3178	0.5471	0.8154
不丹	-7.1809	40.5042	0.2362	0.4404
柬埔寨	8.6863	23.3500	0.4539	1.6386
越南	4.0279	64.6408	0.8398	1.4603
土耳其	0.0997	74.3430	0.9152	0.8254
泰国	-3.4663	58.6686	0.9517	1.0904
斯洛文尼亚	-1.1060	71.4238	1.4381	0.5185
斯洛伐克	1.3915	66.2555	1.3429	0.3851
斯里兰卡	4.5258	35.8901	0.5370	1.3216
新加坡	-3.4951	61.5887	1.1351	0.9028
罗马尼亚	0.1276	81.8829	1.0797	0.4071
俄罗斯	-2.1753	50.3012	0.5438	1.2952
波兰	-1.3838	74.5806	0.9528	0.5755
菲律宾	15.1376	61.6918	1.1293	0.9556
巴基斯坦	-1.0602	43.7663	0.3841	1.5100
尼泊尔	-1.7748	52.0773	0.3099	1.2319
马尔代夫	-0.5935	32.4857	0.0917	0.6355
马来西亚	0.5357	68.5368	1.0979	1.1138
拉脱维亚	1.3563	64.3025	0.6838	0.4878
立陶宛	-28.1503	63.3312	0.9095	0.4563
老挝	2.3195	39.1706	0.1821	1.7667
韩国	-0.9622	75.3824	1.9483	1.5343
吉尔吉斯斯坦	-2.1830	24.6657	0.9653	1.2812
哈萨克斯坦	-21.6173	39.3070	0.6148	0.8006
印度	12.0536	73.0084	0.6830	1.2393
印度尼西亚	-2.5683	64.2564	0.8835	1.3996
匈牙利	-3.6970	72.3119	1.3457	0.4243

续表

国家	*VATSDI*	*VAESI*	*VATCI*	*VATII*
克罗地亚	0. 9737	74. 3181	0. 7739	0. 4834
爱沙尼亚	2. 8681	75. 5973	0. 9435	0. 5148
捷克	1. 6136	72. 4660	1. 4480	0. 5622
蒙古国	0. 2536	49. 7523	0. 1225	1. 9419

数据来源：作者计算。

融合性方面，从国家层面来看，在增加值贸易视角下与中国制造业呈现负向共生关系的国家数量为 17 个；呈现正向共生关系的有 16 个。其中，立陶宛与中国的融合水平最差，而菲律宾与中国制造业的正向共生性最强，即融合水平最好。从区域层面来看，如图 4－17（a）所示，除 2016 年外，总体上“一带一路”与中国制造业仍表现出正向共生的关系，即具有良好的融合性，但结果的波动幅度较大。具体到区域，可以看出各区域的 VATSDI 结果在各年间都存在一定的波动，且中亚地区的波动幅度最大。另外，东南亚和南亚地区的取值大于 0，即在所选期间内与中国制造业总体保持良好的融合性，且东南亚地区的表现最好；东亚、中东欧和中亚地区的取值小于 0，即在所选期间内与中国制造业呈现出负向的共生关系，融合性较差，且中亚地区的表现最差。总的来说，在增加值贸易下，各区域与中国制造业的共生度均存在一定的波动情况，且未表现出明显的上升或下降趋势，但相比于其他地区，东南亚地区与中国制造业的融合性最好。

竞争性方面，从国别层面来看，与中国制造业的增加值出口相似度小于 50 的“一带一路”国家数量有 11 个，而结果大于 50 的沿线国家数量为 22 个。文莱是与中国贸易竞争性最弱的国家，罗马尼亚则是与中国竞争性最强的国家。从区域层面来看，如图 4－17（b）所示，无论是总体区域还是单独某个区域，与中国制造业贸易的竞争性水平保持相对平稳的状态。其中，总体区域 VAESI 测算结果在所选期间内一直维持在 56.2032 且相对平稳，这表明在增加值贸易视角下沿线国家与中国在制造业具有较强的贸易竞争性。另外，与中国贸易竞争性表现较弱（即 VAESI 测算结果小于 50）的地区依次为中亚、南亚和东南亚地区；竞争性表现较强（即 *VAESI* 测算结果大于 50）的地区依次为中东欧和东亚地区。其中，中东欧地区与中国的贸易竞争性最大，而中亚地区与中国的竞争性最小。

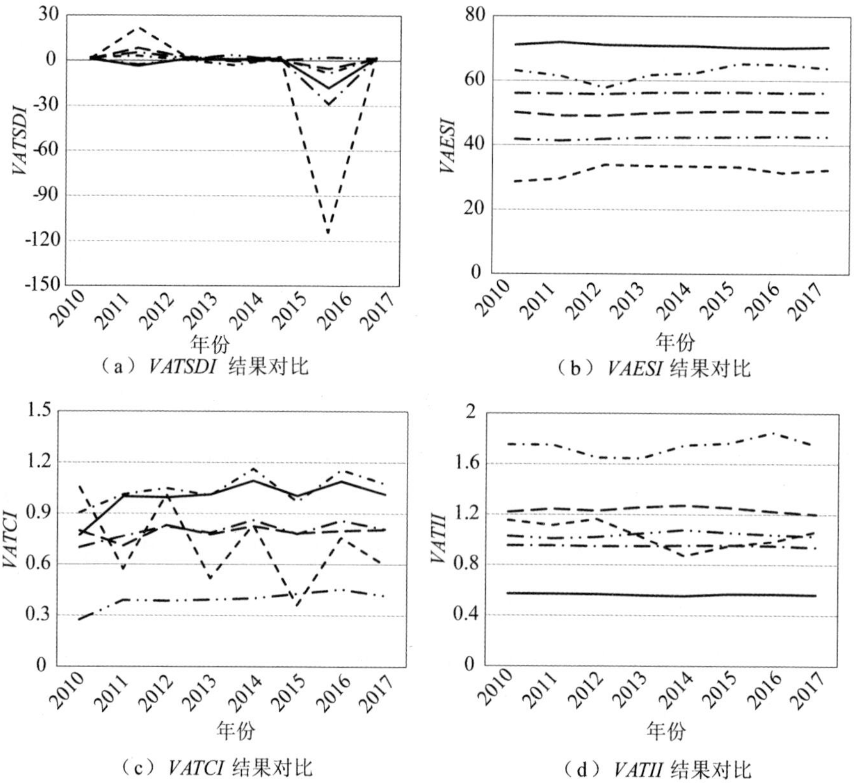

（a）*VATSDI* 结果对比　（b）*VAESI* 结果对比

（c）*VATCI* 结果对比　（d）*VATII* 结果对比

图 4-17　各区域 *VAESI*、*VATCI*、*VATII*、*VATSDI* 结果对比

数据来源：经笔者计算后整理所得。

互补性方面，从国家层面来看，与中国制造业增加值贸易互补性大于 1 的“一带一路”沿线国家数量共 9 个，其中韩国是与中国互补性最强的国家；而结果小于 1 的沿线国家共 24 个，其中马尔代夫是与中国贸易互补性最弱的国家。从区域层来看，如图 4 - 17（c）所示，总体区域的 *VATCI* 测算结果整体水平小于 1，但在所选期间内存在缓慢上升的趋势（由 2010 年的 0.6991 上升至 2017 年的 0.8091）。这说明在增加值贸易视角下，沿线国家与中国的制造业互补性水平处于较低水平，但随着“一带一路”倡议的不断推进，整个区域与中国的互补性水平也在不断上升。具体到细分区域，与中国制造业互补性较强的地区为中东欧和东亚地区，而南亚、中亚和东南亚地区与中国制造业的互补性都较弱，且中亚地区是唯一在所选期间内 *VATCI* 测算结果呈现出下降趋势的区域。

依存性方面，从国家层面来看，蒙古国、老挝、柬埔寨三国表现较好，斯洛伐克为与中国贸易联系最松散的国家。从区域层面来看，如图 4 - 17（d）所示，总体区域在各年中的 *VATII* 测算结果均小于 1，这说明总体区域与中国的制造业依存性水平总体较低。具体到各个细分区域，东南亚、东亚、南亚和中亚地区的 *VATII* 测算结果均大于 1，表明这四个地区与中国的制造业依存性水平总体较好；中东欧地区 *VATII* 测算结果小于 1 且保持相对平稳的状态，即中东欧地区与中国制造业总体呈现出较低的依存水平。其中，东亚地区与中国的制造业贸易联系最为紧密，而中东欧地区与中国的制造业贸易联系最为松散。

综合来看，在增加值贸易视角下“一带一路”沿线国家与中国在制造业的竞争较强；互补性虽然仍处于较低水平，但不断上升；依存性总体较低；融合性结果波动较大，但并未表现出明显的上升或下降趋势。进一步来说，东南亚和东亚地区都与中国在制造业领域内具有良好的共生水平，因为这两个地区的国家与中国在地理上相邻、文化上相似，且区域内既有如韩国、新加坡等相对发达的国家，也有如蒙古国、马来西亚等发展中国家，使得地区的需求结构较为完善，进而与中国都表现出良好的共生性。中东欧地区与中国地理距离较远，文化和制度差异较大，同时该地区经济结构较为完善，区域内的国家普遍发展水平较高且与西欧、美洲等发达国家联系更为紧密，因此其与中国制造业的共生性都最不理想。中亚地区虽然与中国邻近，但区域内国家经济结构相对单一，对石油、天然气等资源性产品的依赖度较高，而其他产业发展相对落后，使得中亚地区与中国的共生水平表现一般。同时，由于区域内部分国家（如马尔代夫）对服务业的依赖度较高而制造业整体水平较弱、部分国家（如不丹、巴基斯坦等）经济发展水平相对落后、国家间存在争端等问题，都使得南亚地区制造业与中国的共生水平较低。

（五）细分行业层面测算结果分析

在整体层面进行分析之后，本节进一步深入到细分行业层面，对中国与“一带一路”沿线国家在14个制造业细分行业中的共生水平进行分析和探讨。在测算过程中，由于无法获得更为细致的产品增加值出口数据，因此在对制造业细分行业 *VAESI* 进行计算时，本书以式（4－6）加总前的结果作为行业层面的测算结果，*VAESI* 结果越小表示双边在特定行业内的竞争性越小。具体结果如表4－8所示。

表4－8　各细分行业测算结果整理（均值）

行　业	*VATSDI*	*VAESI*	*VATCI*	*VATII*
食物、饮料与烟草行业（C3）	0.4745	0.0420	0.9444	0.9175
织物与纺织品行业（C4）	1.0535	0.0643	1.9637	0.7487
皮、皮革与鞋类行业（C5）	1.4433	0.0082	1.7096	0.8231
木材、木制品与软木制品行业（C6）	0.8542	0.0142	1.7479	0.8861
纸浆、纸制品、纸质印刷与出版行业（C7）	1.6988	0.0191	0.4529	1.1446
焦炭、精炼石油与核燃料行业（C8）	0.9122	0.0222	1.1699	1.0289
化学品与化学制品行业（C9）	1.4799	0.0602	0.6970	1.1519
橡胶与塑料制品行业（C10）	1.3008	0.0266	0.9588	0.9091
其他非金属矿石行业（C11）	－5.7598	0.0239	1.9877	0.8379
基本金属与加工金属行业（C12）	－0.2321	0.0903	1.1961	0.9384
机械装备行业（C13）	－0.2894	0.0449	0.8791	1.0689
电子设备与光学设备行业（C14）	1.5975	0.0840	1.0844	0.8510

续表

行 业	*VATSDI*	*VAESI*	*VATCI*	*VATII*
运输装备行业（C15）	1.2103	0.0326	0.3922	1.4351
其他制造业与回收行业（C16）	0.5891	0.0294	1.2089	0.9189

数据来源：笔者计算。

融合性方面，一方面，中国与“一带一路”沿线国家在13个制造业细分行业中的*VATSDI*结果大于0，更在其中的C7、C14、C9、C5、C10、C15、C4这7个行业中的结果大于1，说明中国与各沿线国家制造业在大部分行业中都保持了正向共生关系，即具有良好的融合性，而纸浆、纸制品、纸质印刷与出版行业（C7）在所有7个行业中的表现最好。另一方面，中国与“一带一路”沿线国家在C11、C13、C12这3个行业中的*VATSDI*结果小于0，说明在这些行业中双边行业表现出负向共生关系，即融合性较差，而在其他非金属矿石行业（C11）在这3个行业中的表现最差。

竞争性方面，一方面，在14个制造业细分行业中，中国与“一带一路”沿线国家在皮、皮革与鞋类行业（C5）中的竞争性最小，而在C6、C7、C8、C11这四个行业中的竞争性相对较低，说明双边在这些行业中的摩擦也较小；另一方面，双边在基本金属与加工金属行业（C12）中的竞争性最大，而在C4、C9、C13、C14这四个行业中的竞争性相对较高，说明在这些行业中的摩擦可能性较大；在其他行业中的竞争性表现较为一般。

互补性方面，一方面，在所有制造业细分行业中，共有C4、C5、C6、C8、C11、C12、C14、C16行业的VATCI结果大于1，即在这些行业中“一带一路”沿线国家与中国具有较好的互补性，合作潜力较大，其中其他非金属矿石行业（C11）中的互补性最强。另一方面，共有C3、C7、C9、C13、C15行业的VATCI结果小于1，即中国与“一带一路”沿线国家在这些行业中的互补性表现较弱，合作的潜力较小，其中在运输装备行业（C15）中的互补性最差。

依存性方面，一方面，中国与“一带一路”沿线国家在C15、C9、C7、C13、C8行业中的VATII结果均大于1，说明双边在这些行业中结合得较为紧密，即表现出良好的依存性，其中在运输装备行业（C15）中的依存性最强。另一方面，中国与“一带一路”沿线国家在其他11个行业中的结果均小于1，说明在这些行业中双边结合得较为松散，即依存性较弱，而在织物与纺织品行业（C4）中的表现最差。

综上所述，可以看出在14个制造业细分行业中，双边实现良好共生主要集中于原材料制品以及初级产品行业。具体来说，中国与“一带一路”沿线国家在焦炭、精炼石油与核燃料行业（C8）中除了保持相对较低竞争性之外，还具有较好的互补性、依存性以及融合性，说明双边在这一行业中的共生水平较高。同时，双边在皮、皮革与鞋类（C5）、木材、木制品与软木制品（C6）以及纸浆、纸制品、纸质印刷与出版（C7）这三个行业中的共生性也相对良好。其中，在C5和C6行业中，双边具有相对最弱的竞争性以及较好的互补性与融合性，但在依存性方面表现较弱；在C7行业中，双边具有较强的融合性与依存性，以及较弱的竞争性，但同时互补性水平也较低。

在得到行业层面结果的基础上，本书还进一步研究了中国与“一带一路”各沿线国家在不同细分行业中的具体表现，为双边在区域内的深入合作指出了更加明确的方向，结果如表4-9所示。

根据结果，在C3行业中，吉尔吉斯斯坦与中国的耦合水平最好，俄罗斯虽然与中国在互补性方面表现一般，但在其他三个方面都表现良好；在C4行业中，首先俄罗斯和吉尔吉斯斯坦与中国的耦合水平都较为理想，其次为文莱与哈萨克斯坦；在C5行业中，俄罗斯表现最好，而马尔代夫次之，其与中国的依存性较弱，而其他三方面均较好；在C6行业中，文莱与巴基斯坦和中国的耦合水平最好，其次为哈萨克斯坦与柬埔寨，前者在依存性方面表现较弱，后者在融合性方面表现一般；在C7行业中，文莱的表现

表 4－9 各国在各细分行业中的不同表现（仅排名前 10 的国家）

	C3	C4	C5	C6	C7	C8	C9
竞争性表现较好的国家	文莱	新加坡	马尔代夫	文莱	文莱	柬埔寨	吉尔吉斯斯坦
	孟加拉国	俄罗斯	文莱	吉尔吉斯斯坦	孟加拉国	孟加拉国	孟加拉国
	韩国	哈萨克斯坦	新加坡	孟加拉国	吉尔吉斯斯坦	斯洛文尼亚	柬埔寨
	斯洛文尼亚	文莱	俄罗斯	哈萨克斯坦	哈萨克斯坦	克罗地亚	文莱
	斯洛伐克	不丹	拉脱维亚	韩国	老挝	拉脱维亚	斯里兰卡
	俄罗斯	马来西亚	马来西亚	新加坡	巴基斯坦	尼泊尔	斯洛伐克
	吉尔吉斯斯坦	吉尔吉斯斯坦	不丹	巴基斯坦	印度	捷克	老挝
	不丹	匈牙利	吉尔吉斯斯坦	柬埔寨	菲律宾	吉尔吉斯斯坦	罗马尼亚
	新加坡	捷克	斯里兰卡	不丹	尼泊尔	斯里兰卡	蒙古国
	印度	斯洛文尼亚	哈萨克斯坦	菲律宾	新加坡	斯洛伐克	尼泊尔
互补性表现较好的国家	拉脱维亚	俄罗斯	俄罗斯	马尔代夫	文莱	吉尔吉斯斯坦	巴基斯坦
	立陶宛	柬埔寨	克罗地亚	不丹	克罗地亚	尼泊尔	拉脱维亚
	吉尔吉斯斯坦	吉尔吉斯斯坦	立陶宛	文莱	拉脱维亚	蒙古国	罗马尼亚
	爱沙尼亚	孟加拉国	斯洛文尼亚	立陶宛	立陶宛	老挝	立陶宛
	文莱	蒙古国	拉脱维亚	爱沙尼亚	匈牙利	柬埔寨	波兰
	菲律宾	斯里兰卡	波兰	拉脱维亚	波兰	巴基斯坦	保加利亚
	巴基斯坦	文莱	韩国	哈萨克斯坦	捷克	越南	尼泊尔
	斯洛伐克	立陶宛	斯洛伐克	柬埔寨	斯洛文尼亚	菲律宾	斯洛文尼亚
	蒙古国	克罗地亚	土耳其	巴基斯坦	爱沙尼亚	斯里兰卡	土耳其
	保加利亚	斯洛伐克	马尔代夫	印度	斯洛伐克	印度尼西亚	越南

续表

	C3	C4	C5	C6	C7	C8	C9
依存性表现较好的国家	韩国	韩国	吉尔吉斯斯坦	老挝	老挝	老挝	老挝
	老挝	吉尔吉斯斯坦	印度尼西亚	柬埔寨	文莱	越南	越南
	越南	印度	俄罗斯	巴基斯坦	巴基斯坦	俄罗斯	柬埔寨
	马来西亚	印度尼西亚	柬埔寨	印度尼西亚	柬埔寨	柬埔寨	巴基斯坦
	印度尼西亚	俄罗斯	哈萨克斯坦	韩国	俄罗斯	巴基斯坦	韩国
	俄罗斯	哈萨克斯坦	印度	越南	吉尔吉斯斯坦	泰国	印度
	柬埔寨	尼泊尔	巴基斯坦	泰国	印度	马来西亚	印度尼西亚
	吉尔吉斯斯坦	泰国	文莱	俄罗斯	韩国	印度	俄罗斯
	泰国	老挝	斯里兰卡	文莱	尼泊尔	斯里兰卡	泰国
	菲律宾	马来西亚	老挝	斯里兰卡	印度尼西亚	文莱	斯里兰卡
融合性表现较好的国家	哈萨克斯坦	哈萨克斯坦	越南	吉尔吉斯斯坦	立陶宛	文莱	马尔代夫
	吉尔吉斯斯坦	马尔代夫	哈萨克斯坦	哈萨克斯坦	哈萨克斯坦	哈萨克斯坦	匈牙利
	俄罗斯	俄罗斯	马尔代夫	老挝	文莱	老挝	不丹
	老挝	吉尔吉斯斯坦	文莱	新加坡	吉尔吉斯斯坦	孟加拉国	斯洛文尼亚
	立陶宛	新加坡	土耳其	尼泊尔	印度尼西亚	新加坡	新加坡
	新加坡	越南	不丹	文莱	俄罗斯	吉尔吉斯斯坦	斯洛伐克
	文莱	印度尼西亚	俄罗斯	巴基斯坦	马尔代夫	拉脱维亚	尼泊尔
	尼泊尔	老挝	保加利亚	越南	尼泊尔	柬埔寨	罗马尼亚
	土耳其	文莱	尼泊尔	印度尼西亚	新加坡	立陶宛	波兰
	越南	保加利亚	老挝	泰国	泰国	爱沙尼亚	克罗地亚

最好，其次为尼泊尔与吉尔吉斯斯坦，两者都在互补性方面表现较弱；在C8行业中，柬埔寨与中国的耦合水平最高，而吉尔吉斯斯坦在依存性方面较弱、老挝与中国的竞争性相对较强、斯里兰卡的融合性表现较弱；在C9行业中，并没有与中国耦合较为理想的国家，仅有罗马尼亚和尼泊尔表现相对较好；同样，在C10行业中也没有表现突出的国家，仅有柬埔寨和吉尔吉斯斯坦表现相对良好；在C11行业中，韩国与中国耦合得最好，其次柬埔寨、老挝和孟加拉国都有相对较好的结果；在C12行业中，老挝与中国的耦合水平最好，而文莱、泰国、巴基斯坦、柬埔寨、孟加拉国和斯里兰卡与中国也具有相对良好的耦合水平；在C13行业中也不存在与中国耦合水平较高的国家，只有印度尼西亚和巴基斯坦表现相对良好；在C14行业中，老挝和吉尔吉斯斯坦与中国耦合得最好，其次哈萨克斯坦、不丹和文莱也表现相对较好；中国与斯里兰卡在C15行业中耦合得最好，而与孟加拉国、尼泊尔、老挝和吉尔吉斯斯坦的耦合水平则次之；在C16行业中没有表现突出的国家，仅文莱、柬埔寨、俄罗斯和吉尔吉斯斯坦与中国耦合得相对良好。各行业中其他未提及国家均表现一般。

综合来看，在所有样本国家中，吉尔吉斯斯坦共在8个行业中与中国具有较高或相对良好的产业耦合水平，所涉及的行业最多。其次，柬埔寨和文莱分别在7个和6个行业内与中国具有相对较好的产业耦合水平。再次，俄罗斯与老挝分别都在4个行业内表现较为突出，孟加拉国、巴基斯坦、尼泊尔和斯里兰卡都分别在3个行业内表现较为突出。哈萨克斯坦、韩国、马尔代夫、印度尼西亚、不丹、泰国和罗马尼亚则均在少数特定行业内与中国保持较好的产业耦合水平。而未来在“一带一路”倡议下的进一步合作中，中国也应当着重与上述国家进行更加深入与多层次的合作。

第三节　本章小结

本章从现实角度出发，对“一带一路”沿线国家制造业分工合作的典型化事实进行分析。具体来说，本章首先对中国与其他沿线国家制造业参与国际分工合作的现实特征进行分析，主要从中国制造业参与国际分工现状、其他沿线国家参与国际分工现状、“一带一路”沿线国家在全球价值链中的位置三个方面展开。结果显示：中国 FDI 和 OFDI 水平自改革开放以来一直处于上升的阶段，贸易虽然也在逐步上升，但从增加值贸易视角来看，中国制造业价值创造能力仍有待提升；其他“一带一路”沿线国家在国际金融危机之后参与国际分工的情况并不理想，且增加值贸易视角下的数据显示各国制造业增值能力也有待加强；在价值链分工地位方面，从整体产业层面来说，在“一带一路”沿线国家中，中国制造业处于相对上游的位置，其中位置指数高于中国的沿线国家有 13 个，低于中国的沿线国家有 20 个；从细分行业层面来说，中国的木材、木制品与软木制品行业（C6）、食物、饮料与烟草行业（C3）、焦炭、精炼石油与核燃料行业（C8）、皮、皮革与鞋类行业（C5）、基本金属与加工金属行业（C12）在“一带一路”沿线国家中都处于价值链相对上游的位置；织物与纺织品行业（C4）、电子设备与光学设备行业（C14）、其他非金属矿石行业（C11）、机械装备行业（C13）总体上仍处于价值链相对下游的位置。

其次，本章对中国与“一带一路”沿线国家制造业互惠合作发展的现实特征进行分析，具体从制造业投资合作现状、制造业贸易合作现状、制造业共生水平三个方面展开。结果显示：自倡议提出以来，中国对“一带一路”沿线国家直接投资一直处于波动性上升的状态，且东南亚一直为中国主要投资对象；中国与“一带一路”沿线国家贸易合作总体上保持相对稳定的状态，且出口的波动性较小而进口的波动性较大；在产业共生水平方面，中国与“一带一路”沿线国家制造业共生水平总体有待提高，且双边实现良好共生主要集中于原材料制品以及初级产品行业，同时吉尔吉斯斯坦共在 8 个行业中与中国都具有较高或相对良好的共生水平，柬埔寨、文莱分别在 7 个和 6 个行业内保持较好的共生水平，俄罗斯与老挝分别在 4 个行业内表现较为突出，孟加拉国、巴基斯坦、尼泊尔和斯里兰卡分别在 3 个行业内表现较为突出，哈萨克斯坦、韩国、马尔代夫、印度尼西亚、不丹、泰国和罗马尼亚则均在少数特定行业内与中国保持较好的共生水平。

第五章

"一带一路"价值链驱动机制对中国制造业转型升级的影响机理

本书第三章所构建的"三国价值链分工模型"为价值链下的顺向和逆向分工提供了基础理论框架，并分析了价值链顺向和逆向分工对各参与国所产生的影响，但若要厘清"一带一路"价值链如何影响中国制造业转型升级，则需要结合"一带一路"价值链分工的现实情况，并在此基础上探讨"一带一路"价值链驱动机制对中国制造业的具体影响机理。因此，在分析"一带一路"框架下中国与其他沿线国家间产业分工合作的现实情况之后，本章延续第三章理论框架中关于价值链生产者驱动和购买者驱动下顺向分工和逆向分工的研究思路，对"一带一路"价值链驱动机制以及相应分工形式和治理模式如何通过相应渠道影响中国制造业转型升级的机理进行分析，为本书的进一步研究提供更为完善的机理框架。

本章所关注的"一带一路"框架下价值链分工主要是中国与区域内其他沿线国家间在制造业领域内的分工。为与前文所构造的"三国价值链分工模型"相对应，本章将位于链条相对上游位置的中国与位于相对下游位置的发展较弱的沿线国家间的价值链分工定义为价值链顺向分工合作，而将位于相对下游位置的中国与相对上游位置的沿线国家间的价值链分工定义为价值链逆向分工合作。在此基础上，本章依据“‘一带一路’价值链驱动机制→‘一带一路’价值链分工形式→‘一带一路’价值链治理模式→中国制造业转型升级”这一思路，首先对“一带一路”价值链驱动机制下的价值链分工形式进行分析，其次对相应分工形势下的治理模式进行分析，最后对基于价值链治理的中国制造业转型升级内在机理进行探讨。

第一节 不同动力机制下的“一带一路”价值链分工形式

一 生产者驱动型“一带一路”价值链

生产者驱动型价值链（Producer-driven Value Chains）是以大型最终产品制造商为中心的垂直一体化全球生产网络（Gereffi，1994），处于主导地位的核心制造商控制着整个价值链条的前向和后向环节，在寡头垄断市场中占据主导地位（Gereffi，1999，2001），形成一种基于投资的全球化战略（Gereffi，2000）。在传统观点中，大型制造商一般位于发达国家，由于其具有较强的技术优势从而控制着整个价值链条的核心环节，并将零部件生产、组装加工等步骤通过外包或投资的方式设立到其他发达国家或具有劳动力优势的发展中国家。具体到“一带一路”倡议中，与其他沿线国家相比，中国有部分产业的制造商具有核心技术优势，其可以凭借这一优势顺向构建相应的区域价值链条；然而也有部分制造商虽然并不具有此优势，但庞大的资本规模、完善的投融资体系以及可靠的政府支持使其具有较强的资本优势，使得这部分制造商在缺失核心技术优势的情况下也可以实现在价值链中的逆向分工合作。在此观点的基础上，本节从拥有技术优势和资本优势两个角度分别对生产者驱动型“一带一路”价值链的运作方式进行分析（见图5－1、图5－2）。

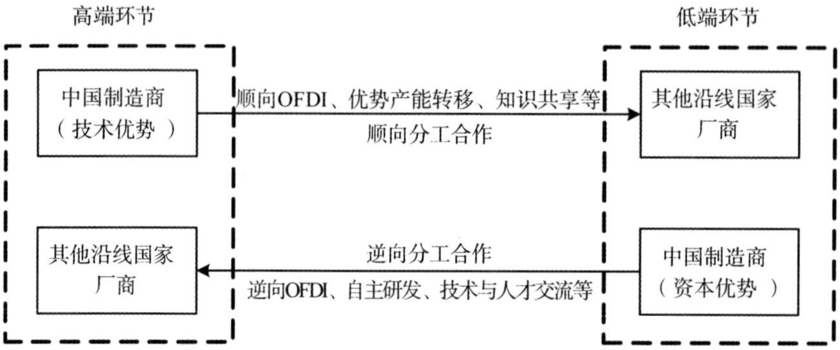

图5－1 生产者驱动型“一带一路”价值链基本框架

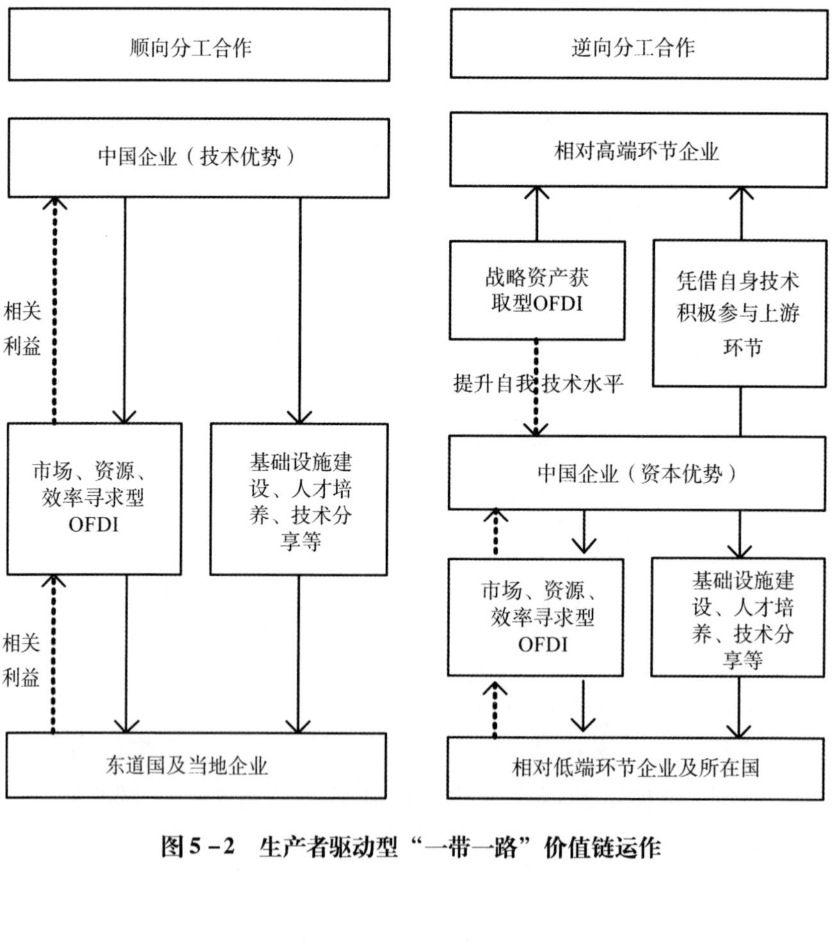

图5－2 生产者驱动型“一带一路”价值链运作

（一）价值链顺向分工合作

从具备技术优势的角度来说，由于中国部分制造商在“一带一路”区域内具有相对较强的技术优势，占据价值链的高端环节，因此，在生产者驱动型“一带一路”价值链中，主要以拥有研发和生产技术等核心优势的该部分中国大型制造商为中心，在完善的基础设施建设和能源贸易互联互通的基础上，以在沿线国家进行顺向OFDI（包括市场、资源和效率寻求）的方式为主，将部分生产过程转移至具有劳动力成本优势的沿线国家，并主动进行价值链顺向分工合作。通过在区域内的分工布局，中国厂商不仅可以进一步降低生产成本，也可以加强对所处环节的精专化，同时配合相关技术创新，实现对更高环节或跨链条的管理。在这一过程中，中国也逐渐将国内的优势产能向“一带一路”沿线劳动力丰裕的国家进行转移，同时增强知识共享及人才培养，发挥技术溢出效应，促进东道国提升总体经济并快速实现工业化。同时，中国也应当与“一带一路”沿线国家积极进行经贸合作园区建设，吸引各国企业入园投资，促进现代制造业与其他相关产业融合发展，进一步健全区域供应链、产业链和价值链。

（二）价值链逆向分工合作

从具备资本优势的角度来说，中国部分制造商虽然已经具备一定的技术水平和知识吸收能力，但在“一带一路”区域内并不具有技术上的相对优势，因此其占据价值链的相对低端环节。然而，通过自身积累或政策性支持等因素，中国这些制造商可以获得庞大的资本规模，并凭借该资本优势实现在“一带一路”价值链中的逆向分工。具体来说，中国制造商以对具有相对技术优势的沿线国家进行逆向OFDI（战略资产寻求）的方式为主，在生产者驱动型“一带一路”价值链中进行逆向合作，并在其中完成相应的分工布局。在这一过程中，中国厂商可以将高端生产环节转移至具有技术优势的沿线国家或通过逆向技术溢出效应实现产品竞争力的提升。一方面，中国厂商也需不断进行自主研发，进而实现与上游厂商在技术、人才等多个方面进行深入的合作与交流，不断参与价值链上游生产环节，进一步提升自我技术水平和在区域内的竞争力。另一方面，在进行价值链逆向分工合作的同时，中国厂商也应凭借自身现有技术与资本积极与处于价值链下游的国家进行互利共赢式合作，从而实现共同发展。

二 购买者驱动型“一带一路”价值链

购买者驱动型价值链条（Buyer-driven Value Chains）是以大型零售商、营销商和品牌制造商为核心的包括大量出口商的分散生产网络体系（Gereffi，1994），多存在于劳动密集型、消费品产业，形成一种贸易主导的全球化战略。与生产者驱动型价值链不同，购买者驱动型价值链中核心厂商经济租的获取并非来源于生产，而是来源于品牌设计、营销与金融服务等。根据传统 GVC 理论，购买者驱动型价值链的特点是，零售商不参与生产制造却拥有品牌或销售渠道优势，在全球价值链中处于驱动产业发展的主导地位（Gereffi，1994）。在现实情况中，与其他“一带一路”沿线国家相比，中国部分产业的零售商具有品牌与营销优势，而另外一些产业的零售商虽不具有这种优势，却拥有资本和组织管理等方面的优势。因此，本节将在共商共建共享全球治理观的基础上，从具有服务与品牌优势和具有资本与组织管理优势两个角度分别对购买者驱动型“一带一路”价值链的运作方式进行分析（见图 5 - 3、图 5 - 4）。

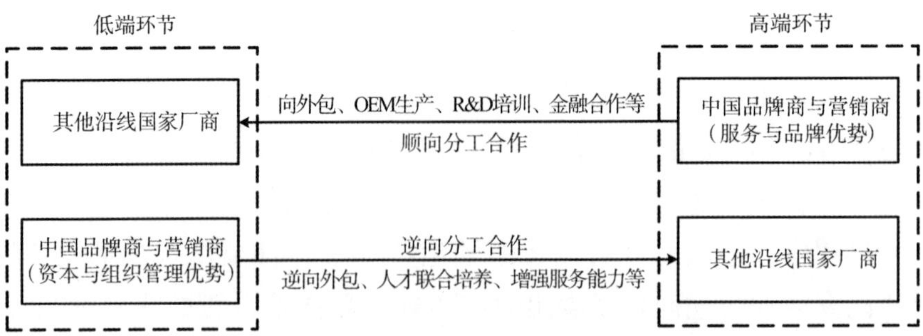

图 5 - 3 购买者驱动型“一带一路”价值链基本框架

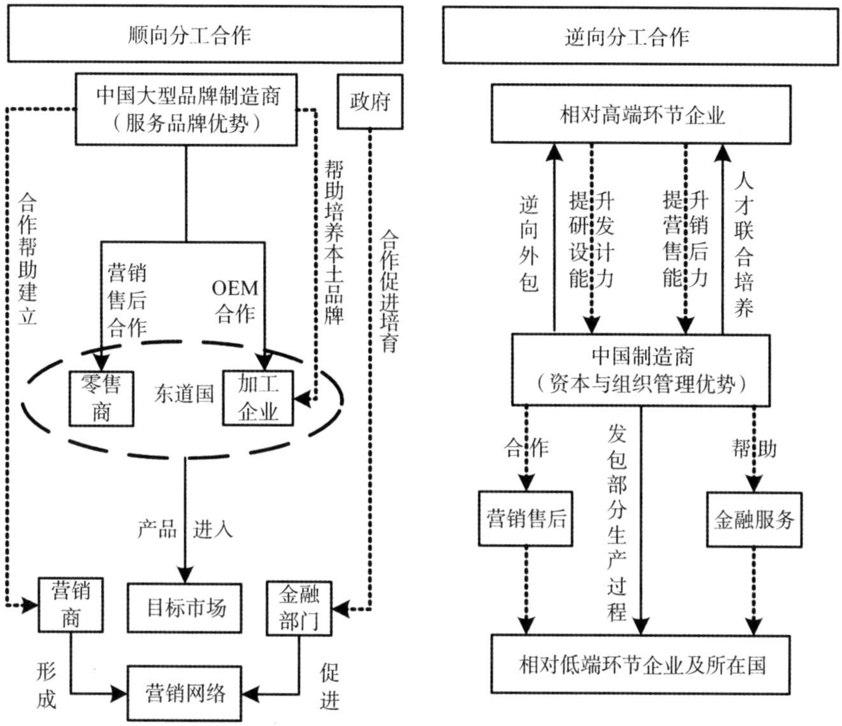

图5－4 购买者驱动型“一带一路”价值链运作

（一）价值链顺向分工合作

从具有服务和品牌优势的角度来说，“一带一路”区域内的购买者驱动型价值链以拥有设计和营销优势的中国大型零售商为核心，并将大部分标准化的生产过程外包给具有成本优势的“一带一路”国家，通过分散采购、营销以及整合和管理链条中的生产和贸易网络，使中国从全球价值链体系中“接包”方转变为区域价值链中的“发包”方，从而实现在购买者驱动型“一带一路”价值链中的顺向分工合作。具体来说，一方面，中国的大型品牌零售商可以凭借自身品牌优势和营销优势，充分利用“一带一路”国家的成本优势进行产业转移，对区域内出口导向型国家进行外包和代工生产（OEM）。同时加强对该地区企业进行研发和设计等方面的培训，快速促使当地厂商建立自己的品牌并进行生产，形成自己的竞争力，进而实现“强强联合”。另一方面，在购买者驱动型“一带一路”价值链中，中国厂商可在现有渠道的基础上通过建立自有零售商、售后部门或与当地零售商合作等方式进一步扩大营销和售后网络，并通过区域内采购来满足国内外相应市场的需求。而在国外市场中，还需进一步加强与当地营销和金融服务部门的合作，在满足国外市场的前提下提升当地的服务水平，刺激当地金融业的发展，从而形成良好的金融服务配套网络，刺激当地产业发展。

（二）价值链逆向分工合作

从具有资本与组织管理优势的角度来说，中国部分营销商和品牌商在区域内可能并不具有服务和研发优势，即处于价值链的相对低端位置。但凭借长期的管理经验积累和国家政策性支持等因素，一方面，这部分厂商可以以对具有服务和品牌优势的其他沿线国家进行逆向外包的方式为主，将品牌设计环节与营销售后环节向“一带一路”价值链内相对发达的国家进行“逆向发包”，并对该体系进行系统性管理，从而实现在购买者驱动型“一带一路”价值链中的逆向分工合作。同时，另一方面，在进行逆向分工的过程中，中国企业也应当发挥自身优势，不断加强对相关人才的联合培养与学习，并增强营销、售后等服务的质量，进一步提升产品的竞争力。另外，在购买者驱动型“一带一路”价值链逆向分工合作的基础上，中国厂商也应当将可以分离的部分生产过程外包给区域内处于价值链低端的相对落后且劳动力丰富的国家，并积极与当地营销售后部门进行合作，或建立自有售后网络。同时也应当与当地政府、金融机构等进行合作，保障资金渠道畅通。

三　混合驱动型“一带一路”价值链

随着国际分工的不断深化，价值链条的驱动因素也逐渐变得复杂多样，同一产业内部不同价值环节的动力机制有可能完全不同，Gereffi（2001b）也认为单纯的生产者和购买者驱动模式并不能很好地反映现实情况，更多情况下会以混合驱动型价值链条的形式存在。

现有研究表明，传统 GVC 理论中的混合驱动型价值链既包含生产者驱动又包含购买者驱动。从生产的边际效益视角来看，“微笑曲线”（施振荣，1992）可以清晰地反映出混合驱动型价值链条的分工模式。具体来说，混合驱动型价值链条的分工模式包括了 R&D、加工生产、组装、营销、售后等多个环节。因此，在以“共商共建共享”为基本原则对生产者驱动型和购买者驱动型“一带一路”价值链的运作方式进行分析的基础上，本节进一步将二者融合，形成混合驱动型“一带一路”价值链，并对“一带一路”区域内的顺向和逆向分工情况进行综合分析（如图 5－5 所示）。

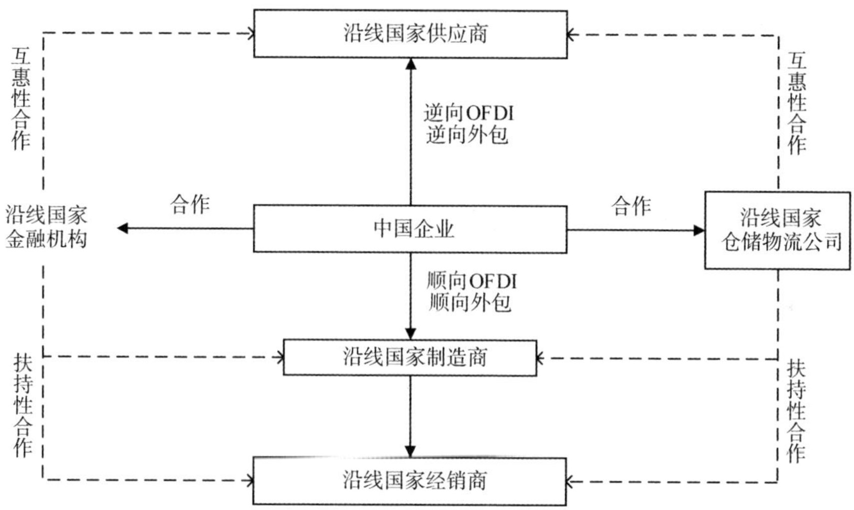

图 5－5 混合驱动型“一带一路”价值链运作

（一）价值链顺向分工合作

一方面，在“一带一路”价值链中，中国企业凭借自身优势，在共商共建共享全球治理观的基础上，可以通过顺向 OFDI 和顺向外包等方式与处于其他“一带一路”沿线国家的下游厂商和经销商进行关联，形成完整的产业链分工体系，并对相应的链条进行管理。与此同时，在“一带一路”价值链中的顺向分工合作也会在区域内形成畅通的跨国交易渠道，从而在保障交易顺畅的同时扩大交易范围与规模。另一方面，中国企业应在现有技术优势的基础上，积极与沿线国家政府和当地网络企业、金融企业、物流企业进行扶持性合作，在帮助当地政府逐渐完善各类服务网络的同时，为双多边跨国交易提供相应的优质服务，保障其顺利进行，从而进一步促进中国与“一带一路”沿线国家市场的融合。

（二）价值链逆向分工合作

在“一带一路”价值链中，中国企业在进行逆向 OFDI 和逆向外包基础上，一方面，要与分布在“一带一路”其他沿线国家中的上游供应商和下游经销商与零售商之间建立相应的交易渠道，并借助现有网络平台进行信息的高效传递，从而促进交易达成以及交易量的扩大。另一方面，中国企业也应积极与供应商和经销商所在国的仓储物流公司和金融机构进行互惠性合作，其完善的物流体系可以促进交易的快速达成，其成熟的金融体系可以提供相应的互联网消费金融产品和服务，从而不断扩大销售规模，并进一步带动沿线国家提升国内制造业服务化水平，最终实现各国市场的相互融合。

第二节　不同分工形式下的“一带一路”价值链治理模式

根据现有研究的观点，价值链的内部驱动机制决定价值链的治理模式，且权力的不同促使价值链治理的产生，而价值链治理模式会进一步通过非市场化关系和相应制度来调节价值链不同生产环节，并影响产业以及产业内相关企业的升级方式和路径（Humphrey & Schmitz，2001；文嫮和曾刚，2005；王克岭等，2013）。因此，在对基于生产者驱动和购买者驱动的“一带一路”价值链下中国与沿线国家分工合作方式进行分析之后，本节进一步探讨中国在“一带一路”价值链顺向和逆向分工合作下的企业间治理模式，从而为中国实现制造业转型升级寻求相应路径。

在 GVC 理论中，链条的治理是价值链中的核心内容，且现有文献普遍认为价值链治理模式按照权力的对称程度可以分为市场型、关系型、模块型、领导型、层级型五种基本形态，而交易复杂度（Complex of Transactions）、交易的可编码性（Ability to Codify Transactions）以及供应商能力（Capabilities in the Supply-base）决定着不同的治理模式（Humphrey & Schmitz，2002；Gereffi et al.，2005；张辉，2006）。然而，现有文献一方面大多基于发达国家视角分析如何控制价值链条，较少基于发展中国家视角分析如何实现治理；另一方面，现有关于“一带一路”价值链治理模式的研究仍然较少，且分析过程也并未真正与共商共建共享全球治理观相结合，即并未考虑产业共生对“一带一路”价值链治理的影响。因此，本节在现有理论的基础上，从发展中国家视角出发，结合共商共建共享全球治理观，对“一带一路”价值链顺向和逆向分工合作的具体治理模式进行分析。

一 “一带一路”价值链顺向分工合作下的治理模式

在中国与“一带一路”沿线国家间的价值链顺向分工合作下，处于相对上游位置的中国企业通过顺向 OFDI 和外包等方式与处于相对下游位置的“一带一路”沿线国家企业之间形成关联。在这一分工形式下，结合共商共建共享全球治理观，本书认为中国与沿线国家企业间的治理模式更加倾向于领导型和层级型。

在领导型价值链治理模式中，传统理论认为，处于价值链下游位置的发展中国家供应商对上游位置的发达国家大型采购商具有较强的依赖性，但上游的采购商可能同时具有多个供应商，即采购商对供应商的依赖性相对较弱。然而，由于下游供应商的生产和供应能力较低，因此为了保障其可以及时生产和提供符合标准的产品，上游采购商需要通过直接或间接方式（包括投资、外包、人才交流等）实现一定的技术和知识溢出，从而提升其生产和供应能力。但由于上游采购商所分享的技术和知识大多仅涉及已标准化生产的环节，因此使得下游供应商无法获得提升其核心竞争力。可以看出，出于发达国家视角的领导型价值链治理会凭借较强的依赖关系，使其国内大型采购商对发展中国家的供应商形成强有力的控制，并且为了自身核心利益不受挤压，从而阻碍下游供应商提升其核心竞争力。

在“一带一路”价值链顺向分工合作中，中国一直奉行共商共建共享的全球治理观，虽然本国企业处于价值链相对上游位置，沿线国家企业位于相对下游位置，双边的价值链顺向分工会使得企业间形成较强的依赖关系，但位于中国的采购商并不会限制沿线国家供应商实现自我升级，相反会在自身不断进行技术提升和产业升级的基础上帮助沿线国家企业实现共同发展与和谐共生。具体来说，中国大型采购商首先仍会先将部分已标准化生产的环节转移至沿线国家，但除了会通过人才交流、对外直接投资、外包等方式实现对沿线国家供应商的技术溢出之外，还会帮助其进行基础设施建设，并直接提供一定的技术和管理支持，同时联合沿线国家企业针对东道国市场进行相关产品的共同研发，在其国内快速形成新的品牌、销售渠道以及相关的产业链条，促进其国内企业与产业的成长，带动其国内制造业乃至整体经济的发展。可以看出，“一带一路”价值链下的领导型治理模式并不会对下游厂商进行“俘获”，而会鼓励其实现共同发展。

在层级型价值链治理模式中，传统理论认为，处于价值链上游的采购商会通过在发展中国家中设立子公司的方式，将复杂产品生产过程中的一部分交由子公司负责，且垂直一体化分工形式使得作为子公司的发展中国家供应商对发达国家采购商的依赖程度很高。同时，在分工中，由于存在较强的契约关系，因此下游供应商违约成本较高。另外，由于上游采购商对下游供应商的技术分享较少，仅限于所负责的生产环节部分，因此“门槛效应”较为明显（吴建新和刘德学，2008），且该效应主要表现为技术门槛。除此之外，由于下游厂商的技术水平和生产能力较低，因此其在价值链中的地位较为固定，产业转型升级机会较少。可以看出，发达国家视角下的层级型价值链治理模式会凭借较强的依赖关系和契约关系，使得发达国家母公司对发展中国家子公司形成较强的控制，阻碍其实现升级。

在“一带一路”价值链顺向分工合作中，处于价值链相对上游位置的中国大型采购商仍会通过投资或并购的方式在处于相对下游位置的沿线国家内设立子公司。但与此同时，中国采购商不仅会将部分零部件生产过程转移至沿线国家供应商，同时还会基于该部分产品所包含的技术水平，结合基础设施投资与建设，与沿线国家厂商进行合作，针对性地设计和研发适合于当地需求的特色化产品，帮助其构建属于自己的产品和品牌，同时实现新市场的开拓和跨链条的升级，即弱化“技术门槛效应”，从而促进双边企业实现共同发展和互利共赢。可以看出，在共商共建共享全球治理观下“一带一路”价值链层级型治理模式中，处于价值链相对上游位置的中国厂商并不会对相对下游位置的沿线国家厂商产生明显的“技术门槛效应”，而会通过联合研发帮助其在本国国内形成新的具有竞争力的产品，从而既不会过分损害中国厂商的核心利益，还会扩大新的贸易收入来源，并帮助沿线国家厂商形成属于自己的核心竞争力，促进其实现产业结构优化。

二 “一带一路”价值链逆向分工合作下的治理模式

在中国与“一带一路”沿线国家间的价值链逆向分工合作下，处于相对下游位置的中国企业通过逆向 OFDI 和逆向外包等方式与处于相对上游位置的“一带一路”沿线国家企业之间形成关联。在这一分工形式下，基于共商共建共享全球治理观，本书认为中国与沿线国家企业间的治理模式更加倾向于关系型、模块型和市场型。

在关系型价值链治理模式中，传统理论认为，处于价值链下游位置的供应商技术水平和生产能力都较高，且与处于价值链上游位置的采购商之间具有密切的联系。同时，由于二者所处价值链中的相应产品较为复杂，即所需技术水平较高，因此在生产过程中，采购商与供应商之间的信息交流量较大，且前者对后者的技术和知识溢出效应也较为明显。但供应商的职责仅限于零部件生产环节，并无法自主形成属于自己的品牌和营销渠道，采购商为保障自身利益不受到冲击以及采、供关系不会改变，会阻碍供应商进行转型升级。可以看出，在以发达国家为主导的关系型价值链治理模式中，采购方会为了保障自身利益而对价值链进行较强的控制，阻碍供应商进行自主式升级。

在“一带一路”价值链逆向分工合作中，采、供关系发生变化，即采购商为处于价值链相对下游位置的中国厂商，而供应商为处于价值链相对上游位置的沿线国家厂商，即形成逆向分工合作。在这一过程中，中国采购商会凭借自身庞大的资本规模、现有技术水平以及相应的品牌影响力和营销渠道，通过逆向 OFDI 和逆向外包等方式，与“一带一路”沿线国家供应商形成关联。基于共商共建共享全球治理观，虽然中国厂商仍会通过较强的契约关系令沿线国家厂商为其提供相应产品，但并不会限制和妨碍沿线国家供应商实现转型升级，也并不会影响其建立属于自己的品牌和营销渠道。相反，中国厂商在与“一带一路”沿线国家厂商进行价值链逆向分工合作过程中，不仅会通过逆向技术溢出以及人才交流和学习实现自身技术、管理经验的提升与转型升级，也会为沿线国家厂商提供新的市场，丰富其利润来源，扩大其利润规模，从而实现合作双方的“互利共赢”“和谐共生”。

在模块型价值链治理模式中，传统理论认为，在该种治理模式中，所涉及的产业高度发达，且大部分生产过程均已标准化。处于价值链下游位置的供应商可以进行几乎所有生产活动，技术水平和生产能力都较强（即供应能力较强），也具有较强的自主研发能力，可实现一定的升级，但仍然不能进行自主营销。同时，市场中存在诸多选择，且供应商和采购商的价值链地位相差不大，这使得通过标准化契约形成的采、供关系并非十分稳定。而供应商在进行更深层次的转型升级时，势必会影响到上游采购商的核心竞争力，因此后者会对前者的升级过程进行阻碍，制约其实现升级。可以看出，在以发达国家为主导的模块型价值链治理模式中，虽然处于下游的供应商已具有一定的能力实现自主式升级，但发达国家领导企业出于保障自身核心利益的目的，因此仍会以不友好的方式对待供应商的升级过程。

一方面，在“一带一路”价值链逆向分工合作中，采购商位于价值链相对下游位置的中国，而供应商位于价值链相对上游位置的“一带一路”沿线国家。此时，沿线国家厂商的技术与管理经验已经较为先进，且已具有自己的品牌与营销网络，因此在中国厂商对其进行逆向分工合作中并不会阻碍其进行自主营销和自主升级。相反，另一方面，沿线国家厂商可以通过多维度合作的方式，与多个产业中的中国厂商进行合作，从而进一步降低其所面临的风险。另外，对于中国厂商来说，与“一带一路”沿线国家间的价值链逆向分工合作可以通过逆向技术溢出和人才交流等方式直接促进自身的技术水平提升以及生产范围的扩大，同时还可通过经验学习和交流的方式将沿线国家厂商的先进品牌和营销的管理经验引入，从而多方面促进自身实现转型升级。而这也会加深采、供双方的关系，扩大沿线国家厂商在中国的影响力，增加其与中国企业的合作规模以及资本回流规模，实现“互利共赢”。

在市场型价值链治理模式中，传统理论认为，在该种治理模式中，所涉及的产业高度发达，且全部生产过程均已实现标准化。处于价值链下游位置的供应商可以进行所有生产活动，技术水平和生产能力都与采购商水平相当（即供应能力强），采、供关系平等。同时，供应商具有较强的自主研发能力，可实现自主化升级。但由于市场中的选择众多，且采购商与供应商地位相当，因此在市场中采、供关系并不稳定，变换契约的成本也较低，这也使得供应商在进行更深层次的转型升级时，采购商行为并无法造成阻碍。可以看出，即使是在以发达国家为主导的市场型价值链治理模式中，处于下游的供应商仍可以实现自主式升级，发达国家企业并不会对此形成负面影响。然而，该种类型价值链治理模式对于市场的要求较高（完全竞争市场），因此在现实情况下很少有产业以该种方式进行链条的治理。

在“一带一路”价值链分工合作中，虽然中国以共商共建共享全球治理观为基础与沿线国家间进行合作，但在大部分制造业行业中仍然无法得到完全竞争的市场，因此在“一带一路”价值链中较少存在市场型治理模式。然而，由于中国以“合作共赢”的态度与“一带一路”沿线国家进行价值链分工合作，这促进了技术、管理经验、人才等生产要素在区域内的流动，不断提升价值链上下游厂商间的合作与协同关系。同时，由于中国厂商并不会对其他沿线国家合作厂商的升级行为进行阻挠，因此使得价值链治理模式趋近市场型，最终实现区域内的“和谐共生”。

总的来说，与传统由发达国家主导的价值链治理模式不同，在“一带一路”价值链中，中国以共商共建共享全球治理观为基础与各沿线国家进行分工合作，且对不同的价值链治理模式赋予了新的内涵。具体来说，在价值链顺向分工合作时，虽然也采用层级型和领导型，但中国企业并不会阻碍处于相对低端位置的其他国家企业进行自主式升级，相反，中国企业还会在“互通互联”的基础上积极帮助其实现升级；在价值链逆向分工合作时，虽然也采用关系型、模块型和市场性，但中国厂商并不会对其他沿线国家相关厂商的成长与发展进行干预，相反还会积极学习这些厂商的成熟经验与高级技术，从而实现共同发展。可以看出，“一带一路”价值链治理模式更有利于区域内实现“互利共赢”“和谐共生”。

第三节 不同治理模式下的中国制造业升级机理

根据现有研究的观点，价值链的内在驱动机制会使参与分工的各个国家产业结构发生分化，且价值链驱动机制和治理模式对价值链中的后发国家产业转型升级产生十分重要的影响（崔焕金和刘传庚，2012；赖磊，2012；翁春颖和朝明华，2015）。换句话说，价值链的动态治理会影响链中国家和企业的转型升级。因此，在对不同驱动机制下的“一带一路”价值链运作方式以及顺向和逆向分工合作下的价值链治理模式进行分析之后，本节进一步基于上述分析结果，继续从顺向和逆向两个角度出发，结合“一带一路”价值链治理模式的新内涵，对不同治理模式下的中国制造业转型升级内在影响机理进行分析。

一 基于“一带一路”价值链顺向分工的影响机理

根据前文的分析，在“一带一路”价值链的顺向分工中，链条的治理模式包括层级型和领导型两种。进一步来说，中国与沿线国家间的分工合作会通过相应治理模式，从生产者驱动和购买者驱动两个方面对中国产业转型升级形成影响（如图 5－6 所示）。

（一）生产者驱动方面

从生产者驱动方面来看，中国与“一带一路”沿线国家间的价值链顺向分工合作会通过层级型和领导型治理模式，从前向产业关联效应、要素价格变动效应、产业转移效应、技术溢出效应、技术倒逼效应五个细分角度对中国制造业转型升级产生具体的影响。

从前向产业关联效应来看，中国所生产的中间品通过贸易方式出口至其他“一带一路”沿线国家，即实现增加值出口。对于与中国进行合作的沿线国家来说，从中国进口产品这一过程使得本国产

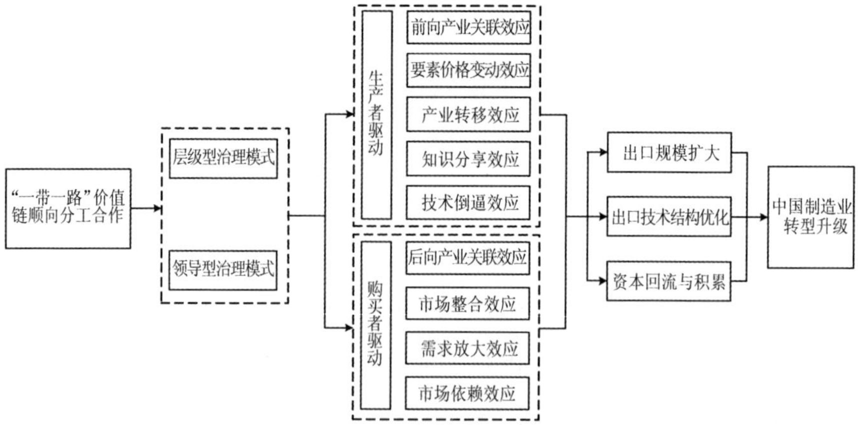

图5－6　“一带一路”价值链顺向分工影响中国制造业转型升级机理

业与前向产业形成联系，即所进口的产品中包含中国的增值部分（Wang et al.，2013）。这也从供给侧视角将中国与“一带一路”沿线国家的相关产业进行关联。这不仅是“一带一路”价值链中生产者驱动机制的基础，也使得当一国产业的技术水平、出口规模、生产范围发生变化时，两国产业间会在供给侧发生联动效应，致使另一国产业出现相应的变化。中国与“一带一路”沿线国家产业间的前向关联在供给侧为双边价值链顺向分工合作对中国制造业转型升级发生作用提供了基本的影响渠道。

从要素价格变动效应来看，部分“一带一路”沿线国家在区域内具有较强的劳动力优势与丰富的资源禀赋，中国与该部分国家间的价值链顺向分工会以求利益最大化的中国企业将部分已标准化的生产环节转移至沿线国家进行，从而可以获得更为低廉的要素投入，以更低的成本进行相应的生产。一方面，这会使中国相关企业的生产成本降低，获得更多的经济利润，从而可以扩大企业利润规模，提升产业的资本回流和积累速度，为自身乃至中国制造业的进一步转型升级提供充足的资金支持；另一方面，这会带动处于价值链相对下游位置的“一带一路”沿线国家的国内就业，提升沿线国家的国民收入水平，改善其国内民众的生活水平，同时还会扩大沿线国家国内相关产业的生产规模，带动其快速实现规模经济。

从产业转移效应来看，部分“一带一路”沿线国家的制造业无论在区域内还是在全球范围内的竞争力都相对较弱，或存在部分产业的缺失。相比之下，中国制造业及其细分行业的竞争力都较强，且产业体系较为完善。因此，中国在与该部分沿线国家间进行价值链顺向分工合作时，国内的优势产业会逐渐转移至处于相对下游位置的“一带一路”沿线国家中。一方面，对于中国来说，产业向“一带一路”沿线国家转移会在国内为制造业的进一步转型升级腾出空间，同时也会借助产业转移这一方式扩大中国企业在东道国的市场占有率，并以此为跳板，不断开拓邻近国家市场，从而进一步扩大出口规模，促进国内资本积累；另一方面，通过相关产业转移，“一带一路”沿线国家可以快速实现工艺和产品升级，这也会进一步改变其对中国产品的需求结构，即增加对复杂产品的需求而减少对简单产品的需求，从而实现中国出口技术结构的优化。

从技术溢出效应来看，部分“一带一路”沿线国家的制造业技术水平普遍较低，即存在技术限制且无法实现自主突破，因此其国内产品的生产范围和生产规模都较小。一方面，中国与“一带一路”沿线国家间的价值链顺向分工合作会通过 OFDI 和外包等路径实现对沿线国家的技术溢出效应，由此可使下游沿线国家制造业技术水平得以提升，提高所生产产品的复杂程度，同时产品的生产范围和规模也得以扩大，即实现了产业升级。另一方面，分工合作也增强了“一带一路”沿线国家与中国产业间的依赖程度，具体表现为分工合作不仅使下游沿线国家对于中间品的需求规模扩大，也使其对一般性产品的进口需求越来越低，而对于高复杂度产品的进口需求不断增加，即对中国来说，在其对下游国家的产品出口规模不断扩大的同时，也不断使出口产品结构趋于高级化。

从技术倒逼效应来看，根据模型推导结果，在价值链顺向分工合作中，当下游国家技术水平提升至一定程度时，其对于发展较好的发展中国家所生产的中间品进口需求不断降低，而对发达国家所生产的中间品进口需求不断增加。因此，结合“一带一路”价值链的现实情况，当中国与沿线国家进行价值链顺向分工合作时，合作对下游沿线国家制造业技术水平的提升作用越明显，其对中国所生产的产品需求逐渐减少，对区域内其他更为发达国家生产的产品需求逐渐增加，从而对中国制造业产生技术倒逼效应，促使中国相关企业不断进行自主技术提升，优化产业结构。具体来说，随着下游沿线国家的技术水平提升，一方面，其可以本土化生产的产品范围不断增加，这对进口的中国产品形成了市场挤出效应；另一方面，由于沿线国家制造业技术水平逐渐趋近于中国，其对于更为复杂中间品进口的需求不断增加，而中国无法达到这一技术水平，因此下游沿线国家对中国产品的需求不断降低。可以看出，若中国在“一带一路”价值链顺向分工合作中要保持相关利益，则需要不断进行自主创新和技术获取，不断促进制造业转型升级。

（二）购买者驱动方面

在购买者驱动方面，中国与“一带一路”沿线国家间的价值链顺向分工合作会通过层级型和领导型两种价值链治理模式，从后向产业关联效应、市场整合效应、需求放大效应、市场依赖效应四个细分角度对中国制造业转型升级产生具体的影响。

从后向产业关联效应来看，通过参与“一带一路”价值链分工，中国所生产的中间品可以以贸易方式出口至其他沿线国家，而在出口产品中包含了国内所有行业的增值部分，这一过程使得中国与沿线国家制造业间形成了后向产业关联（Wang et al.，2013）。这也从需求侧视角将中国与“一带一路”沿线国家的相关产业进行关联。这不仅是“一带一路”价值链中购买者驱动机制的基础，也使得当一国产业的技术水平、出口规模、生产范围发生变化时，两国产业间会在需求侧发生联动效应，致使另一国产业出现相应的变化。中国与“一带一路”沿线国家产业间的后向关联在需求侧为双边价值链顺向分工合作对中国制造业转型升级发生作用提供了基本的影响渠道。

从市场整合效应来看，中国与“一带一路”沿线国家间的价值链顺向分工合作会通过投资和外包的方式使处于相对下游位置的沿线国家生产复杂程度更高的产品并进行出口。在这一过程中，沿线国家的产品不仅会出口至中国，也会出口至区域内其他国家，这形成了“一带一路”区域内的市场整合效应，即其他沿线国家会对同一中间品产生同样的需求。一方面，通过不同国家和地区间市场的整合，中国所生产的产品在区域内的市场占有率会进一步提升，更多国家和地区会增加从中国的进口，从而会扩大中国制造业的出口规模，进一步促进资本回流；另一方面，市场整合效应在促进中国制造业资本积累的同时，亦会使中国在“一带一路”区域内的影响力不断提升，为进一步的产业转型升级奠定良好的基础。

从需求放大效应来看，中国与“一带一路”沿线国家间的价值链顺向分工合作会使沿线国家对处于相对上游位置的中国所生产的中间品产生需求。根据后向产业关联的相关定义，对某一行业相关产品的需求会使得企业增加对作为中间品要素投入的其他行业相关产品的需求。因此，一方面，“一带一路”沿线国家对中国单一产品的需求会通过需求放大效应扩大至多行业中，从而使中国对沿线国家的真实出口扩张程度更为明显，出口增长速度也快，这也进一步加速了资本回流，使中国制造业资本得以快速积累，为转型升级提供充分的资金支持。另一方面，处于相对下游位置的“一带一路”沿线国家通过价值链顺向分工合作也可以生产部分中间品并实现出口。与此同时，沿线国家中间品的生产过程也会带动国内其他关联行业的共同发展，从而进一步提升其国内制造业的整体技术水平和生产能力，为承接中国产业转移奠定基础。

从市场依赖效应来看，中国与“一带一路”沿线国家间的价值链顺向分工合作会在双边市场中产生市场依赖效应。具体来说，分工合作使处于相对下游位置的沿线国家技术水平提升，并对高复杂度的中间品产生进口需求。根据前文所构建的数理模型观点，可以发现由于具有劳动力优势和成本优势，对于同一种中间品来说，发展中国家生产的产品，其国际竞争力要高于发达国家生产的产品。因此，在“一带一路”价值链中，对于在中国制造业生产范围内的中间品来说，处于相对下游位置的沿线国家的进口需求主要集中于中国，即沿线国家市场对中国产品具有较强的市场依赖效应。这会使中国制造业出口维持在一定规模之上，从而保证了中国企业的利益。同时，结合市场整合效应与需求放大效应，沿线国家对中国制造业相关产品的依赖程度会进一步提升，这也保障了产业资本积累规模，为中国制造业转型升级提供持续的资金支持。

（三）综合分析

综合生产者驱动和购买者驱动下的中国与“一带一路”沿线国家价值链顺向分工合作对中国制造业转型升级的影响机理，可以发现价值链顺向分工合作会从前向产业关联效应、要素价格变动效应、产业转移效应、技术溢出效应、技术倒逼效应、后向产业关联效应、市场整合效应、需求放大效应、市场依赖效应共 9 个角度系统作用于中国制造业出口规模、出口技术结构以及资本回流与积累共 3 个方面，即扩大出口规模、优化出口技术结构、刺激资本回流与积累，从而最终促进了中国制造业的转型升级。

结合前文所得出的理论模型假设，本部分得出相应假设推论。

推论 1：在“一带一路”价值链中，中国与沿线国家之间的顺向分工合作会通过生产者驱动与购买者驱动对中国的出口规模、出口技术结构以及资本积累产生相应影响，并最终促进中国制造业实现转型升级。

二　基于“一带一路”价值链逆向分工的影响机理

在“一带一路”价值链的逆向分工中，链条的治理模式包括关系型、模块型和市场型三种。进一步来说，中国与沿线国家间的分工合作会通过相应治理模式，从生产者驱动和购买者驱动两个方面对中国产业转型升级形成影响（如图 5－7 所示）。

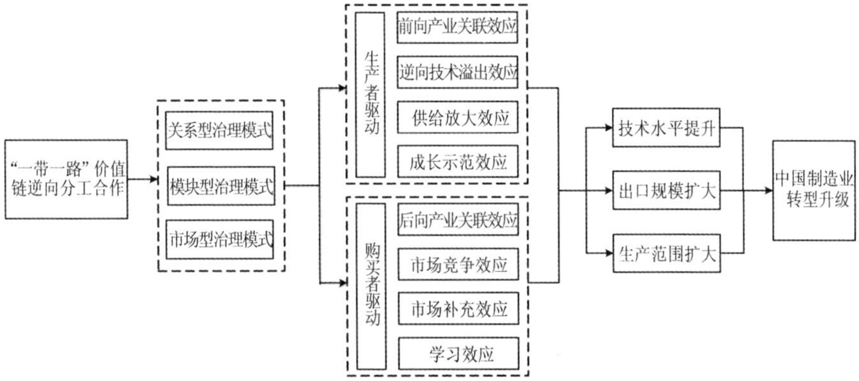

图5-7 “一带一路”价值链逆向分工影响中国制造业转型升级机理

(一) 生产者驱动方面

在生产者驱动方面，中国与“一带一路”沿线国家间的价值链逆向分工合作会通过关系型、模块型和市场型价值链治理模式，从前向产业关联效应、逆向技术溢出效应、供给放大效应、成长示范效应四个细分角度对中国制造业转型升级产生具体的影响。

从前向产业关联效应来看，与“一带一路”价值链顺向分工合作类似，在中国与沿线国家的逆向分工合作中，前向产业关联效应从供给侧视角将中国与“一带一路”沿线国家的相关产业进行关联。这不仅是“一带一路”价值链中生产者驱动机制的基础，也使得当一国产业的技术水平、出口规模、生产范围发生变化时，两国产业间会在供给侧发生联动效应，致使另一国产业出现相应的变化。简言之，中国与“一带一路”沿线国家产业间的前向关联在供给侧为双边价值链逆向分工合作对中国制造业转型升级发生作用提供了基本的影响渠道。

从逆向技术溢出效应来看，在“一带一路”区域中，中国制造业中部分行业处于全球价值链的相对下游位置，技术水平仍然较低，或者虽然已经实现工艺升级（Process Upgrading）和产品升级（Product Upgrading），但一直难以实现功能升级（Functional Upgrading）

和链条升级（Inter - sectoral Upgrading），并且在进行自主升级过程中会受到来自价值链主导企业的限制和阻挠，从而无法实现自主式升级，即处于价值链“低端锁定”状态（Schmitz，2004；刘志彪，2007），因此无法扩大相关产业的中间品和最终生产范围，进而使得企业的增值能力受到限制。在此基础上，一方面，中国通过逆向OFDI和逆向外包等方式与处于相对上游位置的“一带一路”沿线国家进行价值链逆向分工合作，并产生逆向技术溢出效应，从而使中国制造业企业可以直接获得技术、知识、高端设备等高级生产要素，大幅度提升技术水平，提高所生产产品的复杂程度、生产范围和生产规模，即实现产业转型升级。另一方面，逆向分工合作也增强了中国对处于相对上游位置的沿线国家中间产品的依赖程度，直接表现为分工合作不仅使中国对上游沿线国家所生产的中间品进口规模扩大，也使中国对上游国家的产品需求结构发生变化，即对低复杂度产品的进口需求越来越低，而对于高复杂度产品的进口需求不断增加，从而使上游国家的出口产品结构趋于高级化。

从供给放大效应来看，中国与“一带一路”沿线国家间的价值链逆向分工合作会使中国提升扩大国内产品生产范围并实现该部分产品的出口。根据前向产业关联的相关定义，某一行业产品的生产与出口需要涉及国内一系列产品的供应，即涉及多个行业相关产品的投入。因此，一方面，中国向“一带一路”沿线国家进行产品的专项生产与出口会通过供给放大效应扩大至多行业中，从而带动中国其他行业的生产规模扩大，其对沿线国家的真实出口扩张程度也更加显著，制造业发展速度也加快，这也进一步加速了资本积累与产业共同发展，为制造业整体转型升级奠定良好的基础。另一方面，随着处于相对下游位置的中国制造业技术水平的生产范围的逐步提高，其可以生产更高复杂度的产品，从而使得嵌入“一带一路”价值链分工的程度也不断加深。这会进一步带动国内其他关联行业和产业的共同发展，从而形成良性的产业发展循环，助力国内不断进行产业转型升级，不断提高中国制造业以及其他相关行业的国际竞争力。

一方面，从成长示范效应来看，根据前文的分析，中国与“一带一路”沿线国家的单一行业价值链逆向分工合作会使中国的该行业实现技术提升与转型升级，而单一行业的升级不仅会带动国内其他相关行业的共同发展，也会对其他行业形成成长示范效应。具体来说，在单一行业借助“一带一路”价值链实现成功升级的基础上，其他行业会争相效仿这一经验，加快行业内企业“走出去”，并积极与“一带一路”沿线国家进行价值链逆向分工合作，复制转型升级的成功经验。另一方面，从产业层面来说，中国国内单一产业的转型升级会通过国内产业间的关联效应（即借助国内价值链）形成技术溢出，从而刺激国内上下游产业的协同发展。而深入到产业内部，即从企业层面来说，产业内企业的升级不仅会对其他同类型企业形成成长示范效应，还会倒逼其进行自主创新，不断提升自身的技术水平与核心竞争力，最终实现产业的整体进步。

（二）购买者驱动方面

在购买者驱动方面，中国与“一带一路”沿线国家间的价值链逆向分工合作会通过关系型、模块型和市场型价值链治理模式，从后向产业关联效应、市场竞争效应、市场补充效应、学习效应四个角度对中国制造业转型升级产生影响。

从后向产业关联效应来看，与“一带一路”价值链顺向分工合作类似，在中国与沿线国家间的逆向分工合作中，后向产业关联效应从需求侧视角将中国与“一带一路”沿线国家的相关产业进行关联。这不仅是“一带一路”价值链中购买者驱动机制的基础，也使得当一国产业的技术水平、出口规模、生产范围发生变化时，两国产业间会在需求侧发生联动效应，致使另一国关联产业出现相应的变化。简言之，中国与“一带一路”沿线国家产业间的后向关联在需求侧为双边价值链顺向分工合作对中国制造业转型升级发生作用提供了基本的影响渠道。

从市场竞争效应来看，中国与“一带一路”沿线国家进行价值链逆向分工合作会使得处于价值链相对上游位置的沿线国家对处于相对下游位置的中国所生产的中间品产生需求，即中国需要向上游沿线国家出口相应产品。然而，一方面，虽然中国具有较好的劳动力优势和资源优势，但由于从中国进口的该部分产品可以在沿线国家本土进行生产，且沿线国家在工艺、技术等方面具有优势，因此沿线国家本土产品会与中国进口产品形成竞争关系，即产生市场竞争效应。另一方面，中国所生产的该部分中间品可能并不完全出口至区域内的单一国家，而是出口至多个“一带一路”沿线国家，这也使得中国产品与其他沿线国家产品之间形成市场竞争效应。而为了获取这些市场，保证自身利益，一定程度的市场竞争会倒逼中国企业不断提升自身生产工艺，增强生产技术的自主研发与设计，从而进一步提升产业的国际竞争力和价值链位置，最终实现产业的转型升级。

从市场补充效应来看，中国与“一带一路”沿线国家间的价值链逆向分工合作会通过购买者驱动机制形成市场补充效应，从而促进中国制造业转型升级。具体来说，根据前文的分析，在后向产业关联中，对某一行业相关产品的需求会使得企业增加对作为中间品要素投入的其他行业相关产品的需求。因此，处于相对上游位置的“一带一路”沿线国家对中国生产产品的需求会令中国增加其产品的出口规模，即对外部市场进行补充。同时，根据前文的分析，中国相关中间品的出口目的地会涉及“一带一路”区域内多个国家，其中部分沿线国家由于技术水平较低，因此无法本土生产该部分产品。同时，根据本书的模型假设，对于复杂度相同的中间品来说，发展中国家生产由于具有劳动力优势和成本优势，因此其生产的产品竞争力要高于发达国家所生产的产品。一方面，可以看出，对于同一类中间品来说，中国产品的竞争力要强于处于相对上游位置的沿线国家产品，因而其他“一带一路”沿线国家更会倾向于进口中国生产的中间品。这也形成了对外部市场的补充，即扩大了中国出口规模。另一方面，中间品的生产与出口也会通过国内产业间的关联效应将影响沿着国内价值链进行传播，即上游沿线国家对中国产品的进口需求也扩大了国内其他关联企业与行业的生产规模，在带动这些行业和企业共同发展的同时也实现了对内部市场的补充。

从学习效应来看，中国与“一带一路”沿线国家间进行价值链逆向分工合作会使处于相对下游位置的中国与处于相对上游位置的沿线国家在制造业领域内形成关联关系。一方面，逆向分工合作会提升中国相关企业的技术水平，促进产业转型升级；另一方面，逆向分工合作也会通过主动的学习效应使中国制造业相关企业进行自主式升级，从而带动产业实现转型升级。具体来说，中国企业可以通过人才联合培养与交流等方式向处于相对上游的“一带一路”沿线国家学习先进技术与管理经验，并以高质量劳动力的形式实现知识溢出。同时，中国企业也可主动学习和借鉴沿线国家企业的运营机制和相应管理模式，更新本国企业的内部运作方式。最终通过上述两种方式主动提升本土企业和品牌的国际影响力，提升相关产品的国际竞争力，从而促进中国制造业的转型升级。

（三）综合分析

综合生产者驱动和购买者驱动下的中国与“一带一路”沿线国家价值链逆向分工合作对中国制造业转型升级的影响机理，可以发现价值链逆向分工合作会从前向产业关联效应、逆向技术溢出效应、供给放大效应、成长示范效应、后向产业关联效应、市场竞争效应、市场补充效应、学习效应共 8 个角度系统作用于中国制造业技术水平、出口规模以及产品生产范围共 3 个方面，即提升了制造业整体技术水平、扩大了制造业出口规模以及国内的产品生产范围，从而最终促进了中国制造业的转型升级。

结合前文所得出的理论模型假设，本部分得出相应假设推论。

推论 2：在“一带一路”价值链中，中国与沿线国家之间的逆向分工合作会通过生产驱动与购买者驱动对中国制造业的技术水平、出口规模以及国内产品生产范围产生相应影响，并最终促进中国制造业实现转型升级。

第四节 本章小结

依据共商共建共享全球治理观，本章首先立足于发展中国家视角，结合中国经济发展现状与要素特征，对生产者驱动型、购买者驱动型、混合型“一带一路”价值链下的分工合作进行系统性分析。研究结果表明：在生产者驱动型“一带一路”价值链中，处于相对上游位置的中国企业可凭借自身技术优势，通过资源、效率和市场寻求型 OFDI 等方式与处于相对下游位置的沿线国家企业进行价值链顺向分工，而处于相对下游位置的中国企业则可以凭借自身资本优势和现有技术水平，通过战略资产获取型 OFDI 等方式与处于相对上游位置的沿线国家企业进行价值链逆向分工；在购买者驱动型区域价值链中，处于相对上游位置的中国企业可以借助自身服务与品牌优势，通过外包、OEM 合作等方式与处于相对下游位置的沿线国家进行价值链顺向分工，而处于相对下游位置的中国企业则可以借助自身的资本与组织管理优势，通过逆向外包等方式与处于相对上游位置的沿线国家企业进行价值链逆向分工；除此之外，中国企业与政府应通过产业转移、技术溢出、人才培养、提升制造业服务化水平等扶持性合作方式带动区域内发展较为落后的国家发展，同时中国企业可以与区域内相对发达国家的物流企业、金融机构等进行互惠性合作，从而实现互利共赢。

其次，在宏观层面对不同动力机制下的“一带一路”价值链分工情况进行分析和构建之后，本部分进一步深入到微观层面，对顺向和逆向分工下的“一带一路”价值链治理模式进行探讨与分析，并于传统由发达国家主导的价值链治理模式进行对比。分析结果显示：在“一带一路”价值链顺向分工合作中，治理模式主要为层级型和领导型，但处于相对上游位置的中国厂商在与处于相对下游位置的沿线国家厂商之间进行合作时，并不会阻碍其进行自主式升级，相反会在“互通互联”的基础上积极帮助其实现升级；在“一带一路”价值链逆向分工合作中，治理模式主要为关系型、模块型和市场型，但处于相对下游位置的中国厂商并不会对处于相对位置的其他沿线国家相关厂商的成长与发展进行干预，相反还会积极学习这些厂商的成熟经验与高级技术，从而实现共同发展。

最后，本章在生产者驱动和购买者驱动的基础上，从顺向和逆向两个角度出发，对“一带一路”价值链驱动机制对中国制造业转型升级的内在影响机理进行分析。结果表明：在中国与“一带一路”沿线国家进行价值链顺向分工合作过程中，合作会从前向产业关联效应、要素价格变动效应、产业转移效应、技术溢出效应、技术倒逼效应、后向产业关联效应、市场整合效应、需求放大效应、市场依赖效应共9个方面使中国制造业出口规模扩大、出口技术结构优化、刺激资本回流与积累，从而最终促进了中国制造业的转型升级；在中国与“一带一路”沿线国家进行价值链顺向分工合作过程中，合作会从前向产业关联效应、逆向技术溢出效应、供给放大效应、成长示范效应、后向产业关联效应、市场竞争效应、市场补充效应、学习效应共8个方面提升中国制造业整体技术水平、扩大制造业出口规模以及国内的产品生产范围，从而最终促进了中国制造业的转型升级。

第六章

对称视角下“一带一路”价值链驱动机制对中国制造业转型升级的实证检验

在对“一带一路”价值链下的驱动机制影响中国制造业转型升级的相关理论模型进行构建以及对内在作用机理进行分析并得出相应理论假设和推论之后，本章开始在前文理论分析的基础上，依据共商共建共享全球治理观，从总体样本层面出发，检验“一带一路”价值链下的中国与沿线国家分工合作对中国制造业转型升级的影响效应，从而验证前文所提出的理论观点。另外，相对于非对称视角，在对称视角下的检验可以反映出中国参与“一带一路”价值链分工对制造业转型升级的总体效用，因此本章在对称视角下构建面板模型对上述影响进行实证分析。

具体来说，由于“一带一路”价值链下的分工合作需要在共商共建共享全球治理观的基础上进行，因此本章首先在前文对中国与“一带一路”沿线国家制造业共生水平进行测算和匹配的基础上，在增加值贸易视角下，基于总体样本，在对称视角下对在共商共建共享全球治理观基础上的中国与“一带一路”沿线国家间分工合作对中国制造业转型升级的总体影响进行检验；随后，由于本书考虑了“一带一路”价值链顺向和逆向分工合作对中国制造业转型升级的不同影响，因此本章进一步结合前文对“一带一路”各沿线国家制造业 GVC 位置指数的测算结果，将总体样本按照 GVC 位置的高低分为“顺向”和“逆向”两个分样本，并结合前文的理论分析结果对中国与“一带一路”沿线国家的价值链顺向合作与逆向合作对中国制造业转型升级的具体影响进行分析，从而得出更加具体和综合的检验结果。

第一节　计量模型与研究变量设定

一　计量模型设定

在结合对中国与“一带一路”沿线国家制造业共生水平的测算和匹配结果，本部分开始构建相应计量模型，从而在总体层面分析中国与其他“一带一路”沿线国家间的价值链分工合作对中国制造业转型升级的影响。在制造业转型升级方面，根据前文所构建的理论框架以及相关理论分析结果，本部分从出口技术结构、出口规模、产业结构三个方面选取相应指标来对其进行描述。在“一带一路”价值链分工方面，本部分分别从生产者驱动和购买者驱动两个方面选取相应指标来对其进行描述。同时，由于在研究“一带一路”相关问题时需要结合共商共建共享全球治理观，因此本部分也将评价双边产业共生水平的融合性、竞争性、互补性、依存性四个指标纳入所构建的计量模型中，综合考虑在“共商共建共享”的大环境下参与“一带一路”价值链分工对中国制造业转型升级的影响。具体如公式（6.1）—（6.4）所示。

$$PRODY\_va_t = \alpha_0 + \alpha_1 \ln OFDI_{j,t} + \alpha_2 \ln OTS_{j,t} + \alpha_3 VATSDI_{j,t} + \alpha_4 VAESI_{j,t} + \alpha_5 VATCI_{j,t} + \alpha_6 VATII_{j,t} + \alpha_7 SIS_{j,t} + \alpha_8 HTEX_{j,t} + \alpha_9 SISC_t + \alpha_{10} HTEXC_t + \alpha_{11} \ln DC_{j,t} + \varepsilon_t \tag{6.1}$$

$$\ln VAX_t = \alpha_0 + \alpha_1 \ln OFDI_{j,t} + \alpha_2 \ln OTS_{j,t} + \alpha_3 VATSDI_{j,t} + \alpha_4 VAESI_{j,t} + \alpha_5 VATCI_{j,t} + \alpha_6 VATII_{j,t} + \alpha_7 SIS_{j,t} + \alpha_8 HTEX_{j,t} + \alpha_9 SISC_t + \alpha_{10} HTEXC_t + \alpha_{11} \ln DC_{j,t} + \varepsilon_t \tag{6.2}$$

$$TL_t = \alpha_0 + \alpha_1 \ln OFDI_{j,t} + \alpha_2 \ln OTS_{j,t} + \alpha_3 VATSDI_{j,t} + \alpha_4 VAESI_{j,t} + \alpha_5 VATCI_{j,t} + \alpha_6 VATII_{j,t} + \alpha_7 SIS_{j,t} + \alpha_8 HTEX_{j,t} + \alpha_9 SISC_t + \alpha_{10} HTEXC_t + \alpha_{11} \ln DC_{j,t} + \varepsilon_t \tag{6.3}$$

$$TS_t = \alpha_0 + \alpha_1 \ln OFDI_{j,t} + \alpha_2 \ln OTS_{j,t} + \alpha_3 VATSDI_{j,t} + \alpha_4 VAESI_{j,t} + \alpha_5 VATCI_{j,t} + \alpha_6 VATII_{j,t} + \alpha_7 SIS_{j,t} + \alpha_8 HTEX_{j,t} + \alpha_9 SISC_t + \alpha_{10} HTEXC_t + \alpha_{11} \ln DC_{j,t} + \varepsilon_t \tag{6.4}$$

二　被解释变量设定

出口技术结构方面，一般来说，出口技术结构的提升表示出口产品由低技术、劳动密集型产品转向高技术或资本密集型产品（Lall，2000）。这与本书关于出口技术结构的观点相契合。对于如何衡量这一指标，樊纲等（2006）、洪世勤等（2016）学者基于 Hausmann et al.（2007）所提出的“技术复杂度”来测算一国的出口技术结构。因此，本书也参考上述学者的做法，使用出口技术复杂度 $PRODY\_va_t$ 来反映中国制造业每年的出口技术结构。如公式（6.5）所示，其中 t 为年份，c 为出口国，i 为产业，Y_c 为 c 国人均收入。

然而，在增加值贸易环境下，基于总值贸易的该测算方法并无法反映一国真实的出口产品技术复杂度，因此本部分从增加值贸易视角出发，对该指标进行修正和改进，使其更加适用于当前的全球价值链分工的大环境，也更能反映一国出口技术复杂程度的真实水平。如公式（6.6）所示，$dva\_f_{c,i}/\sum_i dva\_f_{c,i}$ 表示一国某产业的国内增加值出口占该国所有产业国内增加值出口之比，$\sum_c dva\_f_{c,i}$ 表示全球所有国家某产业的国内增加值出口之和，$\sum_c \sum_i dva\_f_{c,i}$ 表示全球所有国家所有产业的国内增加值出口之和，$\ln Y_c$ 表示一国人均收入的对数形式（杨晶晶，2013）。

$$prody_i = \sum_c \frac{x_{c,i} / \sum_i x_{c,i}}{\sum_c (x_{c,i} / \sum_i x_{c,i})} Y_c \tag{6.5}$$

$$prody\_va_i = \sum_c \frac{dva\_f_{c,i} / \sum_i dva\_f_{c,i}}{\sum_c dva\_f_{c,i} / \sum_c \sum_i dva\_f_{c,i}} \ln Y_c \tag{6.6}$$

出口规模方面，$\ln VAX_t$ 为中国制造业在第 t 年的增加值出口规模，反映中国制造业每年的出口情况。以往关于双多边贸易的研究大部分基于传统总值贸易的统计数据来进行相应检验。但传统的总值贸易数据并未真正将来自本国的增值部分和国外的增值部分区分开来，因而总值贸易数据无法准确体现出本国产业的真实出口情况，也无法适用于当前基于全球价值链分工体系的国际贸易格局。直接使用基于传统总值贸易出口数据进行的相关量化分析会导致研究结果与现实情况出现偏差甚至背离，难以准确反映一国或一产业真正的出口增值能力和国际竞争力，且无法系统性刻画产业之间的前向和后向关联关系。因此，本部分使用增加值出口数据作为反映中国制造业真实出口情况的变量。

产业结构方面，目前对一国某产业产业结构的衡量大多从高级化和合理化两个角度入手（毕克新等，2017），即使用 TL 和 TS 指标来进行描述，本部分亦使用这两个指标来衡量中国制造业的产业结构。首先，本部分使用高技术产业产值占非高技术产业产值的比重作为衡量产业结构高级化指标 TL；其次，本部分所使用的产业结构合理化指标 TS 如公式（6.7）所示。其中 n 表示部门总数，i 表示某一产业，Y_i/Y 表示某产业产值占全部产业产值的比重，L 表示劳动力规模，Y/L 表示所有产业的产值与劳动力之比，Y_i/L_i 表示 i 产业产值与其劳动力之比。

$$TL = \frac{1}{\sum_i^n \left(\frac{Y_i}{Y}\right) \ln \left(\frac{Y_i/L_i}{Y/L}\right)} \tag{6.7}$$

三　解释变量设定

在主要解释变量方面，根据 Gereffi（1999a）、张辉（2006）等学者的研究观点，在价值链驱动机制中，生产者驱动下的价值链，其主要是基于投资而形成的网络链接；购买者驱动下的价值链，其主要是基于贸易而形成的网络链接。此外，“价值链”作为产品内分工的理论分析范式，其分工形式包括投资和外包两种（陈羽等，2014），而海外采购是国际外包的主要表现形式。因此，结合上述观点，在本部分的计量过程中，以投资来代表“一带一路”价值链中的生产者驱动形式，以海外采购来代表购买者驱动形式。具体来说，首先，$\ln OFDI_{j,t}$表示中国在第 t 年对第 j 国的直接投资存量，反映了中国对其他沿线国家的投资水平，即代表了在“一带一路”价值链中的生产驱动机制；其次，$\ln OTS_{j,t}$表示中国在第 t 年从第 j 国进口的其国内增加值，反映了中国对其他沿线国家的海外采购水平以及由此导致的贸易水平，即代表了“一带一路”价值链中的购买者驱动机制。二者共同反映了“一带一路”价值链中的内在驱动机制。

在控制变量方面，本部分首先基于共商共建共享全球治理观，结合“产业共生水平评价指标体系”，引入产业间融合性、竞争性、互补性、依存性四个指标，来充分反映“共商共建共享”的大环境。其中，$VATSDI_{j,t}$代表中国与其他“一带一路”沿线国家间制造业的融合水平；$VAESI_{j,t}$代表中国与其他“一带一路”沿线国家间制造业的竞争水平；$VATCI_{j,t}$代表中国与其他“一带一路”沿线国家制造业的互补水平；$VATII_{j,t}$代表中国与其他“一带一路”沿线国家制造业的依存水平。另外，本部分还选取其他变量作为控制变量，其中$SIS_{j,t}$表示 j 国在 t 年中的人均安全互联网服务器数量，其反映了该国国内基础设施建设水平；$SISC_t$ 反映了中国在 t 年的国内基础设施建设水平；$HTEX_{j,t}$表示 j 国在 t 年中的高科技产品出口占比，反映了其国内固有技术水平；$HTEXC_t$ 反映了中国在 t 年中的国内固有技术水平；$\ln DC_{j,t}$表示中国与沿线各国之间每年的距离成本，本书采用蒋殿春和张庆昌（2011）[①] 的方法，即使用双边国家首都间的地理距离与当年国际油价的乘积来表示距离成本。

第二节　研究样本与数据选取

一　研究样本选取

在样本选取方面，与前文相同，本部分同样依据由国家信息中心发布的《“一带一路”贸易合作大数据报告2018》中所涵盖的国家范围在对外经贸大学全球价值链研究院（UIBE GVC）数据库中来确定实证分析中的样本。具体来说，本部分共选择32个“一带一路”沿线国家作为研究样本[②]。其中，涉及东亚国家2个，包括韩国（KOR）和蒙古国（MON）；南亚国家7个，包括印度（IND）、孟加拉国（BAN）、巴基斯坦（PAK）、斯里兰卡（SRI）、尼泊尔（NPL）、马尔代夫（MDV）、不丹（BTN）；东南亚国家9个，包括新加坡（SIN）、文莱（BRN）、柬埔寨（CAM）、越南（VIE）、泰国（THA）、菲律宾（PHI）、印度尼西亚（IDN）、马来西亚（MAL）、老挝（LAO）；中亚国家2个，包括吉尔吉斯斯坦（KGZ）、哈萨克斯坦（KAZ）；中东欧国家13个，包括保加利亚（BGR）、土耳其（TUR）、斯洛文尼亚（SVN）、斯洛伐克（SVK）、罗马尼亚（ROM）、俄罗斯（RUS）、波兰（POL）、拉脱维亚（LVA）、立陶宛（LTU）、匈牙利（HUN）、克罗地亚（HRV）、爱沙尼亚（EST）、捷克（CZE）。

二　研究数据来源

一方面，本部分所使用的中国与“一带一路”国家间基于增加

---

① 蒋殿春、张庆昌：《美国在华直接投资的引力模型分析》，《世界经济》2011年第5期。

② 由于不丹（BTN）存在较大的数据缺失，因而将其剔除。

值贸易的统计数据均来自 UIBE GVC 数据库，该数据库基于亚洲发展银行中的多区域投入产出表之上发展而来。因此本部分使用该数据库中 2010—2017 年的制造业增加值贸易数据来反映中国与“一带一路”其他沿线国家之间制造业的真实分工情况，而双边产业共生性相关指标、反映海外采购水平的相关指标以及中国每年的出口技术复杂度指标也都是依据此数据库计算而来。

另一方面，在本部分计量模型所涉及的与中国相关的变量中，中国对“一带一路”沿线国家投资存量数据来源于中国商务部、国家统计局和国家外汇管理局每年联合发布的《中国对外直接投资统计公报》；中国各行业每年产出数据来源于《中国工业统计年鉴》；对于中国高技术产业对非高技术产业的比重数据以及行业目录来源于《中国高技术产业统计年鉴》；中国各行业劳动力规模数据来源于《中国劳动力统计年鉴》。在计量模型所涉及的与“一带一路”沿线国家相关的变量中，各国每年的 GDP 数据、人均安全互联网服务器数量、高科技产品出口占比数据均来源于世界银行数据库（World Bank Database）；中国与其他沿线国家之间的地理距离数据来源于 CEPII 数据库以及谷歌地图；国际每年的原油价格数据来自美国能源情报署（U. S. Energy Information Administration）。

另外，由于 ADBMRIO 表中包括各国 2000 年以及 2010—2017 年的增加值贸易数据，而对增加值贸易共生度指数进行计算后只能获得 2011—2017 年的连续结果，因此本部分主要以这一期间内的数据为支撑进行研究。

三　对相关变量的统计性分析

本部分首先针对所构建模型中所涉及的所有变量在平均值、标准误、最小值和最大值方面进行统计性分析，结果如表 6－1 所示。在所有变量中，产业间融合性（*VATSDI*）、竞争性（*VAESI*）以及反映“一带一路”沿线国家基础设施建设水平的人均安全互联网服务器数量（*SIS*）和反映中国基础设施建设水平的人均安全互联网服务器数量（*SISC*）的标准误都较大，其中 *SIS* 的标准误最大。可以看出不同“一带一路”沿线国家间的基础设施建设水平差距甚大，中国在不同年份的基础设施建设水平也存在较大差异，也可反映出中国近年来基础设施建设方面发展迅速。同时，中国与不同“一带一路”沿线国家制造业之间的融合性和竞争性都存在较大的差异。

表 6－1　　各变量统计性分析结果

变量	样本观测值	平均值	标准误	最小值	最大值
PRODY_ va	224	114. 8120	2. 8772	109. 4929	118. 3353
ln*VAX*	224	13. 6637	0. 0530	13. 5740	13. 7358
TL	224	2. 5338	3. 5005	0. 6644	10. 9598
TS	224	0. 1326	0. 0093	0. 1241	0. 1509
ln*OFDI*	224	10. 4148	2. 7347	0. 0000	15. 3099
ln*OTS*	224	5. 3956	2. 3207	－0. 1661	9. 3149
VATSDI	224	－0. 9466	22. 8785	－205. 6479	104. 4598
VAESI	224	56. 6999	19. 5525	7. 6444	84. 2078
VATII	224	0. 9644	0. 4621	0. 3618	2. 1521
VATCI	224	0. 8303	0. 4433	0. 0401	2. 1988
SIS	224	1403. 8500	5600. 0280	0. 6237	58690. 3300
HTEX	224	13. 8793	13. 7880	0. 0000	60. 1690
SISC	224	36. 6024	70. 8246	2. 4254	209. 1201
HTEXC	224	30. 6010	0. 5480	29. 6996	31. 5847
ln*DC*	224	12. 6500	0. 6223	10. 6329	13. 5374

随后，为保证各变量（尤其是解释变量）之间不存在较强的多重共线性，本部分进一步对模型所涉及的各解释变量和控制变量进行相关性检验，结果如表 6－2 所示。可以看出，在所选变量之间，并未存在明显的相关关系，即解释变量间不存在明显的多重共线性问题。

表6－2 各解释变量的相关性检验

变量	ln*OFDI*	ln*OTS*	*VATSDI*	*VAESI*	*VATII*	*VATCI*	*SIS*	*HTEX*	*SISC*	*HTEXC*	ln*DC*
ln*OFDI*	1.000										
ln*OTS*	0.369	1.000									
VATSDI	0.020	0.021	1.000								
VAESI	−0.099	0.530	0.051	1.000							
VATII	0.629	−0.164	0.110	−0.374	1.000						
VATCI	0.000	0.661	0.029	0.588	−0.333	1.000					
SIS	−0.011	0.089	0.023	0.164	−0.164	0.120	1.000				
HTEX	0.297	0.414	−0.098	0.211	−0.008	0.333	0.158	1.000			
SISC	0.112	0.009	0.028	0.004	−0.009	0.002	0.504	0.045	1.000		
HTEXC	−0.007	0.005	0.076	−0.004	−0.006	−0.048	0.105	−0.012	0.181	1.000	
ln*DC*	−0.045	0.011	0.021	−0.021	−0.154	−0.076	0.048	−0.073	−0.006	−0.001	1.000

第三节 整体效应检验

在选择相应变量对计量模型进行构建之后，本部分开始针对所构建的模型进行相应的实证检验。具体来说，本部分首先从整体层面出发，构建面板数据，对“一带一路”价值链内部驱动机制影响中国制造业转型升级的静态效应和动态效应进行分析，并对结果进行稳健性检验。

一 静态分析结果

本部分首先对所构建的计量模型进行豪斯曼检验，以确定使用固定效应还是随机效应进行回归，结果强烈拒绝原假设，表示所构建的模型适用于固定效应，因此部分首先对模型进行固定效应回归，结果如表6－3所示。模型（1）至模型（4）的结果分别反映了整体层面上中国在参与“一带一路”价值链分工合作过程中，其内部驱动机制对中国制造业出口技术结构、出口规模、产业结构的合理化与高级化的影响。

表 6-3　静态面板回归结果

	(1)	(2)	(3)	(4)
	PRODY_ va	ln*VAX*	*TS*	*TL*
ln*OFDI*	1.778 ***	0.0171 ***	0.00319 ***	-2.425 ***
	(0.000)	(0.000)	(0.000)	(0.000)
ln*OTS*	0.156	0.0490 ***	-0.00357 **	-0.868
	(0.821)	(0.005)	(0.015)	(0.427)
VATSDI	-0.00887	0.000158	-0.0000264 *	0.00748
	(0.165)	(0.319)	(0.051)	(0.459)
VAESI	-0.103	-0.0000931	-0.000185	0.184
	(0.246)	(0.966)	(0.322)	(0.191)
VATII	-0.507	-0.0294	0.00127	1.458
	(0.775)	(0.507)	(0.736)	(0.605)
VATCI	1.841	0.0249	-0.000417	-4.661 **
	(0.146)	(0.428)	(0.876)	(0.021)
SIS	0.0000180	0.000000479	-2.78e-09	-0.0000387
	(0.557)	(0.530)	(0.966)	(0.425)
HTEX	0.0394 *	0.000306	0.0000702	-0.0492
	(0.087)	(0.592)	(0.150)	(0.178)
SISC	0.0156 ***	0.000209 ***	0.000103 ***	0.000826
	(0.000)	(0.001)	(0.000)	(0.831)
HTEXC	-1.264 ***	-0.0157 **	-0.00307 ***	-0.341
	(0.000)	(0.013)	(0.000)	(0.394)
ln*DC*	-0.237	-0.00337	-0.000443	0.257
	(0.390)	(0.623)	(0.448)	(0.556)
常数项	140.8 ***	13.74 ***	0.223 ***	32.41 *
	(0.000)	(0.000)	(0.000)	(0.059)

续表

	(1)	(2)	(3)	(4)
	PRODY_ va	ln*VAX*	*TS*	*TL*
N	224	224	224	224
HAUSMAN	0. 0000	0. 0023	0. 0000	0. 0000
R^2	0. 620	0. 304	0. 837	0. 354

注：括号中为 p 值；*、**、*** 分别表示在 10%、5% 和 1% 的水平上显著；Hausman 检验显示 p 值。

从模型（1）的结果可以看出：（1）在主要解释变量方面，$\ln OFDI_{j,t}$和 $\ln OTS_{j,t}$都对被解释变量具有正向的影响，表示中国对“一带一路”沿线国家的直接投资和海外采购会优化中国制造业出口技术结构，且对外直接投资在 1% 的置信水平上对中国制造业出口技术结构有显著的促进作用，即增加对沿线国家出口高复杂度的产品，而减少出口低复杂度的产品。这也反映出“一带一路”价值链中的生产者驱动机制和购买者驱动机制会通过 OFDI 和海外采购的形式对中国制造业出口技术结构优化产生促进作用，且从结果的显著性和系数的大小来看，OFDI 对中国制造业出口技术结构的影响要明显大于海外采购，即生产者驱动机制的作用要大于购买者驱动机制。（2）在产业共生性指标方面，在“一带一路”价值链分工合作中，中国与沿线国家制造业融合性（$VATSDI_{j,t}$）与被解释变量之间呈现出不明显的负相关关系，代表中国与其他“一带一路”沿线国家间制造业的融合对中国制造业出口技术结构的优化呈负面影响，但该影响并不明显；竞争性（$VAESI_{j,t}$）和依存性（$VATII_{j,t}$）与被解释变量之间都呈现出负向关系，但结果不显著，即中国与沿线国家制造业的竞争和依存不利于中国制造业出口技术结构的优化；互补性（$VATCI_{j,t}$）与被解释变量之间呈现出正向关系，结果也并不显著，即中国与其他“一带一路”沿线国家间制造业的互补会促进中国出口技术结构的优化。（3）在其他控制变量方面，“一带一路”沿线国家基础设施建设水平（$SIS_{j,t}$）对中国制造业出口技术结构有正面的影响，但该影响并不显著且影响程度较小，表明沿线国家基础设施的建设对中国制造业出口技术结构的改善并不具有明显的影响；中国基础设施建设水平（$SISC_t$）在1%的置信水平上对制造业出口技术结构的优化有显著的正向影响，即本国基础设施以及相关服务的提升有利于向其他沿线国家出口高复杂度产品；“一带一路”沿线国家技术水平（$HTEX_{j,t}$）在10%的置信水平上对中国制造业出口贸易规模的改善有显著的正向促进作用，即沿线国家技术水平的提升会增强其对更高技术水平中间品进口的需求，因此促进了中国高复杂度相关产品的出口，改善了出口技术结构；中国技术水平（$HTEXC_t$）在1%的显著水平上对中国制造业向“一带一路”沿线国家的出口技术结构有显著的负向抑制作用，且系数相对较大，究其原因，“一带一路”沿线国家大多为发展较为落后的发展中国家，技术提升速度较慢，且与中国有较大的差距，因而当沿线国家需求增加时，需求会主要集中在低技术产品进口，而当中国技术水平提升时，所生产高复杂度产品更多地出口至“一带一路”以外的相对发达国家，因此对“一带一路”沿线国家的出口技术结构并不会得到改善，反而会因低复杂度产品出口的增加而进一步恶化；双边的距离成本（$\ln DC_{j,t}$）对中国制造业向“一带一路”沿线国家的出口技术结构有负面的影响，但该影响并不显著，即当距离成本越大时，越不利于双边进行贸易合作，中国制造业出口技术结构的优化空间也就更少。

从模型（2）的结果可以看出：（1）在主要解释变量方面，$\ln OFDI_{j,t}$在1%的置信水平上对中国制造业向“一带一路”沿线国家的增加值出口规模有显著的促进作用，说明在“一带一路”价值链分工合作中，中国对“一带一路”沿线国家的直接投资会对中国制造业增加值出口有“互补效应”，进而带动中国制造业的增加值出口；$\ln OTS_{j,t}$对中国制造业增加值出口规模在1%的置信水平上显著为正，表示中国对“一带一路”沿线国家的海外采购会显著扩大中国制造业增加值出口规模。这也反映出在总体层面上，“一带一路”

价值链中的生产者驱动机制会通过 OFDI 的形式对中国制造业增加值出口产生显著的“互补效应”，购买者驱动机制则会通过海外采购的形式对中国制造业增加值出口产生显著的促进作用。（2）在产业共生性指标方面，中国与“一带一路”沿线国家制造业融合性（$VATSDI_{j,t}$）与被解释变量之间呈现出正相关关系，但并不显著，说明中国与其他沿线国家间制造业的融合会促进中国制造业增加值出口，但促进效应并不明显；竞争性（$VAESI_{j,t}$）和依存性（$VATII_{j,t}$）与被解释变量之间呈现出不明显的负相关关系，说明中国与“一带一路”沿线国家制造业的相互竞争与依存不利于中国制造业增加值出口规模的扩大，但这一作用并不明显；互补性（$VATCI_{j,t}$）与被解释变量之间呈现出正向关系，结果也不显著，即中国与其他“一带一路”沿线国家间制造业的互补会促进中国制造业增加值出口规模的扩大，但效果并不明显。（3）在其他控制变量方面，“一带一路”沿线国家基础设施建设水平（$SIS_{j,t}$）对中国制造业增加值出口有正向的影响，且该影响并不显著，系数较小，说明沿线国家基础设施水平在静态情况下对于提升中国对其进行增加值出口并没有明显的影响；中国基础设施建设水平（$SISC_t$）在1%的置信水平上对中国制造业结构合理化水平有显著的正向影响，即本国基础设施以及相关服务的提升有利于向其产业结构的合理化；“一带一路”沿线国家技术水平（$HTEX_{j,t}$）对中国制造业增加值出口有正向促进作用，但并不明显，即沿线国家技术水平的提升使得其国内可以本土化生产相对简单的产品，而对于更为复杂产品进口的需求则扩大，从而促进中国出口技术含量更高的产品，减少简单产品的出口，优化出口技术结构；与前文类似，中国技术水平（$HTEXC_t$）在5%的显著水平上对中国制造业向“一带一路”沿线国家的增加值出口也具有显著的负向抑制作用但系数较小；双边的距离成本（$\ln DC_{j,t}$）对中国制造业向“一带一路”沿线国家的增加值出口具有负面的影响，但该影响并不显著，即当距离成本越大时，越不利于双边进行贸易合作。

从模型（3）的结果可以看出：（1）在主要解释变量方面，

$\ln OFDI_{j,t}$在 1% 的置信水平上对中国制造业产业结构合理化方面具有正向促进作用，说明在“一带一路”价值链分工合作中，中国对“一带一路”沿线国家的直接投资会将部分中国制造业的过剩产能转移至其他发展较弱的沿线国家，这使得中国制造业产业结构逐渐趋向合理化，即提升中国制造业结构的合理化水平；$\ln OTS_{j,t}$在 5% 的置信水平上对中国制造业产业结构合理化具有显著负向关系，究其原因，由于总体上“一带一路”沿线国家大多为发展较为落后的国家，对其进行海外采购的过程仅是将部分低技术含量的生产过程转移，而并非实现了过剩产能的转移，因此中国制造业对沿线国家的海外采购过程不利于其产业结构的合理化。这也反映出在“一带一路”价值链中，生产驱动机制会通过 OFDI 的方式显著促进中国制造业结构的合理化，而购买者驱动机制则会通过海外采购的方式抑制中国制造业的这一水平。（2）在产业共生性指标方面，中国与“一带一路”沿线国家制造业融合性（$VATSDI_{j,t}$）在 10% 的置信水平上对中国制造业结构合理化水平呈现出负向关系，但系数较小，说明中国与沿线国家制造业的融合对中国制造业结构合理化负面作用虽然明显，但总体影响较小；竞争性（$VAESI_{j,t}$）与被解释变量之间呈现出不显著的负相关关系，说明中国与其他沿线国家制造业间的相互竞争不利于中国制造业结构的合理化；依存性（$VATII_{j,t}$）与被解释变量之间呈现出正相关关系，也并不显著，说明中国与其他沿线国家间制造业的相互依存会促进中国制造业结构逐渐趋于合理化，但促进效应并不明显；互补性（$VATCI_{j,t}$）对被解释变量有不明显的负向关系，即中国与其他“一带一路”沿线国家间制造业的互补非但不利于制造业结构的合理化，反而会显著抑制该水平的提升。（3）在其他控制变量方面，“一带一路”沿线国家基础设施建设水平（$SIS_{j,t}$）对中国制造业结构合理化具有负向的影响，但影响系数非常小且不显著，说明沿线国家基础设施水平不利于中国制造业结构合理化水平的提升，但影响很弱；中国基础设施建设水平（$SISC_t$）在 1% 的置信水平上对中国制造业结构的合理化有显著的促进作用，即本国基础设施以及相关服务提升中国制造业产业结构的合理化；“一带一路”沿线国家技术水平（$HTEX_{j,t}$）对中国制造业结构的合理化有正向促进作用，但并不显著，即沿线国家技术水平的提升会增强其承接中国产业转移的能力，从而有利于中国制造业结构的合理化；与前文类似，中国技术水平（$HTEXC_t$）在1%的显著水平上对中国制造业结构的合理化也具有显著的负向抑制作用且系数相对较小；双边的距离成本（$\ln DC_{j,t}$）对中国制造业结构的合理化有负面影响，但该影响并不显著，即当距离成本越大时，越不利于双边进行经贸合作，从而不利于中国制造业实现结构的合理化。

从模型（4）的结果可以看出：（1）在主要解释变量方面，$\ln OFDI_{j,t}$和$\ln OTS_{j,t}$对于中国制造业结构的高级化都具有负向的影响，且OFDI在1%的置信水平上显著为负，究其原因，由于总体上“一带一路”沿线国家大多为发展较为落后的国家，对其进行投资和海外采购的过程仅是将部分低技术含量的生产过程转移，而无法实现自身技术水平的有效提升，且对“一带一路”沿线国家的投资与海外采购也会伴随着部分资本、生产技术和其他生产要素的转移，从而在一定程度上造成了生产要素的无效率配置，不利于进一步提升技术水平，因此中国对沿线国家制造业的投资与海外采购过程会抑制其产业结构的高级化。这也反映了在“一带一路”价值链中，生产者驱动机制和购买者驱动机制分别会通过OFDI和海外采购的方式对中国制造业结构的高级化产生负向抑制作用，且生产者驱动机制的负面影响十分明显。（2）在产业共生性指标方面，中国与“一带一路”沿线国家制造业融合性（$VATSDI_{j,t}$）、竞争性（$VAESI_{j,t}$）和依存性（$VATII_{j,t}$）都对中国制造业结构高级化水平呈现出正向关系，虽然结果并不显著，但说明中国与其他沿线国家间制造业的相互融合、良性竞争与相互依存会促进中国制造业结构逐渐趋于高级化；互补性（$VATCI_{j,t}$）在5%的置信水平上对被解释变量有显著的负向关系，即中国与其他“一带一路”沿线国家间制造业的互补非但不利于制造业结构的高级化，反而会显著抑制该水平的提升，究其原因，一味追求产业间的互补可能会使得中国与沿线国家间的合作仅停留于相对低端的产品领域中难以突破，这不仅不利于中国向高端领域迈进，也会在一定程度上造成生产过程中资源的无效利用。(3)在其他控制变量方面，“一带一路”沿线国家基础设施建设水平（$SIS_{j,t}$）对中国制造业结构高级化具有负向的影响，但影响系数非常小，说明沿线国家基础设施水平不利于中国制造业结构高级化水平的提升，但影响很弱；中国基础设施建设水平（$SISC_t$）对制造业增加值出口有显著的正向影响，说明本国基础设施以及相关服务的提升有利于中国制造业产业结构的高级化发展；“一带一路”沿线国家技术水平（$HTEX_{j,t}$）对中国制造业结构的高级化有不明显负向促进作用，究其原因，沿线国家中大多为发展较为落后的国家，其国内技术水平与中国相差较大，因此沿线国家技术水平的提升在短时间内并不会对中国制造业结构的高级化有促进作用；相反，在短期中，中国与沿线国家间的经贸合作在一定程度上会造成资源的错配，从而不利于中国制造业结构的高级化；与此相似，中国技术水平（$HTEXC_t$）对中国制造业结构的高级化也具有负向抑制作用；双边的距离成本（$\ln DC_{j,t}$）对中国制造业结构的高级化有正面的影响，即中国与相距较远的欧美发达国家进行合作有利于其制造业结构的高级化，而与相距较近的“一带一路”沿线国家合作则不利于这一水平在短期内的提升。

综合来看，从总体层面上来说：(1) 中国主动构建和参与“一带一路”价值链分工后，价值链分工中的生产者驱动机制会通过OFDI的方式显著促进中国制造业出口技术结构的优化、对沿线国家增加值出口规模的扩大以及制造业结构的合理化，即“一带一路”价值链中的生产者驱动机制通过OFDI的方式对中国制造业转型升级的促进作用较为明显，但在短期中也会对中国制造业结构的高级化产生明显的负向影响，即不利于中国制造业高技术水平的提升；购买者驱动机制会通过海外采购的方式优化中国出口技术结构，同时还显著促进中国制造业对“一带一路”沿线国家的增加值出口规模的扩大，然而其对于中国制造业结构的高级化和合理化都具有负向抑制作用，且对合理化的影响更加明显，即在短期中，“一带一路”价值链中的购买者驱动机制通过海外采购的方式对中国制造业产业结构优化仍具有负面作用。可以看出，在构建和参与“一带一路”价值链分工过程中，中国应更加关注生产者驱动机制下的分工，即通过投资的方式与沿线国家进行合作，同时也应更加注意各类资源与生产要素在制造业内的合理化配置。（2）产业共生性方面，中国与“一带一路”沿线国家制造业间的相互融合虽然会有利于中国制造业向沿线国家的增加值出口以及产业结构向高级化发展，但对中国制造业出口技术结构和产业结构的合理化都具有负向作用，且对后者的抑制作用较为显著；产业间的相互竞争在总体上不利于中国制造业转型升级，但对中国制造业产业结构的高级化具有正向的影响，即由竞争而引发的“技术倒逼效应”会迫使中国不断提升技术水平，从而实现产业结构的高级化；产业间的相互依存对中国制造业出口技术结构优化和向沿线国家增加值出口都具有较弱的抑制作用，但对于产业结构优化则较为有利；产业间的互补对中国制造业出口技术结构和增加值出口规模都具有正向影响，但对制造业产业结构优化的抑制作用较为明显。

可见，在坚持共商共建共享全球治理观的基础上推进中国与“一带一路”沿线国家间的价值链分工合作时，短期内，双边产业的融合、依存与互补有利于贸易规模的扩大和结构的优化，但并不利于中国制造业的产业结构优化，因此在长期更应当在“一带一路”价值链中引入适当的竞争机制，不断倒逼中国制造业进行技术提升，通过维持一定的竞争关系促进中国制造业实现转型升级。一方面，不应一味地追求产业间的互补与融合，更多地应当在坚持产业间相互依存的同时促进双多边产业间的良性竞争。（3）其他控制变量方面，从沿线国家角度上来说，其基础设施水平对中国制造业出口技术结构和增加值出口规模有正向影响，而对中国制造业产业结构优化都具有负面作用。究其原因，沿线国家基础设施水平的提升总体上会有利于双边贸易的发展，且目前多为中国向其他沿线国家进行基础设施方面的投资或帮助其进行建设，较少存在技术的逆向溢出，从而在短期内不利于中国制造业实现产业结构优化。另一方面，沿线国家国内技术水平的提升有利于促进中国制造业出口技术结构优化、增加值出口规模的扩大以及产业结构的合理化，但并不利于中国制造业结构的高级化。究其原因，沿线国家技术水平和经济发展水平的提升有利于其承接来自中国的产业转移，从而不断扩大贸易规模，提升贸易质量，令中国制造业的结构更加合理，但由于大部分沿线国家自身技术水平仍与中国存在较大差距，因此其技术水平的提升也较少会对中国产生“技术溢出效应”，因而并不利于中国制造业结构的高级化。从中国角度来说，国内基础设施水平的提升在各方面都具有正向影响，且除了对制造业结构高级化外，其他结果都较为显著，即会促进中国制造业转型升级；技术水平的提升会抑制中国制造业转型升级，可能的原因是出口高科技产品多为技术向其他国家的溢出，而并非从其他国家中吸取相应的技术，即“逆向技术溢出效应”较弱，因此并不会促进中国制造业实现转型升级。距离成本总体对于中国制造业转型升级具有不利的影响，但影响并不明显。

二　动态分析结果

在对“一带一路”价值链分工影响中国制造业产业升级的静态结果进行分析之后，本部分进一步从动态长期的角度出发，对动态结果进行分析。一方面，考虑到由于各被解释变量的“惯性”而导致的内生性问题，本部分引入各被解释变量的一阶滞后项，并使用系统 GMM 方法对各因素长期内的影响进行回归分析，结果如表 6－4 所示。模型（5）至模型（8）分别为模型（1）至模型（4）引入被解释变量一阶滞后项的模型。另一方面，对各模型进行序列自相关检验后，结果显示各序列均为一阶自相关，二阶不相关，即扰动项 $\varepsilon_{i,t}$ 不存在自相关。同时，本部分还进行了 sargan 检验，各模型结果均无法拒绝原假设，说明所选取的工具变量均有效。

表6-4　　动态面板回归结果

	(5)	(6)	(7)	(8)
	PRODY_ va	ln*VAX*	*TS*	*TL*
L. *PRODY_ va*	0.622 *** (0.000)			
L. ln*VAX*		0.564 *** (0.000)		
L. *TS*			0.951 *** (0.000)	
L. *TL*				0.165 *** (0.000)
ln*OFDI*	0.0252 (0.425)	-0.0702 *** (0.000)	0.00418 *** (0.000)	-0.112 *** (0.000)
ln*OTS*	0.545 *** (0.000)	0.147 *** (0.000)	-0.00479 *** (0.000)	0.331 *** (0.000)
VATSDI	-0.00213 *** (0.000)	0.000218 * (0.098)	0.0000128 ** (0.011)	-0.000439 *** (0.005)
VAESI	-0.00245 (0.774)	0.00374 ** (0.022)	0.000161 (0.122)	0.00147 (0.709)
VATII	-0.137 (0.585)	-0.113 ** (0.010)	0.000376 (0.863)	-0.0823 (0.308)
VATCI	0.772 *** (0.000)	0.0193 (0.333)	-0.00998 *** (0.000)	0.385 *** (0.000)
SIS	0.00000343 *** (0.007)	0.000000933 *** (0.008)	-4.76e-08 *** (0.000)	0.00000219 *** (0.000)
HTEX	0.00373 (0.223)	-0.00104 * (0.076)	0.0000289 (0.270)	-0.000189 (0.860)
SISC	0.00495 *** (0.000)	0.000471 *** (0.000)	0.0000365 *** (0.000)	-0.000274 *** (0.000)
HTEXC	-0.527 *** (0.000)	-0.0110 *** (0.000)	-0.00156 *** (0.000)	0.0851 *** (0.000)

续表

	(5)	(6)	(7)	(8)
	PRODY_ va	ln*VAX*	*TS*	*TL*
ln*DC*	0.00361 (0.894)	0.000971 (0.788)	-0.000431 (0.114)	0.00561 (0.616)
常数项	56.81*** (0.000)	6.111*** (0.000)	0.0422*** (0.000)	-2.993*** (0.000)
N	192	192	192	192

注：括号中为 p 值；*、**、*** 分别表示在 10%、5% 和 1% 的水平上显著。

根据模型（5）的结果可以看出，一方面，出口技术结构的一阶滞后项在 1% 的显著水平上与被解释变量存在正向关系，这表明中国制造业对“一带一路”沿线国家的出口技术结构在所选期间内呈现出明显的“惯性”，即当期中国制造业出口技术结构的改善对于下一期具有显著的促进作用。另一方面，（1）在主要解释变量方面，$\ln OFDI_{j,t}$在长期中仍然对中国制造业出口技术结构存在正向促进作用，但结果并不显著，即无论在长期还是短期中，“一带一路”价值链中的生产者驱动机制均会通过 OFDI 的形式对中国制造业出口技术结构产生正向影响，但这一影响在短期中更加明显；相反，$\ln OTS_{j,t}$则变为在 1% 置信水平上的正向关系，表明在长期中，中国对“一带一路”沿线国家制造业的海外采购会显著促进中国制造业出口技术结构的优化。这也说明生产者驱动机制在短期中的正向影响更加显著，而购买者驱动机制则在长期中具有显著的正向影响。（2）在产业共生性指标方面，产业间融合性（$VATSDI_{j,t}$）对中国制造业出口技术结构在长期仍具有负向影响，且该影响比短期更加显著；竞争性（$VAESI_{j,t}$）和依存性（$VATII_{j,t}$）仍具有不显著的负向影响，结果相对稳定；互补性（$VATCI_{j,t}$）在 1% 的置信水平上对中国制造业出口技术结构有显著的正向促进作用，说明双边产业互补对于中国制造业出口技术结构优化的正向影响主要集中在长期，而在短期该作用并不明显。（3）在其他控制变量方面，“一带一路”沿线国家基础设施水平（$SIS_{j,t}$）在长期中对中国制造业出口技术结构具有显著的正向影响，即虽然沿线国家基础设施水平在短期中对中国出口技术结构并不具有明显的影响，但在长期中仍会促进中国与“一带一路”沿线国家进行更高端的贸易合作，从而优化中国制造业出口技术结构；中国基础设施水平（$SISC_t$）对被解释变量在长期仍然显著为正，结果相对稳定；“一带一路”沿线国家的技术水平（$HTEX_{j,t}$）对中国制造业出口技术结构的影响在长期中仍为正，但显著性有所下降；中国技术水平（$HTEXC_t$）结果并未发生较大的变化，结果相对稳定；双边的距离成本（$\ln DC_{j,t}$）对中国制造业出口技术结构在长期具有正面影响，但结果并不明显且系数较小，说明虽然距离成本在短期中不利于双边进行贸易合作，但在中国不断提升国际形象、增强国际影响力的背景下，由于地理位置较远而导致的文化、偏好不同反而会使得其他国家对中国产品的需求上升，从而促进中国与“一带一路”沿线国家之间的经贸合作，从而提升中国制造业出口技术结构水平。

根据模型（6）的结果可以看出，一方面，中国制造业增加值出口规模的一阶滞后项在1%的显著水平上与被解释变量存在正向关系，这表明中国制造业对“一带一路”沿线国家的增加值出口在所选期间内呈现出明显的“惯性”，即当期中国制造业增加值出口规模的扩大对于下一期具有显著的促进作用。另一方面，（1）在主要解释变量方面，$\ln OFDI_{j,t}$在长期中对中国制造业增加值出口具有显著的负向抑制作用，说明在长期中对沿线国家OFDI会对增加值出口存在“挤出效应”；中国对“一带一路”沿线国家海外采购（$\ln OTS_{j,t}$）在长期内对中国制造业增加值出口仍显著为正，且影响系数有所提升，说明无论在短期还是长期，“一带一路”价值链中的购买者驱动机制都会通过海外采购对中国制造业增加值出口产生显著的促进影响。同时，由于生产驱动机制通过OFDI对中国制造业增加值出口的负向影响小于由购买者驱动机制所带来的正向影响，因此总体上“一带一路”价值链驱动机制仍会对中国制造业增加值出口产生正向影响。(2) 在产业共生性指标方面，产业间融合性（$VATSDI_{j,t}$）无论在长期还是短期内都对中国制造业增加值出口有正向的促进效应，且在长期中更加显著；竞争性（$VAESI_{j,t}$）在动态情况下呈现出显著的正向影响，说明虽然在短期中双边的产业竞争不利于中国制造业向“一带一路”沿线国家的增加值出口，但在长期，双边良性的竞争会促进中国制造业增加值出口规模的扩大；依存性（$VATII_{j,t}$）在动态情况下对中国制造业增加值出口的影响仍为负，但显著性明显提升，即双边产业的相互依存对中国制造业增加值出口的抑制作用在长期中更加明显；互补性（$VATCI_{j,t}$）在静态和动态情况下均对被解释变量呈现出并不显著的促进作用，结果相对稳定。(3) 在其他控制变量方面，“一带一路”沿线国家基础设施水平（$SIS_{j,t}$）在长期中对被解释变量仍存在正向促进作用，且结果更加显著，说明沿线国家基础设施的完善对中国制造业增加值出口的促进作用在长期中更加明显；中国基础设施水平（$SISC_t$）对被解释变量在长期中的影响并未发生明显变动，仍然显著为正；“一带一路”沿线国家的技术水平（$HTEX_{j,t}$）对中国制造业增加值出口的影响由短期中的正向影响变为长期中的显著负向影响，究其原因，随着“一带一路”沿线国家技术水平的提升，在长期中部分技术复杂度较高的产品可以实现本土化生产，而这会降低对该部分产品的进口需求，从而抑制中国对其的增加值出口；中国技术水平（$HTEXC_t$）对制造业增加值出口的影响显著性有所提升，但总体影响并未发生改变，结果相对稳定；与前文类似，双边的距离成本（$\ln DC_{j,t}$）对中国制造业增加值出口也在长期具有正面影响，但结果不明显且系数较小。

根据模型（7）的结果可以看出，一方面，中国制造业结构合理化水平的一阶滞后项在 1% 的显著水平上与被解释变量存在正向关系，这表明中国制造业结构的合理化水平在所选期间内呈现出明显的“惯性”，即当期中国制造业结构的合理化水平会对下一期的水平有明显的促进作用。另一方面，(1) 在主要解释变量方面，中国对“一带一路”沿线国家的直接投资（$\ln OFDI_{j,t}$）在长期中对中国制造业结构的合理化水平仍存在显著的正向促进作用，结果较为稳定，说明无论在长期还是短期中，“一带一路”价值链中的生产者驱动机制都会通过中国对“一带一路”沿线国家 OFDI 的方式对中国制造业结构的合理化形成较为显著的促进作用；中国对“一带一路”沿线国家海外采购（$\ln OTS_{j,t}$）在长期内对中国制造业结构的合理化水平仍然具有显著的负向影响，且显著性进一步上升，可以看出“一带一路”价值链中的购买者驱动机制会通过中国向沿线国家的海外采购显著抑制中国制造业结构合理化水平的提升，且这一影响程度随着时间的推移而进一步提升。（2）在产业共生性指标方面，产业间融合性（$VATSDI_{j,t}$）虽然在短期内不利于中国制造业结构的合理化，但在长期中会明显促进该水平的提升；竞争性（$VAESI_{j,t}$）在动态情况下均对被解释变量具有不显著的正向影响，说明虽然短期内双边的产业竞争不利于中国制造业结构的合理化，但在长期则会具有正面的影响；依存性（$VATII_{j,t}$）无论在长期还是短期中都会表现出不明显的正向影响，结果较为稳定；互补性（$VATCI_{j,t}$）无论在静态还是动态情况下对中国制造业结构合理化水平均具有负向影响，且动态情况下的影响更加显著。（3）在其他控制变量方面，“一带一路”沿线国家基础设施水平（$SIS_{j,t}$）在长期中对被解释变量的负向抑制作用更加明显；中国基础设施水平（$SISC_t$）对被解释变量在长期中的影响仍然显著为正，结果相对稳定；“一带一路”沿线国家的技术水平（$HTEX_{j,t}$）在长期和短期中都对中国制造业结构合理化有不显著的正向影响，结果较为稳定；中国技术水平（$HTEXC_t$）对中国制造业结构合理化水平无论在短期还是长期都具有显著的负向影响，结果较为稳定；距离成本（$\ln DC_{j,t}$）对被解释变量的影响仍然为负，且并不显著。

根据模型（8）的结果可以看出，一方面，中国制造业结构高级化水平的一阶滞后项在 1% 的显著水平上与被解释变量存在正向关系，这表明中国制造业结构的高级化水平在所选期间内呈现出明显的“惯性”，即当期中国制造业结构的高级化水平会对下一期的水平有明显的促进作用；另一方面，（1）在主要解释变量方面，中国对“一带一路”沿线国家的直接投资（$\ln OFDI_{j,t}$）在长期中对中国制造业结构的合理化水平仍存在显著的负向抑制作用，但长期中的影响系数下降明显，说明无论在长期还是短期，“一带一路”价值链中的生产者驱动机制都会通过中国对“一带一路”沿线国家OFDI的方式对中国制造业结构的高级化产生负向抑制作用，但该作用在长期中的影响力明显下降；中国对“一带一路”沿线国家海外采购（$\ln OTS_{j,t}$）虽然在短期内对中国制造业结构的合理化水平具有负向影响，但在长期中，海外采购在1%的置信水平上显著促进中国制造业结构的高级化，即“一带一路”价值链中的购买者驱动机制虽然在短期会通过中国向沿线国家的海外采购抑制中国制造业结构的高级化水平，但随着时间的推移，购买者驱动机制会逐渐对这一水平产生明显的促进作用。

（2）在产业共生性指标方面，产业间融合性（$VATSDI_{j,t}$）在长期中对中国制造业结构的高级化存在显著的负向抑制作用，即一味地追求产业融合虽然在短期有利于制造业结构的高级化，但资源和生产要素的长期错配会使得产业融合对制造业结构高级化产生显著的不利影响；竞争性（$VAESI_{j,t}$）在短期和长期中都对中国制造业结构的高级化产生不明显的促进作用，结果较为稳定；依存性（$VATII_{j,t}$）在长期中对中国制造业结构的高级化的影响为负，说明产业的相互依存不利于中国制造业结构的高级化发展；互补性（$VATCI_{j,t}$）在长期中会对中国制造业结构高级化产生显著的正向影响，即中国与沿线国家制造业的互补在长期中仍有利于双边进行高端产业的合作，从而不断促进中国实现产业结构的高级化。（3）在其他控制变量方面，“一带一路”沿线国家基础设施水平（$SIS_{j,t}$）在长期中的结果显著为正，说明沿线国家基础设施水平虽然在短期并不利于中国制造业结构的高级化，但在长期中仍然会显著促进这一水平的提升；中国基础设施水平（$SISC_t$）在静态情况下对被解释变量有正向的影响，但在长期中却表现为显著的负向影响，究其原因，由于基础设施建设需要投入大量生产要素，且较少涉及高科技技术，因此在长期中基础设施水平的提升并不利于制造业结构的高级化；“一带一路”沿线国家的技术水平（$HTEX_{j,t}$）对中国制造业结构合理化水平的影响在长期中仍然具有负向影响，结果相对稳定；中国技术水平（$HTEXC_t$）对中国制造业结构合理化虽然在短期具有负向影响，但长期中技术的提升会有效促进制造业结构高级化；距离成本（$\ln DC_{j,t}$）在长期中对中国制造业结构高级化的影响仍然为正向，结果较为稳定。

综合来看，在考察“一带一路”价值链驱动机制对中国制造业转型升级的动态影响后，可以发现本部分所得出的结果较为稳定。其中，中国对“一带一路”沿线国家制造业出口技术结构、增加值出口规模、中国制造业结构合理化和高级化对自身都具有显著的正向促进作用，即表现出明显的“惯性”，这也说明在未来中国应当继续参与到“一带一路”价值链分工体系中，从而不断促进中国制造业实现转型升级；在动态情况下，“一带一路”价值链中的生产者驱动机制通过 OFDI 的形式对中国制造业出口技术结构以及产业结构合理化产生正向的影响，但对于增加值出口和制造业结构的高级化则具有显著的负向作用；而购买者驱动机制虽然会通过海外采购的形式对中国制造业增加值结构的合理化产生一定的负向影响，但也显著促进了中国制造业出口技术结构、增加值出口规模和制造业结构的高级化。

总体上来说，在动态情况下“一带一路”价值链驱动机制会通过 OFDI 和海外采购的方式促进中国制造业的转型升级，因此中国应当继续与“一带一路”沿线国家进行价值链分工合作。在产业共生性指标中，各指标显著性在长期都出现不同程度的上升，这说明双边产业共生在长期中对中国制造业转型升级的影响更为明显。具体来说，双边制造业的融合性在长期中对中国制造业转型升级的总体影响并不明确；竞争性在长期中会促进中国制造业实现转型升级；依存性在长期中总体上会降低制造业效率，从而抑制中国制造业转型升级；互补性在长期中对中国制造业转型升级有较为明显的正向影响。其他控制变量方面，在动态情况下，“一带一路”沿线国家基础设施水平对中国制造业转型升级总体表现出正向的影响；技术水平对中国制造业转型升级的影响方向并不明显；中国基础设施水平总体上会促进中国制造业转型升级，但不利于产业结构的高级化；中国制造业技术水平的提升总体上则抑制其转型升级，但十分有利于产业结构的高级化；距离成本虽然总体上会促进中国制造业转型升级，但结果并不显著，且系数均较小。

三　稳健性检验

在对“一带一路”价值链驱动机制对中国制造业转型升级的静态和动态影响结果进行分析之后，本部分进一步对结果的稳健性进行检验。具体来说，本部分首先使用广义最小二乘法（FGLS）作为替代方法对模型重新进行回归，从而检验其稳健性；同时，本部分进一步使用二阶段最小二乘法（2SLS），并引入关键解释变量的滞后项来处理模型可能存在的内生性，结果如表6－5所示。根据稳健性检验结果，可以看出在FGLS和2SLS的回归结果中，主要解释变量的回归结果与前文所得出的相应结果总体上保持一致，即本部分所得出的结论总体上具有一定程度的稳健性。具体分析内容不再进行赘述。

表6－5　　稳健性检验结果

	FGLS				2SLS			
	PRODY_ va	ln*VAX*	*TS*	*TL*	*PRODY_ va*	ln*VAX*	*TS*	*TL*
ln*OFDI*	0.235***	0.00471**	0.000499***	−0.332***				
	(0.002)	(0.046)	(0.000)	(0.000)				
ln*OTS*	0.200***	0.00262**	−0.000430**	−0.151				
	(0.000)	(0.034)	(0.023)	(0.241)				
L. ln*OFDI*					0.150***	0.000501*	0.000436**	−0.0671**
					(0.008)	(0.078)	(0.028)	(0.018)
L. ln*OTS*					−0.105	0.00131*	−0.000323**	−0.0425
					(0.117)	(0.053)	(0.017)	(0.197)

续表

	FGLS				2SLS			
	PRODY_ va	ln*VAX*	*TS*	*TL*	*PRODY_ va*	ln*VAX*	*TS*	*TL*
VATSDI	-0.00194 (0.239)	0.000225 * (0.071)	-0.000027 ** (0.000)	0.00234 (0.274)	-0.00568 * (0.068)	0.000266 ** (0.041)	-0.000029 ** (0.045)	0.00128 (0.196)
VAESI	0.0103 (0.101)	-0.0000170 (0.949)	0.00000718 (0.786)	-0.00704 (0.271)	0.00533 (0.353)	-0.0000259 (0.882)	0.0000171 (0.395)	-0.00231 (0.413)
VATII	-0.617 (0.142)	-0.0184 (0.156)	-0.00197 ** (0.026)	0.928 * (0.074)	-0.523 * (0.062)	-0.00123 (0.892)	-0.00139 (0.821)	0.248 * (0.061)
VATCI	0.0359 (0.250)	0.00506 (0.676)	0.000521 (0.333)	-0.456 (0.311)	0.0365 (0.906)	0.00752 (0.419)	0.000242 (0.821)	0.0169 (0.910)
SIS	0.00000332 (0.878)	1.12e-08 (0.986)	-5.25e-08 *** (0.000)	0.00000623 (0.580)	-0.0000797 (0.164)	0.00000157 (0.339)	-3.01e-08 (0.117)	0.00000228 (0.304)
HTEX	0.00874 (0.409)	-0.0000386 (0.896)	0.00000337 (0.476)	0.00703 (0.424)	-0.00000192 (1.000)	0.0000277 (0.892)	-0.00000224 (0.927)	-0.000156 (0.960)
SISC	0.0195 *** (0.001)	0.000376 *** (0.000)	0.000118 *** (0.000)	-0.00914 (0.458)	0.0193 *** (0.000)	0.000228 *** (0.000)	0.000111 *** (0.000)	-0.00321 *** (0.000)
HTEXC	-1.274 ** (0.027)	-0.0152 *** (0.003)	-0.00179 ** (0.036)	0.437 (0.687)	-1.716 *** (0.000)	-0.0217 *** (0.000)	-0.00363 *** (0.000)	0.427 *** (0.000)
ln*DC*	0.114 (0.330)	-0.000901 (0.864)	0.0000966 (0.537)	0.100 (0.428)	-0.0223 (0.865)	-0.00129 (0.755)	-0.0000136 (0.978)	0.0166 (0.793)
常数项	149.8 *** (0.000)	14.10 *** (0.000)	0.179 *** (0.000)	-9.337 (0.779)	166.9 *** (0.000)	14.36 *** (0.000)	0.238 *** (0.000)	-11.65 *** (0.000)
N	224	224	224	224	192	192	192	192
χ^2	0.0001	0.0000	0.0000	0.0068	0.0000	0.0000	0.0000	0.0000

注：括号中为p值；*、**、***分别表示在10%、5%和1%的水平上显著；χ^2处为p值。

第四节 价值链顺向分工下的效应检验

在整体层面对"一带一路"价值链驱动机制影响中国制造业转型升级的效应进行实证检验之后，本部分进一步结合前文理论模型的推导结果，从"一带一路"价值链顺向分工视角出发，对在中国与沿线国家的价值链顺向分工合作过程中，"一带一路"价值链驱动机制对中国制造业转型升级的静态和动态影响效应进行实证分析。

在样本选取方面，本部分主要根据第三章中对“一带一路”沿线国家制造业 GVC 位置指数的测算来判断某一国家制造业在全球价值链中的地位高于还是低于中国。对于制造业 GVC 位置指数低于中国的沿线国家，将其视为与中国进行价值链顺向分工合作的国家。具体来说，根据前文的测算结果，在全部 32 个“一带一路”样本国家中，共有包含孟加拉国、柬埔寨、老挝、巴基斯坦、斯里兰卡、土耳其、马尔代夫在内的 20 个国家①，其制造业 GVC 位置指数低于中国，即在“一带一路”价值链中，中国与这些国家在制造业中主要进行价值链顺向分工合作，从而确定了研究的样本。

根据前文数理模型的推导结果，在价值链顺向分工情况下有如下假设条件，即处于价值链相对上游位置的发展中国家与相对下游位置的发展中国家之间的价值链顺向分工一方面会改善相对上游国家国内的出口技术结构，另一方面会扩大其国内中间品出口规模。但随着技术水平的不断提升，当相对下游国家的中间品生产规模超过某一临界值后，相对上游国家的中间品出口规模会降低，而相对下游国家的中间品出口规模则会不断扩大。具体到中国与“一带一路”沿线国家的价值链分工合作中，可以看出中国与沿线国家的价值链顺向分工合作会促进中国制造业出口技术结构的优化以及出口贸易规模的扩大，从而促进其实现产业转型升级。因此，本部分基于模型（6.1）和（6.2）对中国与“一带一路”沿线国家价值链顺向分工合作的价值链驱动机制对中国制造业转型升级的具体影响进行实证检验。

一 静态分析结果

在静态状态下，价值链顺向分工合作中的价值链驱动机制对中

① 由于马尔代夫的行业结构完整度较差，因此将其作为与中国进行价值链顺向分工合作的国家。

国制造业转型升级的影响如表6－6所示。其中各模型已通过豪斯曼检验，且结果显著，表明模型（6.1）和（6.2）均适用于固定效应。本部分也将整体层面相应模型的回归结果放入表6－6中，从而对“一带一路”价值链顺向分工下的结果与整体层面相关的结果进行对比分析。

表6－6　“一带一路”价值链顺向分工下驱动机制对中国制造业转型升级的静态结果

	价值链顺向分工结果		整体层面结果	
	PRODY_ va	ln*VAX*	*PRODY_ va*	ln*VAX*
ln*OFDI*	0.980*** (0.000)	0.0242*** (0.000)	1.778*** (0.000)	0.0171*** (0.000)
ln*OTS*	2.656*** (0.001)	0.0693*** (0.002)	0.156 (0.821)	0.0490*** (0.005)
VATSDI	－0.0159 (0.207)	－0.000118 (0.746)	－0.00887 (0.165)	0.000158 (0.319)
VAESI	－0.426*** (0.001)	－0.0108*** (0.003)	－0.103 (0.246)	－0.0000931 (0.966)
VATII	－0.351 (0.882)	0.0123 (0.857)	－0.507 (0.775)	－0.0294 (0.507)
VATCI	3.856** (0.026)	0.0158 (0.749)	1.841 (0.146)	0.0249 (0.428)
SIS	0.0000155 (0.740)	0.000000470 (0.727)	0.0000180 (0.557)	0.000000479 (0.530)
HTEX	0.00884 (0.751)	－0.000118 (0.884)	0.0394* (0.087)	0.000306 (0.592)
SISC	0.00858*** (0.004)	0.000292*** (0.001)	0.0156*** (0.000)	0.000209*** (0.001)
HTEXC	－0.494* (0.089)	－0.0216** (0.011)	－1.264*** (0.000)	－0.0157** (0.013)

续表

	价值链顺向分工结果		整体层面结果	
	PRODY_ va	ln*VAX*	*PRODY_ va*	ln*VAX*
ln*DC*	-3.323*** (0.000)	0.0633*** (0.000)	-0.237 (0.390)	-0.00337 (0.623)
常数项	169.9*** (0.000)	13.50*** (0.000)	140.8*** (0.000)	13.74*** (0.000)
N	140	140	224	224
R^2	0.750	0.386	0.620	0.304

注：括号中为 p 值；*、**、*** 分别表示在 10%、5% 和 1% 的水平上显著。

对比“一带一路”价值链顺向分工下与整体层面下对于中国制造业增加值出口的静态回归结果，可以看出：（1）在主要解释变量方面，$\ln OFDI_{j,t}$和 $\ln OTS_{j,t}$对中国制造业增加值出口都具有显著的正向促进作用，即在中国与“一带一路”沿线国家的价值链顺向分工合作下，价值链中的生产者驱动机制与购买者驱动机制会通过 OFDI 和海外采购的方式对中国制造业出口技术结构的优化产生明显的促进作用。另一方面，与整体层面结果进行对比后可以发现，中国对“一带一路”沿线国家的海外采购在价值链顺向分工下对中国制造业出口技术结构的正向影响并未发生明显变动。（2）在产业共生性指标方面，中国与“一带一路”沿线国家制造业融合性（$VATSDI_{j,t}$）在整体层面下呈现出不显著的正向影响，但在价值链顺向分工中，双边产业融合则对中国制造业增加值出口产生不明显的负向影响；竞争性（$VAESI_{j,t}$）在价值链顺向分工下和整体层面下对于中国制造业增加值出口都具有负向的影响，但在中国与沿线国家的价值链顺向分工中，这一影响更加显著；依存性（$VATII_{j,t}$）在价值链顺向分工中对中国制造业增加值出口具有正向的影响，但结果并不显著；互补性（$VATCI_{j,t}$）在两种情况下对中国制造业增加值出口都具有不显著的正向影响，即双边产业互补会促进中国制造业对“一带一路”沿线国家的增加值出口。（3）在其他控制变量方面，沿线国家基础设施建设水平（$SIS_{j,t}$）在价值链顺向分工下的结果显示仍会促进中国制造业向沿线国家的增加值出口；中国基础设施建设水平（$SISC_t$）对制造业增加值出口有显著的正向影响，结果与整体层面下的结果类似；沿线国家技术水平（$HTEX_{j,t}$）在价值链顺向分工下则具有抑制作用，但结果并不明显；中国技术水平（$HTEXC_t$）对中国制造业增加值出口有显著的负向抑制作用，与整体层面下的结果类似；双边的距离成本（$\ln DC_{j,t}$）对被解释变量具有显著的正向促进作用，说明在中国与“一带一路”沿线国家进行价值链顺向合作过程中，地理距离的增加会促进沿线国家对中国产品的需求，从而扩大中国制造业的增加值出口规模。

综合来看，在静态情况下，无论是“一带一路”价值链内的生产者驱动机制还是购买者驱动机制，都会显著促进中国制造业出口技术结构和增加值出口，并有利于中国制造业的转型升级。在产业共生性指标中，双边产业的融合和竞争会对中国制造业出口技术结构和增加值出口产生负向影响，而且后者对此的抑制作用更加显著；互补性会显著促进中国增加值出口技术结构以及增加值出口；依存性则对二者的作用并不明显。在其他控制变量中，中国与“一带一路”沿线国家基础设施建设均会促进中国制造业出口技术结构的优化和增加值出口规模，且中国基础设施水平的影响更加显著；中国技术水平的提升会显著抑制中国制造业出口技术结构和增加值出口，“一带一路”沿线国家技术水平的提升一方面会有利于中国制造业出口技术结构的优化，另一方面则不利于其增加值出口；双边距离成本会显著抑制中国制造业出口技术结构水平，但也会显著促进其增加值出口。

二 动态分析结果

在分析静态情况下的具体影响之后，本部分进一步从动态视角进行相应分析。为保持逻辑的一致性以及解决内生性问题，本部分仍然使用系统 GMM 方法对各因素长期内的影响进行回归分析，结果如表6－7所示。本部分已对各模型进行序列自相关检验后，结果显示各序列均为一阶自相关，二阶不相关，即扰动项 $\varepsilon_{i,t}$ 不存在自相关。同时，本部分还进行了 Sargan 检验，各模型结果均无法拒绝原假设，说明所选取的工具变量均有效。

表6－7　“一带一路”价值链顺向分工下驱动机制对中国制造业转型升级的动态结果

	PRODY_ va	ln*VAX*
L. *PRODY_ va*	0.676*** (0.000)	
L. ln*VAX*		0.836*** (0.000)
ln*OFDI*	0.0342* (0.056)	－0.000973 (0.178)
ln*OTS*	－0.200*** (0.002)	0.00689* (0.065)
VATSDI	－0.00377*** (0.000)	0.0000509 (0.237)
VAESI	－0.00423 (0.735)	－0.000564 (0.320)
VATII	0.203 (0.505)	0.0965*** (0.000)
VATCI	0.834*** (0.000)	－0.0431*** (0.000)
SIS	－0.00000257 (0.414)	2.82e－08 (0.804)
HTEX	0.00526*** (0.000)	－0.000264*** (0.000)
SISC	0.00508*** (0.000)	0.000685*** (0.000)
HTEXC	－0.489*** (0.000)	－0.0146*** (0.000)

续表

	PRODY_ va	ln*VAX*
ln*DC*	0. 464 ***	0. 150 ***
	(0. 000)	(0. 000)
常数项	47. 30 ***	0. 730 ***
	(0. 000)	(0. 009)
N	120	120

注：括号中为 p 值； * 、 ** 、 *** 分别表示在 10% 、5% 和 1% 的水平上显著。

根据结果，中国制造业出口技术结构的一阶滞后项对自身在 1% 的置信水平上具有显著的正向促进作用，即前一期水平对后一期水平具有明显的“惯性”影响。(1) 在主要解释变量方面，相比于静态状态下的结果，$\ln OFDI_{j,t}$在长期中仍然对中国制造业出口技术结构存在正向促进作用，但其显著性下降较为明显，即“一带一路”价值链中的生产者驱动机制在长期和短期中都会对中国制造业出口技术结构产生正向影响，但这一影响在短期中更加明显；相反，$\ln OTS_{j,t}$则变为显著的负向关系，说明虽然中国对“一带一路”沿线国家制造业的海外采购在短期中会显著促进中国制造业出口技术结构的优化，但在长期中则具有显著的抑制作用。究其原因，中国在与价值链地位较低的“一带一路”沿线国家进行海外采购时，仅会将较为简单的生产过程海外采购给沿线国家，虽然在短期内这会促进中国制造业出口技术结构的改善，但随着时间的推移，中国对沿线国家的出口多会停留在相对简单的产品领域中，从而会抑制中国制造业出口技术结构的优化。(2) 在产业共生性指标方面，产业间的融合性（$VATSDI_{j,t}$）在长期仍具有负向影响，且比短期更加显著；竞争性（$VAESI_{j,t}$）仍具有负向影响，但结果并不明显；依存性（$VATII_{j,t}$）在长期内具有不明显的正向影响，说明双边产业的相互依存虽然在短期内不利于中国制造业出口技术结构的改善，但在长期则会有正向的影响；互补性（$VATCI_{j,t}$）无论在长期还是短期中都对中国制造业出口技术结构有显著的促进作用，且长期中更加显著。(3) 在其他控制变量方面，“一带一路”沿线国家基础设施水平（$SIS_{j,t}$）在长期中具有不显著的负向影响，可以见其对中国制造业出口技术结构的总体影响很弱；中国基础设施水平（$SISC_t$）对被解释变量在长期仍然显著为正，结果相对稳定；“一带一路”沿线国家的技术水平（$HTEX_{j,t}$）对中国制造业出口技术结构的影响在长期中仍为正，且显著性明显提升；中国技术水平（$HTEXC_t$）对制造业出口技术结构的影响仍然显著为负，且显著性明显提升；双边的距离成本（$\ln DC_{j,t}$）在长期具有的显著正面影响，说明虽然距离成本在短期中不利于双边进行贸易合作，但随着中国不断提升国际影响力，由于地理距离所引致的文化、偏好的差异反而会促进对中国产品需求的上升，从而有利于提升中国制造业出口技术结构水平。

中国制造业增加值出口的一阶滞后项对自身具有显著的正向促进作用，即中国制造业对“一带一路”沿线国家增加值出口的前一期水平对后一期水平具有明显的“惯性”影响。(1) 在主要解释变量方面，相比于静态状态下的结果，$\ln OFDI_{j,t}$在长期中对中国制造业增加值出口存在负向抑制作用，但结果并不显著，即“一带一路”价值链中的生产者驱动机制均在长期会通过 OFDI 的形式对中国制造业对沿线国家的增加值出口产生不明显的“挤出效应”；$\ln OTS_{j,t}$则变为在 10% 置信水平上的正向关系，表明无论在短期还是长期，中国对“一带一路”沿线国家制造业的海外采购都会显著促进中国制造业增加值出口规模额扩大，但这一影响在短期中更加显著。(2) 在产业共生性指标方面，产业间融合性（$VATSDI_{j,t}$）具有正向的影响，但结果并不显著，说明双边产业融合虽然在短期内会抑制中国制造业增加值出口，然而长期内仍具有积极影响，但总体结果并不明显；竞争性（$VAESI_{j,t}$）仍具有负向影响，但结果并不明显；依存性（$VATII_{j,t}$）在长期对被解释变量表现出显著的正向影响，说明双边产业相互依存对中国制造业增加值出口的影响在长期更加明显；互补性（$VATCI_{j,t}$）从短期内对被解释变量不明显的正向作用变为长期内的显著负向抑制作用，究其原因，短期中双边产业的互补会有利于中国对价值链顺向分工国家之间的增加值出口，但由于这些“一带一路”沿线国家制造业发展水平相对较弱，因此中国高技术、高附加值产品对其出口较少，出口领域大多局限于复杂度和附加值较低的产品，因此在长期双边产业的互补并不利于中国制造业的增加值出口。（3）在其他控制变量方面，“一带一路”沿线国家基础设施水平（$SIS_{j,t}$）在长期中对中国制造业增加值出口的影响仍然为正且并不显著，结果相对稳定；中国基础设施水平（$SISC_t$）对被解释变量在长期仍然显著为正，结果相对稳定；“一带一路”沿线国家的技术水平（$HTEX_{j,t}$）对中国制造业增加值出口在长期仍具有负向的影响，且显著性明显提升；中国技术水平（$HTEXC_t$）对制造业增加值出口的影响仍然显著为负，且显著性有所提升；双边的距离成本（$\ln DC_{j,t}$）对中国制造业增加值出口的影响仍然显著为正，结果相对稳定。

综合来看，在动态情况下的中国与“一带一路”沿线国家的价值链顺向分工中，中国制造业出口技术结构与增加值出口对自身都表现出显著的“惯性”影响，这也反映出中国应当积极与“一带一路”沿线国家进行价值链顺向分工合作，使出口技术结构与增加值出口规模进入良性循环，从而不断促进中国制造业实现转型升级。在主要解释变量方面，在“一带一路”价值链顺向分工中，生产驱动机制会通过 OFDI 的形式显著提升中国制造业出口技术结构水平，但不利于增加值出口；购买者驱动价值会通过海外采购的形式对中国制造业出口技术结构产生显著的抑制作用，同时也会对增加值出口产生显著的促进作用。总体上来说，在动态情况下，“一带一路”价值链驱动机制对中国转型升级的影响并不明显。在产业共生指标方面，双边产业的融合性与竞争性对中国制造业出口技术结构与增加值出口总体具有负向的影响，融合性则总体具有显著的正向影响，互补性一方面会显著促进中国制造业出口技术结构的优化，另一方面也会显著抑制增加值出口。在其他控制变量方面，“一带一路”沿线国家基础设施建设水平对中国制造业出口技术结构和增加值出口的影响总体较弱，而技术水平在显著促进出口技术结构优化的同时也会显著抑制增加值出口；中国基础设施建设水平会显著促进制造业出口技术结构的优化和增加值出口，但高技术产品的出口（即技术水平）则会显著抑制二者的改善；距离成本对中国制造业出口技术结构和增加值出口均具有显著的促进作用。

第五节　价值链逆向分工下的效应检验

从价值链顺向分工视角对“一带一路”价值链驱动机制对中国制造业转型升级的影响进行实证分析之后，本部分进一步从价值链逆向分工视角出发，对在中国与沿线国家的价值链逆向分工合作过程中，“一带一路”价值链驱动机制对中国制造业转型升级的静态和动态影响效应进行实证分析。

在样本选取方面，本部分根据前文对“一带一路”沿线国家制造业 GVC 位置指数的测算来判断某一国家制造业与中国制造业在全球价值链中的相对位置，并将位置指数高于中国的沿线国家视为与中国进行价值链逆向分工合作的国家。具体来说，在全部 32 个“一带一路”样本国家中，韩国、新加坡、俄罗斯、波兰、印度、马来西亚等 12 个国家的制造业 GVC 位置指数高于中国，即在“一带一路”价值链中，中国与这些国家在制造业中主要进行价值链逆向分工合作。

根据前文数理模型的推导结果，在价值链逆向分工情况下，处于价值链相对下游位置的发展中国家与价值链相对上游位置的发达国家之间的价值链逆向分工一方面会改善相对上游国家国内的出口技术结构，并提升相对下游国家的国内技术水平，改善其国内的产业结构，增强其对更高复杂度的中间品与最终品的供应与生产能力，从而促进其实现产业转型升级。因此，本部分基于模型（6.3）和

（6.4）对中国与“一带一路”沿线国家价值链顺向分工合作的价值链驱动机制对中国制造业转型升级的具体影响进行实证检验。

一　静态分析结果

在静态状态下，价值链逆向分工合作中的价值链驱动机制对中国制造业转型升级的影响如表 6－8 所示。其中各模型已通过豪斯曼检验，且结果显著，表明模型（6.3）和（6.4）均适用于固定效应。本部分也将整体层面相应模型的回归结果放入表 6－8 中，从而对“一带一路”价值链逆向分工下的结果与整体层面相关的结果进行对比分析。

表 6－8　“一带一路”价值链逆向分工下驱动机制对中国制造业转型升级的静态结果

	价值链逆向分工结果		整体层面结果	
	TS	*TL*	*TS*	*TL*
ln*OFDI*	0.00147 *** (0.000)	－5.971 *** (0.000)	0.00319 *** (0.000)	－2.425 *** (0.000)
ln*OTS*	0.00101 * (0.050)	－1.316 (0.596)	－0.00357 ** (0.015)	－0.868 (0.427)
VATSDI	－0.00000556 (0.164)	0.00102 (0.796)	－0.0000264 * (0.051)	0.00748 (0.459)
VAESI	0.0000867 ** (0.048)	－0.206 * (0.067)	－0.000185 (0.322)	0.184 (0.191)
VATII	－0.000723 (0.493)	2.693 (0.226)	0.00127 (0.736)	1.458 (0.605)
VATCI	0.000422 (0.445)	－0.626 (0.674)	－0.000417 (0.876)	－4.661 ** (0.021)
SIS	－1.18e－08 * (0.054)	0.0000453 *** (0.009)	－2.78e－09 (0.966)	－0.0000387 (0.425)
HTEX	0.0000126 (0.248)	－0.0385 * (0.064)	0.0000702 (0.150)	－0.0492 (0.178)

续表

	价值链逆向分工结果		整体层面结果	
	TS	*TL*	*TS*	*TL*
SISC	0.0000769 *** (0.000)	0.00800 ** (0.041)	0.000103 *** (0.000)	0.000826 (0.831)
HTEXC	-0.000970 *** (0.000)	-0.341 ** (0.043)	-0.00307 *** (0.000)	-0.341 (0.394)
ln*DC*	-0.0139 *** (0.000)	-0.263 (0.870)	-0.000443 (0.448)	0.257 (0.556)
常数项	0.304 *** (0.000)	104.5 *** (0.000)	0.223 *** (0.000)	32.41 * (0.059)
N	84	84	224	224
R^2	0.993	0.723	0.837	0.354

注：括号中为 p 值；*、** 、*** 分别表示在 10%、5% 和 1% 的水平上显著。

对比“一带一路”价值链逆向分工下与整体层面下对于中国制造业结构合理化的静态回归结果，可以看出：（1）在主要解释变量方面，“一带一路”价值链逆向分工合作下的 $\ln OFDI_{j,t}$ 和 $\ln OTS_{j,t}$ 对中国制造业结构的合理化都具有显著的正向促进作用，且前者更加显著，即在中国与“一带一路”沿线国家的价值链逆向分工合作下，价值链中的生产者驱动机制与购买者驱动机制会通过 OFDI 和海外采购的方式对中国制造业结构合理化水平产生明显的促进作用，且生产者驱动机制的促进作用更加明显。对比整体层面结果后发现，中国对“一带一路”沿线国家的海外采购在价值链逆向分工下对中国制造业结构合理化变为显著的正向影响。（2）在产业共生性指标方面，中国与“一带一路”沿线国家制造业融合性（$VATSDI_{j,t}$）在价值链逆向分工下的结果与整体层面结果相似，即都不利于中国制造业结构的合理化，但结果并不显著；竞争性（$VAESI_{j,t}$）对中国制造业结构的合理化在 5% 的置信水平上具有显著的正向促进作用，即在中国与“一带一路”沿线国家进行价值链逆向分工时，产业间的相互竞争会倒逼中国制造业进行产业结构优化，从而促进其合理化水平；依存性（$VATII_{j,t}$）都对被解释变量具有不明显的负向影响，且系数较小，影响较弱；互补性（$VATCI_{j,t}$）对被解释变量有正向关系，但同样影响不显著且系数较小。（3）在其他控制变量方面，“一带一路”沿线国家基础设施建设水平（$SIS_{j,t}$）在价值链逆向分工下对中国制造业结构合理化的抑制作用在10%的置信水平上显著，但系数非常小，其与整体层面结果相类似；中国基础设施建设水平（$SISC_t$）对制造业结构合理化在“一带一路”价值链逆向分工合作下仍具有显著的正向影响，结果与整体层面下的结果类似；“一带一路”沿线国家技术水平（$HTEX_{j,t}$）对中国制造业结构合理化在价值链逆向分工下仍具有正向作用，与整体层面结果类似；与此相似，中国技术水平（$HTEXC_t$）对中国制造业结构合理化也有显著的负向抑制作用，与整体层面结果类似；双边的距离成本（$\ln DC_{j,t}$）在1%的置信水平上对被解释变量具有显著的负向抑制作用，比整体层面结果的显著性更强，说明距离成本对中国制造业结构合理化的影响在价值链逆向分工下更为明显。

对比“一带一路”价值链逆向分工下与整体层面下对于中国制造业结构高级化的静态回归结果，可以看出：（1）在主要解释变量方面，“一带一路”价值链逆向分工合作下的$\ln OFDI_{j,t}$和$\ln OTS_{j,t}$对中国制造业结构的高级化都具有负向抑制作用，前者在1%的置信水平上显著，但后者结果并不显著，即在中国与“一带一路”沿线国家的价值链逆向分工合作下，价值链中的生产者驱动机制与购买者驱动机制会通过OFDI和海外采购的方式对中国制造业结构高级化水平产生抑制作用，且生产者驱动机制的促进作用更加明显。与整体层面结果进行对比后可以发现，中国对“一带一路”沿线国家的海外采购在价值链逆向分工下对中国制造业结构合理化变为显著的正向影响。（2）在产业共生性指标方面，中国与“一带一路”沿线国家制造业融合性（$VATSDI_{j,t}$）在价值链逆向分工下的结果与整体层面结果相似，都有利于中国制造业结构的高级化，但结果并不显著；

竞争性（$VAESI_{j,t}$）在长期对中国制造业结构的高级化在10%的置信水平上具有显著的负向抑制作用，即在中国与“一带一路”沿线国家进行价值链逆向分工时，产业间的相互竞争会抑制中国制造业结构高级化；依存性（$VATII_{j,t}$）在长期和短期中都会对被解释变量具有不明显的正向影响，且结果相对稳定；互补性（$VATCI_{j,t}$）在长期也对被解释变量具有负向影响，但并不显著，说明双边产业互补对中国制造业高级化的抑制作用在短期明显，而在长期不明显。(3) 在其他控制变量方面，“一带一路”沿线国家基础设施建设水平（$SIS_{j,t}$）在价值链逆向分工下对中国制造业结构高级化在10%的置信水平上显著为正，但系数依旧较小，说明沿线国家基础设施水平虽然在短期不利于中国制造业结构的高级化，但在长期仍会存在显著的正向影响，但总体影响较小；中国基础设施建设水平（$SISC_t$）对制造业结构高级化在“一带一路”价值链逆向分工合作下仍具有正向影响，且结果更加显著；“一带一路”沿线国家技术水平（$HTEX_{j,t}$）对被解释变量在价值链逆向分工下仍具有负向作用，且比整体层面结果更为显著；与此相似，中国技术水平（$HTEXC_t$）在“一带一路”价值链逆向分工中对中国制造业结构高级化也有负向抑制作用，且比整体层面结果更加显著；双边的距离成本（$\ln DC_{j,t}$）长期对被解释变量具有负向影响，但结果并不显著。

二　动态分析结果

在分析静态情况下的中国与“一带一路”沿线国家价值链逆向分工合作过程中价值链驱动机制对中国制造业转型升级的具体影响之后，本部分进一步从动态视角出发，对这一影响在动态情况下的结果进行分析。为保持逻辑的一致性以及内生性问题，本部分仍然使用系统GMM方法对各因素长期内的影响进行回归分析，结果如表6-9所示。与前文相似，本部分已对各模型进行序列自相关检验后，结果显示各序列均为一阶自相关，二阶不相关，即扰动项$\varepsilon_{i,t}$不存在自相关。同时，本部分还进行了Sargan检验，各模型结果均无法拒绝原假设，说明所选取的工具变量均有效。

表6-9 “一带一路”价值链逆向分工下驱动机制对中国制造业转型升级的动态结果

	TS	*TL*
TS	0.371*** (0.000)	
TS		0.105*** (0.000)
ln*OFDI*	0.00947*** (0.000)	-1.229*** (0.004)
ln*OTS*	-0.00736*** (0.006)	-1.420** (0.039)
VATSDI	0.00000377 (0.229)	-0.000709** (0.018)
VAESI	0.000319*** (0.002)	0.0289 (0.135)
VATII	0.0333*** (0.000)	8.479** (0.021)
VATCI	-0.00249 (0.449)	-0.444 (0.372)
SIS	-7.82e-08*** (0.009)	-0.00000650 (0.135)
HTEX	-0.0000124 (0.333)	-0.00575** (0.029)
SISC	0.0000556*** (0.000)	0.00302** (0.013)
HTEXC	-0.000552*** (0.005)	0.0993*** (0.000)
ln*DC*	-0.00138 (0.302)	0.881** (0.013)

续表

	TS	TL
常数项	-0.89821 (0.135)	2.62751 (0.250)
N	72	72

注：括号中为p值；*、**、***分别表示在10%、5%和1%的水平上显著。

根据“一带一路”价值链逆向分工下价值链驱动机制对于中国制造业结构合理化的动态回归结果，可以看出中国制造业结构合理化水平的一阶滞后项对自身在1%的置信水平上具有显著的正向促进作用，即中国制造业结构合理化的前一期水平对后一期水平具有明显的“惯性”影响。（1）在主要解释变量方面，相比于静态状态下的结果，$\ln OFDI_{j,t}$在长期中仍然对中国制造业结构合理化水平在1%的置信水平上显著为正，且影响系数有所提升，即无论在长期还是短期中，“一带一路”价值链中的生产者驱动机制均会通过OFDI的形式对中国制造业结构合理化产生显著的正向影响，且比短期中的影响更大；相反，$\ln OTS_{j,t}$则变为在1%置信水平上的负向关系，表明虽然中国对“一带一路”沿线国家制造业的海外采购在短期中会显著促进中国制造业结构的合理化，但在长期中会具有显著的抑制作用。究其原因，在制造业价值链地位相对较高的“一带一路”沿线国家中，存在蒙古国、哈萨克斯坦、吉尔吉斯斯坦等国家，虽然这些国家由于提供大量资源产品等原因使其地位高于中国，但其自身经济和技术的整体发展水平仍然较弱，因此中国在对这些国家进行逆向海外采购时，虽然短期内会有利于中国制造业结构的合理化，但长期并不会形成明显的“逆向技术溢出效应”，同时还会造成一定程度的要素错配，从而抑制中国制造业的合理化。这也说明“一带一路”价值链中的生产者驱动机制在长期中对中国制造业结构合理化仍具有明显的正向影响，但购买者驱动机制则在长期中则会对其产生显著的负向影响。（2）在产业共生性指标方面，产业间融合性

（$VATSDI_{j,t}$）对中国制造业结构合理化在长期变为正向影响，但总体影响仍然较小；竞争性（$VAESI_{j,t}$）仍具有显著的正向影响，且在动态情况下这一影响表现得更加明显；依存性（$VATII_{j,t}$）对被解释变量在长期变为显著的正向影响，即虽然双边产业相互依存在短期不利于中国制造业结构合理化，但在长期仍会具有显著的促进作用；互补性（$VATCI_{j,t}$）在长期对中国制造业结构合理化虽然具有负向影响，但结果并不明显且影响系数较小。（3）在其他控制变量方面，“一带一路”沿线国家基础设施水平（$SIS_{j,t}$）在长期中对中国制造业结构合理化的影响仍然为负，且在1%的置信水平上显著，即显著性明显提升；中国基础设施水平（$SISC_t$）对被解释变量在长期仍然显著为正，结果相对稳定；“一带一路”沿线国家的技术水平（$HTEX_{j,t}$）对中国制造业结构合理化的影响在长期中变为负向，且结果并不显著；中国技术水平（$HTEXC_t$）对被解释变量的影响仍然显著为负，结果相对稳定；双边的距离成本（$\ln DC_{j,t}$）对中国制造业结构合理化的影响在长期仍然为负，但结果并不显著，即距离成本的影响主要集中在短期。

根据“一带一路”价值链逆向分工下价值链驱动机制对于中国制造业结构高级化的动态回归结果，可以看出中国制造业结构高级化的一阶滞后项对自身在1%的置信水平上具有显著的正向促进作用，即中国制造业结构高级化的前一期水平对后一期水平具有明显的“惯性”影响。（1）在主要解释变量方面，相比于静态状态下的结果，$\ln OFDI_{j,t}$在长期中对中国制造业结构的高级化仍存在显著负向抑制作用，但系数有较为明显的降低，即“一带一路”价值链中的生产者驱动机制均在长期仍会通过OFDI的形式对中国制造业结构高级化产生明显的抑制作用，但在长期中该影响程度下降明显；$\ln OTS_{j,t}$则变为在5%置信水平上的负向关系，表明无论在短期还是长期中，“一带一路”价值链中的购买者驱动机制都会通过海外采购的方式对中国制造业结构的高级化产生抑制作用，且这一影响在长期中更加显著。究其原因，在“一带一路”价值链逆向分工合作的样本中，除了韩国、俄罗斯等国家具有较强经济实力外，其他国家技术水平与中国相比并没有较大的差距，因此对沿线国家的投资和海外采购无法形成有效的“逆向技术溢出效应”，从而无法促进中国制造业结构的升级，即“一带一路”价值链驱动机制目前尚无法对中国产业结构优化产生积极影响。（2）在产业共生性指标方面，产业间融合性（$VATSDI_{j,t}$）对中国制造业结构的高级化由短期中的不明显正向作用变为长期中的显著负向影响，说明双边产业融合虽然在短期内会有利于中国制造业结构的高级化，然而长期内会具有显著的负向影响；竞争性（$VAESI_{j,t}$）仍具有负向影响，但相对于静态结果，在动态情况下这一负向影响表现得并不明显；依存性（$VATII_{j,t}$）在长期对被解释变量仍表现出正向影响，且在1%的置信水平上显著，说明双边产业相互依存对中国制造业增加值出口的影响在长期更加明显；互补性（$VATCI_{j,t}$）无论在长期还是短期中都对被解释变量具有不显著的负向影响，结果相对稳定。（3）在其他控制变量方面，“一带一路”沿线国家基础设施水平（$SIS_{j,t}$）在长期中对中国制造业结构高级化具有不显著的负向影响，即沿线国家基础设施建设在短期中会显著促进中国制造业结构的高级化，但在长期内，这一影响并不明显，且由正向影响变为负向影响；中国基础设施水平（$SISC_t$）对被解释变量在长期仍然显著为正，结果相对稳定；“一带一路”沿线国家的技术水平（$HTEX_{j,t}$）对中国制造业结构的高级化在长期仍具有负向的影响，且显著性明显提升；中国技术水平（$HTEXC_t$）在长期中对制造业结构高级化变为显著的负向影响；双边的距离成本（$\ln DC_{j,t}$）对中国制造业结构高级化的影响由短期内不显著抑制作用变为长期中显著的促进作用，究其原因，较为发达的国家大多处于欧美等与中国距离较远的地方，与这些国家进行价值链分工会促进中国制造业的高级化，因此会呈现出显著的正向影响。

综合来看，在中国与“一带一路”沿线国家进行价值链逆向分工合作的过程中，中国制造业结构的合理化和高级化都会对自身具有显著的正向影响，即制造业产业结构的上一期水平会促进下一期产业结构的进一步升级。对于“一带一路”价值链驱动机制来说，在价值链逆向分工的静态分析中，生产者驱动机制和购买者驱动机制会通过中国对沿线国家 OFDI 和海外采购的方式对中国制造业结构的合理化产生显著的正向促进作用，但会对高级化产生抑制作用，且 OFDI 的负向影响更加显著；在价值链逆向分工的动态分析中，购买者驱动机制对中国制造业结构合理化有显著的负向影响和生产者驱动机制具有显著的正向影响，但从系数上来看，总体仍对中国制造业结构合理化具有显著正向影响，同时生产者驱动机制和购买者驱动机制都对中国制造业结构的高级化有显著的负向影响。可以看出，中国与“一带一路”沿线国家的逆向分工合作中，价值链驱动机制对中国制造业结构的优化并未完全发挥出应有的作用。

第六节　基于企业层面的进一步讨论

在产业层面检验“一带一路”价值链驱动机制对中国制造业转型升级的整体影响以及在“一带一路”价值链顺向分工和逆向分工中的具体影响之后，本部分进一步深入到微观企业，尝试从更丰富的视角考察“一带一路”价值链驱动机制对中国制造业转型升级的作用。此外，根据前文数理模型的推导结果，参与“一带一路”价值链分工会通过出口技术结构、出口规模和产业结构三个方面影响中国制造业产业转型升级，但考虑到参与价值链分工的主体为微观企业，因此本部分的讨论可以在微观层面更好地反映参与“一带一路”价值链分工对中国制造业转型升级的影响。并且，生产效率可以反映企业在生产环节中的综合水平，而产业中企业平均生产效率的变动则能从更加综合的角度考察该产业是否实现转型升级。因此，本部分重点检验了参与“一带一路”价值链分工对中国制造业企业平均生产效率的影响。

一 计量模型设定与数据选取

（一）计量模型设定

结合前文公式（6.1）—（6.4），本部分引入制造业企业的平均生产效率作为被解释变量，以基于企业层面衡量制造业总体的发展情况，具体模型如公式（6.8）所示。

$$TFP_t = \alpha_0 + \alpha_1 \ln OFDI_{j,t} + \alpha_2 \ln OTS_{j,t} + \alpha_3 VATSDI_{j,t} + \alpha_4 VAESI_{j,t} + \alpha_5 VATCI_{j,t} + \alpha_6 VATII_{j,t} + \alpha_7 SIS_{j,t} + \alpha_8 HTEX_{j,t} + \alpha_9 SISC_t + \alpha_{10} HTEXC_t + \alpha_{11} \ln DC_{j,t} + \varepsilon_t \quad (6.8)$$

式（6.8）中，TFP_t 为被解释变量，表示中国制造业企业每年的平均生产效率。本部分基于随机前沿模型（Stochastic Frontier Analysis，SFA）对企业生产效率进行测算。具体来说，本部分将利润作为产出变量，将固定资产投资和劳动力投资作为投入变量，并以此计算企业生产效率。其中，以净利润来衡量企业利润，以固定资产净值来衡量固定资产投资，以应付职工薪酬来衡量劳动力投入。此外，公式（6.8）中的主要解释变量以及控制变量与公式（6.1）—（6.4）均保持一致。

（二）数据选取

考虑到数据的可得性，本部分使用 FRONTIER 4.1 软件，基于国泰安数据库（CSMAR）中属于工业行业的上市公司财务数据对2011—2017 年的企业生产效率进行测算。另外，考虑到上市公司的存续问题以及数据的连贯性问题，本部分在样本中剔除了在 2011 年之后新上市的企业，仅保留从 2011—2017 年持续经营的上市公司，最终选取 1518 家作为研究样本。

二 静态分析结果

本部分首先对“一带一路”价值链驱动机制对中国制造业企业平均生产效率的总体影响以及价值链顺向分工和价值链逆向分工下

产生的具体影响进行检验，具体结果如表 6 - 10 所示①。

表 6 - 10 “一带一路”价值链驱动机制对中国制造业企业生产效率的静态结果

	TFP		
	总体分工下的影响	顺向分工下的影响	逆向分工下的影响
ln*OFDI*	0.0114 ** (0.035)	-0.0000704 (0.973)	0.0100 * (0.055)
ln*OTS*	0.0284 ** (0.018)	0.0156 ** (0.013)	0.0218 (0.212)
VATSDI	0.0000944 (0.235)	0.000102 (0.503)	-0.00000899 (0.841)
VAESI	0.00210 *** (0.006)	-0.0000631 (0.970)	0.00258 ** (0.017)
VATII	-0.00206 (0.928)	0.0197 (0.535)	-0.0130 (0.601)
VATCI	-0.0353 * (0.058)	-0.0833 *** (0.003)	-0.0168 (0.570)
SIS	-0.000000106 (0.321)	3.86e-08 (0.869)	-9.99e-08 (0.605)
HTEX	-0.000147 (0.289)	0.0000448 (0.720)	0.0000630 (0.646)
SISC	-0.0000559 *** (0.003)	0.0000306 (0.115)	0.0000271 (0.187)
HTEXC	-0.00734 *** (0.000)	-0.0180 *** (0.000)	-0.0125 *** (0.000)
ln*DC*	-0.000440 (0.885)	0.0534 *** (0.000)	0.0400 *** (0.002)

① 考虑到篇幅原因，除主要解释变量和产业共生性指标外，其他控制变量的结果不再赘述。

续表

	TFP		
	总体分工下的影响	顺向分工下的影响	逆向分工下的影响
常数项	0.155 (0.126)	-0.112 (0.245)	-0.222 (0.159)
N	224	140	84
R^2	0.226	0.443	0.431

注：括号中为 p 值；*、**、*** 分别表示在 10%、5% 和 1% 的水平上显著。

在“一带一路”价值链分工对中国制造业企业生产效率的总体影响中，（1）在主要解释变量方面，$\ln OFDI_{j,t}$在 5% 的置信水平上显著为正，说明从整体来看，“一带一路”价值链中的生产者驱动机制对中国制造业企业的生产效率具有明显的促进作用，也说明在短期内进行 OFDI 会提升制造业微观企业的生产效率。$\ln OTS_{j,t}$在 5% 的置信水平上显著为正，说明从整体上来看，“一带一路”价值链中的购买者驱动机制对中国制造业企业的生产效率具有明显的促进作用，也说明在短期内对“一带一路”沿线国家的外包和海外采购会显著提升中国制造业企业的生产效率，这也与沈春苗（2017）、徐杰等（2012）、陈羽等（2014）学者的研究结果相类似。（2）在产业共生性指标方面，$VATSDI_{j,t}$和 $VATII_{j,t}$结果并不显著，说明与“一带一路”沿线国家产业间的融合性和依存性并不会对中国制造业企业的生产效率产生影响；$VAESI_{j,t}$在 1% 的置信水平上显著为正，说明双边产业间的竞争会刺激中国制造业企业生产效率提升；相反，$VATCI_{j,t}$在 10% 的置信水平上显著为负，说明双边产业间的互补会抑制企业生产效率的提升。

在“一带一路”价值链顺向分工对中国制造业企业生产效率的影响中，（1）在主要解释变量方面，$\ln OFDI_{j,t}$的结果并不显著，这说明“一带一路”价值链中的生产者驱动机制在顺向分工下对中国制造业企业的生产效率并不会产生明显的影响，也说明在短期内的顺向分工中，对“一带一路”沿线国家进行OFDI并不会促进中国制造业企业生产效率的提升。$\ln OTS_{j,t}$在5%的置信水平上显著为正，即“一带一路”价值链中的购买者驱动机制在顺向分工下会对中国制造业企业的生产效率产生明显的正向影响，也说明在短期内的顺向分工中，对“一带一路”沿线国家进行外包和海外采购可以帮助提升中国制造业企业生产效率。（2）在产业共生性指标方面，$VAESI_{j,t}$的结果并不显著，说明在“一带一路”价值链顺向分工中，中国与沿线国家的产业竞争并不会对中国制造业企业生产效率产生明显影响。$VATCI_{j,t}$仍然呈现出显著的负向作用，且显著性进一步增强，说明产业互补对中国制造业企业生产效率的抑制作用在“一带一路”价值链顺向分工中更加明显。

在“一带一路”价值链逆向分工对中国制造业企业生产效率的影响中，（1）在主要解释变量方面，$\ln OFDI_{j,t}$在10%的置信水平上显著为正，即“一带一路”价值链中的生产者驱动机制在逆向分工下对中国制造业企业的生产效率会产生明显的促进作用，也说明在短期内的逆向分工下，对“一带一路”沿线国家进行OFDI有利于提升中国制造业企业生产效率。$\ln OTS_{j,t}$的结果并不显著，即“一带一路”价值链中的购买者驱动机制在逆向分工下对中国制造业企业的生产效率并不会产生明显的影响，也说明在短期内的逆向分工中，对“一带一路”沿线国家进行外包和海外采购无法帮助提升中国制造业企业生产效率。（2）在产业共生性指标方面，$VAESI_{j,t}$在5%的置信水平上显著为正，说明产业竞争对中国制造业企业生产效率的促进作用在“一带一路”价值链逆向分工中更加明显。$VATCI_{j,t}$的结果不再显著，说明在“一带一路”价值链逆向分工中，中国与沿线国家的产业互补并不会对中国制造业企业生产效率产生明显影响。

综合来看，根据静态分析的结果，参与“一带一路”价值链分工会通过生产者驱动和购买者驱动机制在短期内对中国制造业企业生产效率有显著的促进作用，即会全面促进中国制造业的转型升级。其中，生产者驱动机制在“一带一路”价值链逆向分工中的作用更加明显，而购买者驱动机制在“一带一路”价值链顺向分工中的作用更加明显。此外，在短期，中国与“一带一路”沿线国家产业间的竞争与互补会在总体上对中国制造业企业的生产效率分别产生明显的促进作用和阻碍作用，其中产业竞争的促进作用主要体现在“一带一路”价值链逆向分工中，而产业互补的抑制作用主要体现在“一带一路”价值链顺向分工中。这可以反映出，为促进中国制造业企业生产效率的提升，不应过度重视与“一带一路”沿线国家间的产业互补，应更加注重如何提升产业间的竞争关系，倒逼企业实现生产的全面升级。

三 动态分析结果

在静态分析之后，本部分进一步从动态视角出发，使用系统GMM方法进行企业层面的分析。结果如表6－11所示①。

表6－11 “一带一路”价值链驱动机制对中国制造业企业生产效率的动态结果

	TFP		
	总体分工下的影响	顺向分工下的影响	逆向分工下的影响
L. *TFP*	-0.756***	-0.545***	-1.663***
	(0.000)	(0.000)	(0.000)
ln*OFDI*	0.0150***	0.0124***	0.0681***
	(0.000)	(0.005)	(0.000)
ln*OTS*	0.0231***	0.0539***	0.0304
	(0.000)	(0.000)	(0.193)

① 考虑到篇幅原因，除主要解释变量和产业共生性指标外，其他控制变量的结果不再赘述。与前文相似，本部分已对各模型进行序列自相关检验，结果显示各序列均为一阶自相关，二阶不相关，即扰动项不存在自相关。同时，本部分还进行了sargan检验，各模型结果均无法拒绝原假设，说明所选取的工具变量均有效。

续表

	TFP		
	总体分工下的影响	顺向分工下的影响	逆向分工下的影响
VATSDI	0.000359*** (0.000)	0.000208 (0.124)	0.0000629 (0.428)
VAESI	0.00152*** (0.010)	-0.00787* (0.057)	0.00708*** (0.000)
VATII	0.0630*** (0.006)	0.0758 (0.121)	-0.0508 (0.119)
VATCI	-0.0637*** (0.000)	-0.156*** (0.000)	-0.0299* (0.090)
SIS	-0.000000329 (0.190)	-0.000000585 (0.347)	-0.000000359 (0.417)
HTEX	-0.000439 (0.151)	-0.000122 (0.610)	0.000198 (0.615)
SISC	-0.000122*** (0.000)	-0.0000356 (0.317)	-0.000158*** (0.000)
HTEXC	-0.0288*** (0.000)	-0.0353*** (0.000)	-0.0161*** (0.000)
lnDC	-0.00307 (0.000)	0.0623*** (0.000)	-0.360*** (0.000)
常数项	0.945*** (0.000)	0.428** (0.029)	-1.663*** (0.000)
N	192	120	72

注：括号中为p值；*、**、***分别表示在10%、5%和1%的水平上显著。

被解释变量的一阶滞后项无论是在总体影响中还是在顺向分工或逆向分工下的影响中，都表现出显著的负向影响。一方面，这说明中国制造业企业前一期的生产效率对后一期的生产效率存在明显的“惯性”影响；另一方面，说明中国制造业企业仅依靠自身条件无法在生产效率方面形成显著的内在提升动力，亦说明中国制造业转型升级缺少一定的内生动力，因此需要积极寻求对外合作，并借助对外合作促进中国制造业实现全面升级。这也从侧面印证了中国构建和参与“一带一路”价值链的重要性。

在“一带一路”价值链分工对中国制造业企业生产效率的总体影响中，(1) 在主要解释变量方面，$\ln OFDI_{j,t}$和$\ln OTS_{j,t}$都在1%的置信水平上显著为正，说明长期参与“一带一路”价值链分工，其生产者和购买者驱动机制总体上依然会对中国制造业企业生产效率产生明显的促进作用，结果较为稳定，且相对于静态分析结果，动态情况下二者的促进作用更加显著。这也说明了对“一带一路”沿线国家进行OFDI以及外包和海外采购不仅会在短期内促进中国制造业企业生产效率的提升，这一影响也会稳定地持续到长期。(2) 在产业共生性指标方面，$VATSDI_{j,t}$和$VATII_{j,t}$的结果均在1%的置信水平上显著为正，说明虽然在短期内产业间的融合与依存并无法对中国制造业企业生产效率产生明显影响，但长期紧密的产业关系则可以显著促进企业生产效率的提升；$VAESI_{j,t}$依旧保持了在1%的置信水平上显著为正，结果并未发生明显变化；$VATCI_{j,t}$的结果相比于静态情况下，显著性进一步增强，说明在长期内，产业间的互补仍会造成企业生产效率的损失。

在“一带一路”价值链顺向分工对中国制造业企业生产效率的影响中，(1) 在主要解释变量方面，$\ln OFDI_{j,t}$在1%的置信水平上显著为正，即“一带一路”价值链中的生产者驱动机制在顺向分工下对中国制造业企业的生产效率会产生明显的促进作用，这与动态情况下的总体结果保持一致，也说明相比于短期，在“一带一路”价值链顺向分工下，通过对沿线国家OFDI而产生的企业生产效率提升作用长期内会更加明显。$\ln OTS_{j,t}$在1%的置信水平上显著为正，即“一带一路”价值链中的购买者驱动机制在顺向分工下对中国制造业企业的生产效率会产生明显的促进作用，这不仅与总体结果保持一致，且相比于短期，长期内对沿线国家外包和海外采购对中国制造业企业生产效率的促进作用会更加明显。(2) 在产业共生性指标方面，$VAESI_{j,t}$变为在10%的置信水平上显著为负，说明在参与“一带一路”价值链顺向分工过程中，中国不应与沿线国家保持长期的产业竞争，这不利于制造业企业生产效率的提升。同时，$VATCI_{j,t}$在1%的置信水平上显著为负，这无论与动态情况下的总体结果还是与静态情况下参与“一带一路”价值链顺向分工的结果均保持一致，也进一步验证了这一抑制作用主要存在于顺向分工中。

在“一带一路”价值链逆向分工对中国制造业企业生产效率的影响中，（1）在主要解释变量方面，$\ln OFDI_{j,t}$在1%的置信水平上显著为正，即在长期参与“一带一路”价值链逆向分工过程中，生产者驱动机制会对中国制造业企业的生产效率产生明显的促进作用，这与短期内的结果相似，同时也可看出，相比于短期，在“一带一路”价值链逆向分工下对沿线国家进行OFDI在长期内将更加有利于提升中国制造业企业生产效率，提升作用将更加明显。另外，$\ln OTS_{j,t}$的结果并不显著，即“一带一路”价值链中的购买者驱动机制在逆向分工下对中国制造业企业的生产效率并不会产生明显的影响，这与短期内的结果保持一致。（2）在产业共生性指标方面，$VAESI_{j,t}$在1%的置信水平上显著为正，这不仅说明产业竞争在“一带一路”价值链逆向分工中对中国制造业企业生产效率的促进作用长期内会更加明显，也进一步验证了这一促进作用主要存在于逆向分工而非顺向分工中。$VATCI_{j,t}$在10%的置信水平上显著为负，说明相比于短期，产业互补对中国制造业企业所造成的生产效率缺失在长期内会更加明显，但这种抑制作用相较于顺向分工来说相对较弱。

综合来看，根据动态分析结果，参与“一带一路”价值链分工在长期依旧会通过生产者驱动和购买者驱动机制在短期内对中国制造业企业生产效率产生明显的促进作用，即会全面促进中国制造业的转型升级，且这一促进作用相较于短期更加显著。其中，无论是在“一带一路”价值链顺向分工还是逆向分工中，生产者驱动机制长期内都会发挥明显的正向促进作用，而购买者驱动机制依旧在“一带一路”价值链顺向分工中会产生更为明显的促进作用。此外，在长期，中国与“一带一路”沿线国家产业间的融合与依存总体上会发挥对制造业企业生产效率的促进作用。产业竞争在“一带一路”价值链顺向分工和逆向分工中会表现出相反的影响，而无论在哪一类分工中，产业互补都会对中国制造业企业生产效率产生明显的抑制作用。这可以反映出，长期内为促进中国制造业实现全面升级，应当注重产业间的融合、依存和竞争关系构建。

第七节　本章小结

本章在前文对理论模型和相关影响机理进行分析的基础上，结合“产业共生水平评价指标体系”，构建计量模型，并选取相应样本对“一带一路”价值链驱动机制对中国制造业转型升级的影响进行实证检验。具体来说，根据“三国价值链分工模型”的推导结果，本书使用出口技术结构、增加值出口规模、产业结构的合理化与高级化4个指标来全面衡量中国制造业的转型升级程度。本部分首先从整体层面出发，对这一影响进行静态和动态分析，结果显示：各被解释变量均对自身具有显著的“惯性”作用，即显著促进了自身水平的提升；“一带一路”价值链中的生产者驱动机制和购买者驱动机制虽然会通过OFDI和海外采购的形式对部分被解释变量产生负向抑制作用，但总体上仍有利于中国制造业的转型升级；从产业共生性方面来说，虽然双边产业间融合性、竞争性、依存性和互补性对不同被解释变量之间的影响有所不同，但总体上来说，通过中国与“一带一路”沿线国家间长期的分工合作，双边产业共生性有利于中国实现制造业的转型升级。

其次，本章结合对“一带一路”沿线国家制造业在全球价值链中的位置测算结果以及模型推导出的假设条件，进一步将样本国家按照位置的相对高低分为两组，即价值链地位低于中国的划分在“价值链顺向分工”组中，而高于中国的划分在“价值链逆向分工”组中，从而对中国与“一带一路”沿线国家进行价值链顺向和逆向分工中价值链驱动机制对中国制造业转型升级的具体影响进行分析。结果显示，在价值链顺向分工中：中国制造业出口技术结构和增加值出口对自身具有显著的正向促进作用；“一带一路”价值链中的生产者驱动机制和购买者驱动机制在静态情况下对中国制造业对“一带一路”沿线国家的出口技术结构和增加值出口规模都具有显著的正向促进作用，而在动态情况下生产者驱动机制对二者的影响总体为正，购买者驱动机制的影响则总体为负，说明中国在与沿线国家进行价值链顺向合作中更应注重生产者驱动下的分工，即加强对沿线国家的 OFDI，从而不断促进中国制造业转型升级；产业共生性指标对中国制造业转型升级的影响总体较差，说明在未来中国应当进一步提高与沿线国家制造业间的共生水平。在价值链逆向分工中：中国制造业结构的合理化和高级化对自身都具有显著的促进作用；“一带一路”价值链中的生产者驱动机制和购买者驱动机制无论在静态还是动态情况下，总体上都会对中国制造业合理化水平具有正向作用，但对高级化水平则都具有显著的负向作用，说明中国与“一带一路”沿线国家的价值链逆向分工合作虽然有利于中国制造业结构的合理化，但不利于高级化发展，即逆向 OFDI 和逆向海外采购的“逆向技术溢出效应”并未有效发挥；产业共生性指标对中国制造业产业结构的影响总体表现一般，总体上并未表现出明显的促进作用或抑制作用，进一步说明中国应进一步优化与沿线国家制造业间的共生水平。

最后，本部分深入到企业层面，基于工业上市公司数据，使用随机前沿模型计算中国制造业企业的平均生产效率，并进一步检验参与“一带一路”价值链对其产生的影响以及在顺向分工和逆向分工中分别产生的影响，以此考察“一带一路”价值链驱动机制能否促进中国制造业实现全面的转型升级。结果显示，在“一带一路”价值链总体分工下，无论在短期还是长期，生产者和购买者驱动机制都会对中国制造业企业生产效率产生明显的促进作用；在价值链顺向分工下，购买者驱动机制在短期和长期都会有效促进中国制造业企业生产效率的提升，而生产者驱动机制的促进作用则主要集中在动态情况下；在价值链逆向分工中，无论在短期还是长期，生产者驱动机制都会显著提升制造业企业生产效率，且在长期内的影响更加强烈，而购买者驱动机制则不存在明显的影响。在产业共生性指标中，产业竞争总体上会促进制造业企业生产效率的提升，而产业互补则会产生相反的效果；产业融合与产业依存仅在长期进行“一带一路”价值链总体分工过程中产生明显的正向影响。

第七章

非对称视角下“一带一路”价值链驱动机制对中国制造业转型升级的实证检验

对称视角下的检验旨在线性假设条件下研究解释变量对被解释变量的总体影响，无法体现在非线性条件下解释变量的正向和负向变动会对被解释变量带来何种非对称的具体影响，这也使得对其的讨论并不够充分。因此，在对称视角下对“一带一路”价值链驱动机制对中国制造业转型升级进行实证检验之后，本章进一步基于中国与不同沿线国家间的具体分工情况，使用非对称自回归分布滞后模型（NARDL）针对“一带一路”价值链中的生产者驱动机制和购买者驱动机制下的分工对中国制造业出口技术结构、增加值出口规模、产业结构优化的非对称影响进行详细分析。另外，相对于对称视角，在非对称视角下的检验可以反映出“一带一路”价值链驱动机制的正向和负向冲击对中国制造业转型升级的非对称效用，因此本章在非对称视角下构建面板模型对上述影响进行实证分析。

具体来说，在坚持共商共建共享全球治理观的基础上，本章从价值链中的生产者驱动机制和购买者驱动机制两个方向出发，结合前文中国与“一带一路”沿线国家制造业共生水平的测算与匹配结果，针对中国与不同“一带一路”沿线国家间的具体分工情况，在国家层面对“一带一路”价值链驱动机制对中国制造业转型升级的非对称性影响进行检验，从而在国家层面上得出更为具体的检验结果，并为中国制造业在未来如何与各沿线国家进行合作指出更加明确的方向。

第一节　方法选择与模型建立

一　方法选择

在中国与“一带一路”沿线国家进行制造业价值链分工时，不仅应当考虑线性关系下生产者驱动机制和购买者驱动机制对中国制造业转型升级的对称性影响，同时还应考虑非线性关系下“一带一路”价值链驱动机制对中国制造业的非对称影响。而这种非对称影响结果则进一步明确了针对不同沿线国家，中国更应通过何种机制实现分工。本部分认为，为了实现中国制造业转型升级，针对不同的“一带一路”沿线国家应当采取不同价值链驱动机制下的分工形式。具体来说，当中国更倾向于通过生产者驱动机制与“一带一路”沿线国家实现分工时，会增加对其投资的规模；当更倾向于通过购买者驱动机制与“一带一路”沿线国家实现分工时，会增加对其海外采购的规模。而这其中也进一步体现出价值链驱动机制对中国制造业影响的非对称性。因此，为了考察在中国与“一带一路”沿线国家的价值链分工过程中，价值链驱动机制对中国制造业转型升级的非对称性影响，本部分在国家层面上，使用 Shin 等（2014）在对称自回归分布滞后模型（ARDL）的基础上拓展而来的非线性自回归分布滞后模型（Nonlinear Auto Regressive Distribution Lag Model, NARDL）来对中国与不同沿线国家间的价值链分工对中国制造业转型升级的影响进行分析。与一般线性回归模型不同，NARDL 模型脱离了传统模型中的线性假设，使用非对称协整的方式，将原本的解释变量进一步分为“正向变动解释量”和“负向变动解释量”两部分，从而分析短期和长期中的非对称传导模式（李夏玲等，2017；李小林等 2018；常婧等 2019）。

NARDL 的一般表达形式如公式（7.1）所示：

$$\Delta y_t = \lambda y_{t-1} + \theta^+ x_{t-1}^+ + \theta^- x_{t-1}^- + \sum_{i=1}^{p-1} \omega_i \Delta y_{t-i} + \sum_{j=0}^{q-1} (\rho_j^+ \Delta x_{t-j}^+ + \rho_j^- \Delta x_{t-j}^-) + \xi_t \quad (7.1)$$

其中，y 为被解释变量，x 为解释变量，λ、θ、ω、ρ 均为系数，ξ_t 为扰动项。x 又进一步分为 x^+ 和 x^-，即解释变量的正向和负向冲击累计增量。而当 x 的正向和负向冲击出现时，y 的累计脉冲响应函数如公式（7.2）所示：

$$m_h^+ = \sum_{j=0}^{h} \frac{\partial y_{t+j}}{\partial x_t^+} \quad m_h^- = \sum_{j=0}^{h} \frac{\partial y_{t+j}}{\partial x_t^-} \quad h = 0, 1, 2\cdots \quad (7.2)$$

其中，当 $h \to \infty$ 时，$m_h^+ \to \beta^+$，$m_h^- \to \beta^-$，β^+ 和 β^- 分别表示了 x 的正向冲击和负向冲击对 y 的非对称长期均衡关系，也表示了从初始均衡状态到新均衡状态的非线性调整过程①。

二 模型建立

为了考察“一带一路”价值链驱动机制对中国制造业转型升级的非对称影响，本部分基于上述对 NARDL 模型的方法介绍，从“一带一路”价值链生产者驱动机制与购买者驱动机制影响中国制造业转型升级两个角度出发，分别构建相应的 NARDL 模型，检验二者对中国制造业出口技术结构、增加值出口规模、产业结构优化的非对称影响。

（一）生产者驱动机制下的模型构建

在考虑“一带一路”价值链中的生产者驱动机制这一单一要素

---

① 李夏玲、殷凤、王志华：《人民币汇率变动与中国贸易收支的非线性动态效应分析》，《国际贸易问题》2017 年第 12 期。

对中国制造业转型升级的影响时，本部分构建以下计量模型，从而在国家层面上检验生产者驱动机制对中国制造业转型升级的非对称影响。

$$\Delta Y_t = \lambda Y_{t-1} + \theta^+ OFDI^+_{t-1} + \theta^- OFDI^-_{t-1} + \sum_{i=1}^{p-1}\omega_i \Delta Y_{t-i} + \sum_{j=0}^{q-1}(\rho_j^+ \Delta OFDI^+_{t-j} + \rho_j^- \Delta OFDI^-_{t-j}) + \xi_t \tag{7.3}$$

其中，Y_t 分别代表了 $PRODY\_va_t$、VAX_t、TS_t、TL_t，即中国制造业出口技术结构、增加值出口规模、产业结构的合理化与高级化水平。$OFDI^+$代表了中国对“一带一路”沿线国家直接投资的正向变动，也反映了中国与沿线国家在生产者驱动机制下分工的扩大；$OFDI^-$代表了中国对“一带一路”沿线国家直接投资的负向变动，也反映了中国与沿线国家在生产者驱动机制下分工的缩小。另外，为简化模型表述，其他控制变量均未进行展示。

（二）购买者驱动机制下的模型构建

在考虑“一带一路”价值链中的购买者驱动机制这一单一要素对中国制造业转型升级的影响时，本部分构建以下计量模型，从而在国家层面上检验购买者驱动机制对中国制造业转型升级的非对称影响。

$$\Delta Y_t = \lambda Y_{t-1} + \theta^+ OTS^+_{t-1} + \theta^- OTS^-_{t-1} + \sum_{i=1}^{p-1}\omega_i \Delta Y_{t-i} + \sum_{j=0}^{q-1}(\rho_j^+ \Delta OTS^+_{t-j} + \rho_j^- \Delta OTS^-_{t-j}) + \xi_t \tag{7.4}$$

与前文类似，Y_t 分别代表了 $PRODY\_va_t$、VAX_t、TS_t、TL_t，即中国制造业出口技术结构、增加值出口规模、产业结构的合理化与高级化水平。一方面，OTS^+代表了中国对“一带一路”沿线国家海外采购的正向变动，也反映了中国与沿线国家在购买者驱动机制下分工的扩大；OTS^-代表了中国对“一带一路”沿线国家海外采购的负向变动，也反映了中国与沿线国家在购买者驱动机制下分工的缩小。另一方面，为简化模型表述，其他控制变量均未进行展示。

在数据方面，本部分使用“二次匹配法”将年度数据转换为季度数据，从而增强了数据的平稳性以及结果的稳健性。

第二节 对生产者驱动机制的检验

在构建相应计量模型的基础上，本部分进一步从国家层面出发，以 32 个“一带一路”沿线国家为样本，针对“一带一路”生产者驱动机制对中国制造业出口技术结构、增加值出口、产业结构优化三个方面的非对称影响进行检验。另外，为了方便实现对生产者驱动机制影响结果的直观对比，本部分对相应的计量结果进行了简化处理。在进行回归之前已经对各变量进行单位根检验，并对相关序列进行平稳化处理。

一 对中国制造业出口技术结构的非对称影响

本部分首先针对在中国与沿线国家进行价值链分工合作时，“一带一路”价值链中的生产者驱动机制对中国制造业出口技术结构的非对称影响进行检验，如表 7 - 1 所示。在结果中，Panel A 展示了生产者驱动机制对中国制造业出口技术结构影响的短期效应；Panel B 展示了生产者驱动机制对中国制造业出口技术结构影响的长期效应；Panel C 展示了生产者驱动机制对中国制造业出口技术结构短期影响和长期影响的非对称性检验以及对整体回归结果的统计性诊断。在统计性诊断中，χ^2（即自相关检验）、异方差检验、误差检验以及 JB 检验总体在 5% 的置信水平上稳健，说明结果总体上并不存在明显的自相关、异方差、误差、非正态性问题，即结果较为稳健。

表7-1　　　　生产者驱动机制对出口技术结构的检验结果

国家	孟加拉国	保加利亚	文莱	柬埔寨	越南	土耳其	泰国
Panel A：短期效应							
L. *OFDI*	0.00148***	0.0000457	-0.00000604	0.0000523	0.0000953	0.000477	-0.00799*
(POS)	(0.001)	(0.807)	(0.889)	(0.759)	(0.543)	(0.567)	(0.073)
L. *OFDI*	0.00197	-0.000110	-0.0000750	-0.000309	0.0000749	0.000292	-0.00565
(NEG)	(0.151)	(0.522)	(0.226)	(0.382)	(0.728)	(0.591)	(0.102)
Δ*OFDI*	0.000940***	0.0000852	-0.0000196	0.000190	-0.00000453	0.000486	-0.00732*
(POS)	(0.005)	(0.683)	(0.537)	(0.382)	(0.971)	(0.587)	(0.061)
L. Δ*OFDI*	-0.000493**	-0.00000934	0.00000625	0.00000818	0.0000347	0.0000600	0.000303
(POS)	(0.019)	(0.426)	(0.634)	(0.890)	(0.432)	(0.587)	(0.617)
Δ*OFDI*	0.00122	-0.0000605	-0.0000493	-0.000216	0.0000229	0.000305	-0.00749*
(NEG)	(0.121)	(0.699)	(0.133)	(0.334)	(0.880)	(0.614)	(0.052)
L. Δ*OFDI*	-0.000482	0.0000397	0.0000123	0.0000743	-0.00000796	-0.0000309	-0.000840
(NEG)	(0.253)	(0.279)	(0.614)	(0.518)	(0.891)	(0.718)	(0.226)
Panel B：长期效应							
OFDI	0.001***	0.000	-0.000	0.000	0.000	0.000	-0.008*
(POS)	(0.001)	(0.807)	(0.889)	(0.759)	(0.543)	(0.567)	(0.071)
OFDI	-0.002	0.000	0.000	0.000	-0.000	-0.000	0.006
(NEG)	(0.154)	(0.522)	(0.226)	(0.382)	(0.728)	(0.591)	(0.101)
Panel C：非对称性检验与统计诊断							
短期	0.596	0.450	0.396	0.077*	0.818	0.440	0.229
长期	0.695	0.221	0.238	0.311	0.870	0.612	0.099*
Chi2	11.99	13.81	29.41*	20.83	16.74	6.658	11.84
异方差检验	1.361	0.2803	0.08596	1.708	0.1227	0.1977	3.96*
误差检验	45.98*	0.8671	0.5816	0.7393	1.127	0.5812	4.929
JB检验	0.3645	2.843	0.1799	0.5279	4.625*	7.677*	0.935
国家	斯洛文尼亚	斯洛伐克	斯里兰卡	新加坡	罗马尼亚	俄罗斯	波兰
Panel A：短期效应							
L. *OFDI*	0.00000295	-0.00000683	0.0000661	0.00135***	0.000287	0.00154	0.00258***
(POS)	(0.920)	(0.620)	(0.505)	(0.004)	(0.536)	(0.217)	(0.006)
L. *OFDI*	-0.0000316	-0.000180***	-0.0000450	0.000712	0.000128	0.00122	0.00145**
(NEG)	(0.386)	(0.003)	(0.675)	(0.114)	(0.760)	(0.305)	(0.044)
Δ*OFDI*	-0.0000132	-0.00000850	0.000109	0.00150***	0.000274	0.00193	0.00255***
(POS)	(0.497)	(0.259)	(0.400)	(0.004)	(0.601)	(0.172)	(0.004)

续表

国家	斯洛文尼亚	斯洛伐克	斯里兰卡	新加坡	罗马尼亚	俄罗斯	波兰
Panel A：短期效应							
L. Δ*OFDI*	0.000000761	−0.00000833	0.0000316	0.000131	0.000130	0.000337	−0.0000863
(POS)	(0.964)	(0.139)	(0.435)	(0.135)	(0.290)	(0.141)	(0.584)
Δ*OFDI*	−0.00000915	−0.000146 ***	0.000000177	0.000652 **	0.000140	0.00138	0.00177 **
(NEG)	(0.525)	(0.005)	(0.998)	(0.039)	(0.628)	(0.251)	(0.015)
L. Δ*OFDI*	0.0000127	−0.0000184	0.0000282	−0.0000647	−0.0000922	0.000114	0.000111
(NEG)	(0.423)	(0.336)	(0.382)	(0.619)	(0.455)	(0.545)	(0.476)
Panel B：长期效应							
OFDI	0.000	−0.000	0.000	0.001 ***	0.000	0.001	0.003 ***
(POS)	(0.920)	(0.620)	(0.505)	(0.004)	(0.536)	(0.208)	(0.006)
OFDI	0.000	0.000 ***	0.000	−0.001	−0.000	−0.001	−0.001 **
(NEG)	(0.386)	(0.003)	(0.675)	(0.115)	(0.760)	(0.298)	(0.043)
Panel C：非对称性检验与统计诊断							
短期	0.559	0.004 ***	0.255	0.103	0.420	0.068 *	0.069 *
长期	0.450	0.005 ***	0.216	0.006 ***	0.498	0.513	0.034 **
Chi2	19.61 *	12.89	13.73	12.58	14.48	9.211	16.59
异方差检验	3.328 *	0.879	0.7717	0.05638	0.01857	0.9421	1.105
误差检验	0.0736	1.396	2.502	4.94 *	0.6801	1.611	1.204
JB 检验	7.011	1.766	1.866	1.923	1.111	0.537	0.389

国家	菲律宾	巴基斯坦	尼泊尔	马尔代夫	马来西亚	拉脱维亚	立陶宛
Panel A：短期效应							
L. *OFDI*	−0.000938	0.000567	0.0000733	0.0000502 ***	−0.000130	−0.000344	0.0000723
(POS)	(0.387)	(0.404)	(0.456)	(0.001)	(0.826)	(0.565)	(0.735)
L. *OFDI*	−0.000389	0.000451	0.0000397	0.000540	−0.000293	−0.000660	0.000245
(NEG)	(0.637)	(0.528)	(0.704)	(0.413)	(0.777)	(0.222)	(0.556)
Δ*OFDI*	−0.000860	0.000589	0.000108	0.0000363 ***	0.0000230	−0.000350	0.0000403
(POS)	(0.318)	(0.402)	(0.480)	(0.001)	(0.961)	(0.588)	(0.827)
L. Δ*OFDI*	0.0000632	−0.0000524	0.0000183	−0.00000819 *	0.000173	−0.0000883	−0.0000365
(POS)	(0.800)	(0.517)	(0.807)	(0.083)	(0.208)	(0.226)	(0.304)
Δ*OFDI*	−0.000808	0.000351	0.0000255	0.0000847	−0.000402	−0.000426	0.000118
(NEG)	(0.339)	(0.503)	(0.698)	(0.789)	(0.542)	(0.382)	(0.709)
L. Δ*OFDI*	−0.000132	−0.0000336	−0.00000812	−0.000206	−0.000432	0.000150	−0.0000489
(NEG)	(0.438)	(0.850)	(0.813)	(0.410)	(0.179)	(0.129)	(0.652)

续表

国家	菲律宾	巴基斯坦	尼泊尔	马尔代夫	马来西亚	拉脱维亚	立陶宛
Panel B：长期效应							
OFDI	-0.001	0.001	0.000	0.000 ***	-0.000	-0.000	0.000
(POS)	(0.387)	(0.404)	(0.456)	(0.001)	(0.826)	(0.565)	(0.735)
OFDI	0.000	-0.000	-0.000	-0.001	0.000	0.001	-0.000
(NEG)	(0.637)	(0.528)	(90.704)	(0.413)	(0.777)	(0.222)	(0.556)
Panel C：非对称性检验与统计诊断							
短期	0.584	0.561	0.521	0.531	0.013 ***	0.527	0.663
长期	0.280	0.818	0.727	0.455	0.866	0.280	0.592
Chi2	20.00 *	20.31	8.949	9.631	10.91	18，98 *	10.78
异方差检验	0.4875	0.05581	1.741	3.603 *	0.1116	0.6802	1.743
误差检验	3.516 *	0.391	4.417 *	0.3096	0.6967	0.8981	0.2336
JB 检验	0.8365	6.207 *	8.693 *	0.4848	1.807	1.406	1.906

国家	老挝	韩国	吉尔吉斯斯坦	哈萨克斯坦	印度	印度尼西亚
Panel A：短期效应						
L. *OFDI*	0.00126 **	0.000481 ***	0.00190 ***	0.000120 ***	-0.000759 **	0.000344
(POS)	(0.015)	(0.007)	(0.000)	(0.006)	(0.041)	(0.517)
L. *OFDI*	0.00116 *	-0.0000202	0.00186 *	-0.00000572	-0.000552 *	0.000617
(NEG)	(0.085)	(0.902)	(0.065)	(0.959)	(0.068)	(0.365)
Δ*OFDI*	0.00143 **	0.000545 ***	0.000811	0.000105 **	-0.000305	0.000398
(POS)	(0.021)	(0.002)	(0.109)	(0.011)	(0.223)	(0.552)
L. Δ*OFDI*	0.0000552	-0.00000963	-0.000780 **	0.0000633 **	0.000317 **	-0.000118
(POS)	(0.694)	(0.678)	(0.022)	(0.013)	(0.021)	(0.289)
Δ*OFDI*	0.000976 *	0.000102	0.00120 *	-0.000335 ***	-0.000578 **	0.000283
(NEG)	(0.056)	(0.520)	(0.085)	(0.006)	(0.042)	(0.619)
L. Δ*OFDI*	-0.000163	0.0000702 *	-0.000421	-0.000135 **	-0.000000537	-0.000274
(NEG)	(0.404)	(0.052)	(0.139)	(0.015)	(0.995)	(0.107)
Panel B：长期效应						
OFDI	0.001 **	0.000 ***	0.002 ***	0.000 ***	-0.001 **	0.000
(POS)	(0.014)	(0.007)	(0.000)	(0.006)	(0.041)	(0.515)
OFDI	-0.001 *	0.000	-0.002 *	0.000	0.001	-0.001
(NEG)	(0.086)	(0.902)	(0.065)	(0.959)	(0.068)	(0.364)
Panel C：非对称性检验与统计诊断						
短期	0.844	0.001 ***	0.961	0.000 ***	0.446	0.388
长期	0.048 **	0.000 ***	0.048 **	0.228	0.005 ***	0.567

续表

国家	老挝	韩国	吉尔吉斯斯坦	哈萨克斯坦	印度	印度尼西亚
Panel C：非对称性检验与统计诊断						
Chi2	18.32 *	12.4	13.63	13，23	18.97 *	12.48
异方差检验	1.36	0.4325	3.682 *	3.866 *	5.407 *	0.306
误差检验	3.032 *	1.671	1.848	6.189 *	0.7763	6.852 *
JB 检验	1.605	3.795	2.695	3.437	2.142	1.221

国家	匈牙利	克罗地亚	爱沙尼亚	捷克	蒙古国
Panel A：短期效应					
L. *OFDI*	-0.000363 *	0.000109	0.000473 *	0.000106	0.00263 ***
(POS)	(0.095)	(0.521)	(0.075)	(0.306)	(0.000)
L. *OFDI*	-0.000336 **	-0.000132	-0.0000777	0.000241	0.00270 ***
(NEG)	(0.035)	(0.639)	(0.396)	(0.133)	(0.000)
Δ*OFDI*	-0.000330	0.000192	0.000123 *	0.000159 ***	0.00314 ***
(POS)	(0.126)	(0.323)	(0.090)	(0.005)	(0.000)
L. Δ*OFDI*	-0.0000718	-0.0000115	-0.0000303	0.0000935 *	0.000308 **
(POS)	(0.223)	(0.955)	(0.519)	(0.064)	(0.022)
Δ*OFDI*	-0.000423 **	-0.000153	0.000448	-0.000161	0.00176 ***
(NEG)	(0.047)	(0.225)	(0.236)	(0.460)	(0.003)
L. Δ*OFDI*	-0.0000649 *	-0.0000103	-0.000579	-0.000259	-0.000513 **
(NEG)	(0.066)	(0.933)	(0.210)	(0.167)	(0.015)
Panel B：长期效应					
OFDI	-0.000 *	0.000	0.000 *	0.000	0.003 ***
(POS)	(0.095)	(0.521)	(0.075)	(0.306)	(0.000)
OFDI	0.000 **	0.000	0.000	-0.000	-0.003 ***
(NEG)	(0.035)	(0.639)	(0.396)	(0.132)	(0.000)
Panel C：非对称性检验与统计诊断					
短期	0.267	0.372	0.339	0.091 *	0.833
长期	0.761	0.558	0.037 **	0.444	0.000 ***
Chi2	20.31	14.04	12.74	16.07	10.96
异方差检验	0.3073	1.748	2.623	0.4369	1.08
误差检验	0.684	4.897 *	0.6235	1.581	7.585 *
JB 检验	2.403	0.6985	0.1935	1.379	2.371

注：括号中为 p 值；*、**、*** 为在 10%、5% 和 1% 上显著；0.000 为结果小于 0.001；Panel C 中结果为 p 值。

从短期效应结果来看，共有24个国家总体表现为正向结果，即中国对这些国家的分工会通过生产者驱动机制对中国制造业出口技术结构产生正向的影响。其中，孟加拉国、新加坡、波兰、马尔代夫、老挝、韩国、吉尔吉斯斯坦、哈萨克斯坦、爱沙尼亚、捷克、蒙古国的结果显著为正。另有8个国家与中国的分工会通过生产者驱动机制对中国制造业出口技术结构产生负向影响。其中，泰国、斯洛伐克、印度、匈牙利的结果较为显著。在非对称影响方面，斯洛伐克、马来西亚、韩国、哈萨克斯坦在短期中表现出显著的非对称影响，其中，中国对韩国和哈萨克斯坦OFDI的正向变动具有显著的正向影响、而对负向变动则具有抑制作用，说明在短期内中国与这两个国家进行价值链分工会通过生产者驱动机制显著促进中国制造业出口技术结构的优化；中国对斯洛伐克OFDI的正向变动与负向变动都呈现出负向结果，且后者更显著，说明总体上价值链中生产者驱动机制会对中国制造业出口技术结构产生负向影响；中国与马来西亚在生产者驱动下的分工虽然呈现出显著的非对称性，但并未对中国制造业出口技术结构产生明显的影响。

从长期效应来看，共有24个国家与中国的长期分工会通过生产者驱动机制促进中国制造业出口技术结构的优化。其中，孟加拉国、新加坡、波兰、马尔代夫、老挝、韩国、吉尔吉斯斯坦、哈萨克斯坦、爱沙尼亚、蒙古国的结果较为显著。另有8个国家与中国的分工会通过生产者驱动机制在长期内对中国制造业出口技术结构产生负向的影响。其中，泰国、斯洛伐克、印度、匈牙利的结果较为显著。在非对称性方面，泰国、斯洛伐克、新加坡、波兰、老挝、韩国、吉尔吉斯斯坦、印度、爱沙尼亚、蒙古国的结果在长期具有明显的非对称性。其中，中国对新加坡、波兰、老挝、韩国、吉尔吉斯斯坦、爱沙尼亚、蒙古国OFDI的积极变动具有显著的正向结果、负面变动具有负向结果，即中国在长期与这些国家进行生产者驱动机制下的分工会显著促进制造业出口技术结构的优化；中国对泰国、斯洛伐克、印度OFDI的积极变动呈现出负向影响、负面变动则呈现出正向结果，说明中国与这些国家在长期中进行生产者驱动下的分工会显著抑制中国制造业出口技术结构水平。

二 对中国制造业增加值出口规模的非对称影响

本部分针对在中国与其他沿线国家进行价值链分工时，生产者驱动机制对中国制造业增加值出口的非对称影响进行检验，如表7－2所示。统计性诊断结果显示各序列总体上无明显的自相关、异方差、误差、非正态性问题，结果较为稳健。

表7－2 生产者驱动机制对增加值出口的检验结果

	孟加拉国	保加利亚	文莱	柬埔寨	越南	土耳其	泰国
Panel A：短期效应							
L. *OFDI*	0.0853 **	0.0433 ***	−0.0413 ***	0.0458	−0.0140	0.0579	0.288 *
(POS)	(0.014)	(0.000)	(0.000)	(0.643)	(0.629)	(0.139)	(0.087)
L. *OFDI*	0.175	0.0520 ***	0.00875	0.0451	0.0692 *	0.0783 **	0.285 *
(NEG)	(0.117)	(0.000)	(0.214)	(0.777)	(0.092)	(0.027)	(0.079)
Δ*OFDI*	0.0876 **	0.0456 ***	−0.0295 ***	0.0503	0.0253	0.0644 *	0.268 *
(POS)	(0.034)	(0.000)	(0.000)	(0.711)	(0.414)	(0.091)	(0.080)
L. Δ*OFDI*	0.0119	0.00188 ***	0.00553 **	0.0141	0.0309 *	0.00831 *	−0.00848
(POS)	(0.455)	(0.000)	(0.029)	(0.614)	(0.096)	(0.066)	(0.585)
Δ*OFDI*	0.128 *	0.0445 ***	−0.00158	0.0457	0.0471	0.0610 **	0.294 *
(NEG)	(0.062)	(0.000)	(0.657)	(0.701)	(0.138)	(0.043)	(0.068)
L. Δ*OFDI*	−0.0221	−0.00521 ***	−0.00333	0.00812	−0.00513	−0.00934 *	0.0107
(NEG)	(0.475)	(0.005)	(0.246)	(0.798)	(0.632)	(0.068)	(0.689)
Panel B：长期效应							
OFDI	0.087 **	0.041 ***	−0.041 ***	0.044	−0.013	0.053	0.287 *
(POS)	(0.021)	(0.000)	(0.000)	(0.650)	(0.631)	(0.123)	(0.090)
OFDI	−0.178	−0.049 ***	−0.009	−0.043	−0.062 *	−0.071 **	−0.284 *
(NEG)	(0.140)	(0.000)	0.208	(0.780)	(0.085)	(0.020)	(0.085)
Panel C：非对称性检验与统计诊断							
短期	0.859	0.055 *	0.000 ***	0.896	0.003 ***	0.140	0.248
长期	0.341	0.040 **	0.751	0.992	0.493	0.168	0.074 *
Chi2	12.74	9.015	11.88	16.03	16.67	11.41	7.455
异方差检验	7.693 *	1.711	7.706 *	1.205	2.277	0.8902	10.08 *

续表

	孟加拉国	保加利亚	文莱	柬埔寨	越南	土耳其	泰国
Panel C：非对称性检验与统计诊断							
误差检验	2.559	1.064	0.6327	2.111	2.031	2.901	1.049
JB 检验	0.1867	0.6777	0.4008	6.432 *	1.788	0.4554	0.1138

	斯洛文尼亚	斯洛伐克	斯里兰卡	新加坡	罗马尼亚	俄罗斯	波兰
Panel A：短期效应							
L. *OFDI*	−0.0160 ***	−0.000396	0.00184	0.0391	0.0226	0.0165	0.0958 ***
(POS)	(0.000)	(0.896)	(0.921)	(0.166)	(0.210)	(0.707)	(0.006)
L. *OFDI*	0.00755 **	0.0199	0.00882	0.0518	0.0513 *	0.0582	0.140 ***
(NEG)	(0.047)	(0.107)	(0.763)	(0.141)	(0.053)	(0.281)	(0.000)
Δ*OFDI*	−0.00704 **	0.000225	0.00301	0.0447	0.0250	0.0249	0.103 ***
(POS)	(0.047)	(0.877)	(0.884)	(0.178)	(0.183)	(0.542)	(0.002)
L. Δ*OFDI*	0.00503 **	0.000539	0.00275	0.00803	0.00409	0.00917	0.00958
(POS)	(0.013)	(0.649)	(0.617)	(0.235)	(0.452)	(0.192)	(0.141)
Δ*OFDI*	0.00284 **	0.0129	0.00622	0.0374	0.0291 *	0.0401	0.116 ***
(NEG)	(0.014)	(0.113)	(0.747)	(0.138)	(0.065)	(0.353)	(0.001)
L. Δ*OFDI*	−0.00201	−0.000847	0.000115	−0.00743	−0.0115	−0.00798	−0.0131 **
(NEG)	(0.237)	(0.887)	(0.987)	(0.359)	(0.160)	(0.375)	(0.036)
Panel B：长期效应							
OFDI	−0.016 ***	−0.000	0.002	0.038	0.022	0.016	0.093 ***
(POS)	(0.001)	(0.895)	(0.921)	(0.170)	(0.208)	(0.705)	(0.006)
OFDI	−0.007 **	−0.018 *	−0.008	−0.050	−0.051 *	−0.056	−0.136 ***
(NEG)	(0.038)	(0.091)	(0.762)	(0.146)	(0.059)	(0.271)	(0.000)
Panel C：非对称性检验与统计诊断							
短期	0.000 ***	0.253	0.966	0.328	0.446	0.868	0.367
长期	0.571	0.120	0.673	0.426	0.125	0.107	0.022 **
Chi2	16.78	13.69	16.76	13.23	12.14	12.79	20.13 *
异方差检验	8.795	6.777 *	1.225	9.708 **	5.84	7.987 *	2.56
误差检验	10.04 *	1.055	3.492	3.182	0.7168	4.165	1.361
JB 检验	1.54	0.8339	4.752 *	0.7783	0.0976	0.3009	1.372

	菲律宾	巴基斯坦	尼泊尔	马尔代夫	马来西亚	拉脱维亚
Panel A：短期效应						
L. *OFDI*	0.729 ***	−0.0450	−0.00292	−0.000803	−0.0508	−0.0635
(POS)	(0.002)	(0.613)	(0.758)	(0.470)	(0.290)	(0.623)

续表

	菲律宾	巴基斯坦	尼泊尔	马尔代夫	马来西亚	拉脱维亚
Panel A：短期效应						
L. *OFDI*	0.677 ***	-0.0662	-0.000141	0.00880	-0.0336	-0.0297
(NEG)	(0.000)	(0.509)	(0.992)	(0.875)	(0.605)	(0.809)
Δ*OFDI*	0.637 ***	-0.0551	-0.00189	-0.000380	-0.0354	-0.0611
(POS)	(0.001)	(0.555)	(0.844)	(0.654)	(0.347)	(0.643)
L. Δ*OFDI*	-0.0681	-0.00479	0.00226	0.000294	0.00974	0.00364
(POS)	(0.147)	(0.704)	(0.562)	(0.489)	(0.419)	(0.731)
Δ*OFDI*	0.685 ***	-0.0444	0.000198	0.00988	-0.0302	-0.0316
(NEG)	(0.000)	(0.558)	(0.981)	(0.732)	(0.526)	(0.762)
L. Δ*OFDI*	-0.00666	0.0184	0.00109	-0.00346	0.00978	0.00326
(NEG)	(0.817)	(0.362)	(0.797)	(0.875)	(0.588)	(0.843)
Panel B：长期效应						
OFDI	0.699 ***	-0.042	-0.003	-0.001	-0.048	-0.062
(POS)	(0.002)	(0.612)	(0.759)	(0.469)	(0.289)	(0.629)
OFDI	-0.649 ***	0.062	0.000	-0.008	0.032	0.029
(NEG)	(0.001)	(0.506)	(0.992)	(0.875)	(0.607)	(0.810)
Panel C：非对称性检验与统计诊断						
短期	0.537	0.475	0.913	0.797	0.829	0.557
长期	0.040 **	0.542	0.795	0.863	0.760	0.332
Chi2	13.67	17.88 *	16.18	16.73	14.79	19.42 *
异方差检验	1.341	7.617	1.169	0.105	2.798	3.737
误差检验	5.709	5.041	1.843	4.833	1.797	3.282
JB 检验	0.601	3.267	5.922 *	2.244	2.06	1.44

	立陶宛	老挝	韩国	吉尔吉斯斯坦	哈萨克斯坦	印度
Panel A：短期效应						
L. *OFDI*	-0.0266	0.00634	0.100 **	0.0103	0.00675	0.0336 **
(POS)	(0.665)	(0.787)	(0.044)	(0.872)	(0.463)	(0.025)
L. *OFDI*	-0.0306	0.00925	0.0918 **	0.0109	0.0325	0.0600 ***
(NEG)	(0.808)	(0.846)	(0.041)	(0.946)	(0.394)	(0.000)
Δ*OFDI*	-0.0178	0.00562	0.100 **	0.00693	0.00431	0.0291 ***
(POS)	(0.714)	(0.849)	(0.048)	(0.932)	(0.648)	(0.007)
L. Δ*OFDI*	0.00531	0.00115	0.00625	0.0108	-0.00242	-0.000144
(POS)	(0.637)	(0.866)	(0.239)	(0.728)	(0.667)	(0.968)
Δ*OFDI*	-0.0235	0.00819	0.0990 **	0.0184	0.0296	0.0454 ***
(NEG)	(0.801)	(0.812)	(0.042)	(0.880)	(0.322)	(0.001)

续表

	立陶宛	老挝	韩国	吉尔吉斯斯坦	哈萨克斯坦	印度
Panel A：短期效应						
L. Δ*OFDI*	0. 00847	0. 00147	0. 00148	0. 0158	-0. 00741	-0. 00834 **
(NEG)	(0. 776)	(0. 880)	(0. 703)	(0. 617)	(0. 606)	(0. 025)
Panel B：长期效应						
OFDI	-0. 025	0. 006	0. 101 *	0. 010	0. 006	0. 032 **
(POS)	(0. 663)	(0. 788)	(0. 057)	(0. 872)	(0. 463)	(0. 025)
OFDI	0. 029	-0. 009	-0. 093 *	-0. 010	-0. 031	-0. 057 ***
(NEG)	(0. 807)	(0. 847)	(0. 054)	(0. 946)	(0. 401)	(0. 000)
Panel C：非对称性检验与统计诊断						
短期	0. 956	0. 844	0. 658	0. 712	0. 482	0. 222
长期	0. 965	0. 917	0. 032 *	0. 996	0. 480	0. 025 **
Chi2	16. 48	7. 984	17. 33 *	16. 09	14. 72	5. 222
异方差检验	1. 063	2. 123	2. 987 *	1. 174	1. 196	0. 7072
误差检验	2. 263	2. 014	0. 2791	3. 382 *	0. 6907	1. 126
JB 检验	4. 736 *	8. 107 *	0. 7054	0. 6564	3. 811	0. 6193

	印度尼西亚	匈牙利	克罗地亚	爱沙尼亚	捷克	蒙古国
Panel A：短期效应						
L. *OFDI*	-0. 0174	-0. 0686 ***	0. 0200 ***	-0. 0473	0. 0106 *	-0. 0415
(POS)	(0. 629)	(0. 001)	(0. 000)	(0. 727)	(0. 056)	(0. 648)
L. *OFDI*	-0. 0466	-0. 00630	0. 00816	-0. 00145	0. 0695 ***	0. 160
(NEG)	(0. 510)	(0. 605)	(0. 118)	(0. 969)	(0. 000)	(0. 196)
Δ*OFDI*	-0. 0251	-0. 0391 **	0. 00841 **	-0. 00745	0. 00540 **	-0. 0661
(POS)	(0. 559)	(0. 030)	(0. 042)	(0. 796)	(0. 034)	(0. 561)
L. Δ*OFDI*	-0. 00266	0. 0157 ***	-0. 00973 **	0. 00520	-0. 0000873	-0. 00909
(POS)	(0. 717)	(0. 005)	(0. 014)	(0. 715)	(0. 969)	(0. 696)
Δ*OFDI*	-0. 0301	-0. 0197	0. 00777 ***	-0. 0587	0. 0545 ***	0. 0563
(NEG)	(0. 564)	(0. 207)	(0. 002)	(0. 771)	(0. 000)	(0. 530)
L. Δ*OFDI*	0. 0131	-0. 00510	0. 000494	0. 0727	-0. 00737	-0. 0464
(NEG)	(0. 341)	(0. 135)	(0. 837)	(0. 775)	(0. 275)	(0. 363)
Panel B：长期效应						
OFDI	-0. 016	-0. 066 ***	0. 020 ***	-0. 045	0. 011 *	-0. 042
(POS)	(0. 628)	(0. 002)	(0. 000)	(0. 727)	(0. 058)	(0. 649)
OFDI	0. 044	0. 006	-0. 008	0. 001	-0. 071 ***	-0. 160
(NEG)	(0. 508)	(0. 606)	(0. 114)	(0. 969)	(0. 000)	(0. 213)

续表

	印度尼西亚	匈牙利	克罗地亚	爱沙尼亚	捷克	蒙古国
Panel C：非对称性检验与统计诊断						
短期	0.564	0.816	0.149	0.874	0.020 **	0.348
长期	0.455	0.000 ***	0.147	0.703	0.000 ***	0.147
Chi2	15.61	13.09	20.61 *	18.72 *	18.59 *	15.41
异方差检验	3.985 *	0.001654	0.55	1.137	0.3009	4.566 *
误差检验	2.598	3.271	0.5307	1.105	1.264	1.416
JB 检验	3.737	1.23	1.656	5.334 *	1.282	0.3593

注：括号中为 p 值；*、**、*** 为在 10%、5% 和 1% 上显著；0.000 为结果小于 0.001；Panel C 中结果为 p 值。

从短期效应结果来看，共有 18 个国家总体表现为正向结果，即中国与这些国家的分工会通过生产者驱动机制对中国制造业增加值出口规模产生正向的影响。其中，孟加拉国、保加利亚、泰国、波兰、菲律宾、韩国、印度、克罗地亚、捷克的结果较为显著。另有 14 个国家总体表现为负向结果，即中国与这些国家的分工会通过生产者驱动机制对中国制造业增加值出口规模产生负向的影响。其中，文莱、斯洛文尼亚、匈牙利的结果较为显著。在非对称影响方面，短期中文莱、越南、斯洛文尼亚、捷克的结果表现出明显的非对称性。其中，中国对文莱、越南、斯洛文尼亚 OFDI 的积极变动会产生负向抑制作用、负面变动则产生正向影响，说明中国与这三个国家的分工会通过生产者驱动机制抑制中国制造业增加值出口；中国对捷克 OFDI 的积极变动呈现出显著的正向结果、负面变动则呈现出负向影响，说明中国与捷克进行生产者驱动下的价值链分工可以从正负两个方向同时促进中国制造业实现增加值出口。

从长期效应结果来看，共有 19 个样本国家总体表现为正向结果，即中国与这些国家的分工在长期内会通过生产者驱动机制对中国制造业增加值出口规模产生正向的影响。其中，表现较显著的仍为孟加拉国、保加利亚、泰国、波兰等 9 个国家。另有 13 个样本国家总体表现出负向结果，其中结果较为显著的为文莱、越南、斯洛文尼亚、匈牙利。在非对称影响方面，共有6各国家在长期中表现出显著的非对称性，其中，中国对保加利亚、波兰、菲律宾、印度、捷克OFDI的积极变动会产生正向促进作用、负面变动会产生负向抑制作用，说明中国在长期扩大对上述国家OFDI会通过“一带一路”价值链中的生产者驱动机制有效促进中国制造业增加值出口；中国对匈牙利OFDI的积极变动会产生负向抑制作用、负面变动则产生正向促进作用，说明中国在长期减少对匈牙利的直接投资会降低“一带一路”价值链生产者驱动机制对中国制造业增加值出口的负向影响。

三　对中国制造业结构优化的非对称影响

本部分针对中国与其他沿线国家进行价值链分工时，生产者驱动机制对中国制造业结构合理化与高级化的非对称影响进行检验，如表7-3和表7-4所示。统计性诊断结果显示各序列总体上无明显的自相关、异方差、误差、非正态性问题，结果较为稳健。

表7-3　　生产者驱动机制对产业结构合理化的检验结果

	孟加拉国	保加利亚	文莱	柬埔寨	越南	土耳其	泰国
Panel A：短期效应							
L. *OFDI* (POS)	0.0244*** (0.003)	0.0128*** (0.000)	-0.0105*** (0.000)	0.0404 (0.242)	0.00243 (0.811)	0.0111 (0.616)	0.0827** (0.035)
L. *OFDI* (NEG)	0.0586*** (0.007)	0.0136*** (0.000)	0.00256*** (0.006)	0.0581 (0.234)	0.0271* (0.095)	0.0179 (0.330)	0.0937** (0.015)
Δ*OFDI* (POS)	0.0282*** (0.003)	0.0148*** (0.003)	-0.00737*** (0.000)	0.0602 (0.232)	0.00888 (0.410)	0.0117 (0.534)	0.0795** (0.027)
L. Δ*OFDI* (POS)	0.00664 (0.137)	0.000474*** (0.002)	0.00125** (0.018)	0.00902 (0.359)	0.00374 (0.255)	0.000274 (0.926)	-0.000659 (0.858)
Δ*OFDI* (NEG)	0.0464*** (0.003)	0.0153*** (0.000)	0.00109** (0.017)	0.0510 (0.205)	0.0191* (0.100)	0.0137 (0.334)	0.0994** (0.011)

续表

	孟加拉国	保加利亚	文莱	柬埔寨	越南	土耳其	泰国
Panel A：短期效应							
L. Δ*OFDI*	−0.00652	−0.000517	−0.000346	−0.00539	−0.00366	−0.00294	0.00385
(NEG)	(0.231)	(0.575)	(0.324)	(0.506)	(0.304)	(0.408)	(0.537)
Panel B：长期效应							
OFDI	0.024 **	0.013 ***	−0.010 ***	0.040	0.002	0.010	0.081 **
(POS)	(0.004)	(0.002)	(0.000)	(0.264)	(0.810)	(0.601)	(0.035)
OFDI	−0.058 ***	−0.014 ***	−0.002 ***	−0.058	−0.025 *	−0.016	−0.091 **
(NEG)	(0.010)	(0.000)	(0.007)	(0.256)	(0.086)	(0.292)	(0.016)
Panel C：非对称性检验与统计诊断							
短期	0.558	0.742	0.000 ***	0.393	0.650	0.848	0.605
长期	0.055 *	0.007 ***	0.351	0.370	0.010 ***	0.300	0.015 **
Chi2	9.691	12.27	9.295	13.02	11.29	7.369	10.3
异方差检验	1.908	0.3927	6.648	1.548	0.7193	7.228 *	1.158
误差检验	2.982	7.403 *	2.064 *	1.689	2.969	2.841	1.924
JB 检验	0.7777	2.373	1.223	1.577	1.914	2.044	0.8307
	斯洛文尼亚	斯洛伐克	斯里兰卡	新加坡	罗马尼亚	俄罗斯	波兰
Panel A：短期效应							
L. *OFDI*	−0.00412 ***	0.000447	−0.000865	0.00896	0.00858 *	0.00364	0.0250 **
(POS)	(0.000)	(0.621)	(0.873)	(0.318)	(0.067)	(0.840)	(0.021)
L. *OFDI*	0.00230 ***	0.00497	0.00116	0.0146	0.0174 **	0.0156	0.0394 ***
(NEG)	(0.001)	(0.176)	(0.892)	(0.181)	(0.011)	(0.439)	(0.001)
Δ*OFDI*	−0.00108	0.000224	−0.000664	0.0110	0.00869 *	0.00575	0.0277 ***
(POS)	(0.136)	(0.587)	(0.909)	(0.315)	(0.087)	(0.708)	(0.005)
L. Δ*OFDI*	0.00163 ***	−0.0000612	−0.000381	0.00137	−0.000216	0.00125	0.00246
(POS)	(0.009)	(0.859)	(0.820)	(0.587)	(0.907)	(0.657)	(0.445)
Δ*OFDI*	0.00113 ***	0.00529 **	0.00144	0.0113	0.0109 **	0.0116	0.0346 ***
(NEG)	(0.000)	(0.024)	(0.795)	(0.164)	(0.012)	(0.458)	(0.001)
L. Δ*OFDI*	−0.000398 *	0.000974	0.0000498	−0.00229	−0.00408 **	−0.00239	−0.00283
(NEG)	(0.074)	(0.597)	(0.982)	(0.354)	(0.033)	(0.499)	(0.342)
Panel B：长期效应							
OFDI	−0.004 ***	0.000	−0.001	0.009	0.008 *	0.003	0.024 **
(POS)	(0.000)	(0.624)	(0.874)	(0.322)	(0.067)	(0.838)	(0.019)
OFDI	−0.002 ***	−0.005	−0.001	−0.014	−0.017 **	−0.015	−0.038 ***
(NEG)	(0.000)	(0.160)	(0.891)	(0.186)	(0.013)	(0.427)	(0.000)

续表

	斯洛文尼亚	斯洛伐克	斯里兰卡	新加坡	罗马尼亚	俄罗斯	波兰
Panel C：非对称性检验与统计诊断							
短期	0.000 ***	0.037 **	0.513	0.658	0.683	0.547	0.019 **
长期	0.883	0.254	0.678	0.234	0.039 **	0.125	0.654
Chi2	15.96	12.49	12.81	12.08	11.98	10.53	13.58
异方差检验	14.95 *	8.218	1.669	1.247	7.183 *	1.218	0.1934
误差检验	2.116	0.2274	2.774	0.173	4.724	3.46 *	3.846
JB 检验	1.449	1.225	2.791	0.466	0.2748	0.5838	4.278

	菲律宾	巴基斯坦	尼泊尔	马尔代夫	马来西亚	拉脱维亚
Panel A：短期效应						
L. *OFDI*	0.175 **	-0.00171	-0.000147	-0.000273	-0.00982	-0.0222
(POS)	(0.014)	(0.945)	(0.964)	(0.379)	(0.506)	(0.566)
L. *OFDI*	0.179 ***	-0.00587	-0.000130	-0.00624	0.00334	-0.0117
(NEG)	(0.005)	(0.832)	(0.977)	(0.717)	(0.887)	(0.750)
Δ*OFDI*	0.166 ***	-0.0112	-0.000278	-0.000192	-0.00609	-0.0221
(POS)	(0.006)	(0.678)	(0.925)	(0.419)	(0.605)	(0.548)
L. Δ*OFDI*	-0.00129	-0.00868	-0.000369	0.0000607	0.00280	-0.00148
(POS)	(0.923)	(0.151)	(0.769)	(0.609)	(0.492)	(0.738)
Δ*OFDI*	0.187 ***	-0.00415	0.000421	0.00158	0.00115	-0.01000
(NEG)	(0.003)	(0.846)	(0.864)	(0.846)	(0.942)	(0.731)
L. Δ*OFDI*	0.00496	0.000460	0.000264	0.00644	-0.00111	0.000420
(NEG)	(0.641)	(0.932)	(0.847)	(0.364)	(0.865)	(0.951)
Panel B：长期效应						
OFDI	0.168 **	-0.002	-0.000	-0.000	-0.009	-0.021
(POS)	(0.014)	(0.945)	(0.964)	(0.378)	(0.506)	(0.577)
OFDI	-0.172 ***	0.005	0.000	0.006	-0.003	0.011
(NEG)	(0.006)	(0.831)	(0.977)	(0.716)	(0.887)	(0.753)
Panel C：非对称性检验与统计诊断						
短期	0.896	0.281	0.592	0.271	0.667	0.316
长期	0.080 *	0.661	0.996	0.726	0.539	0.289
Chi2	16.35	17.1	13.36	14.91	14.72	14.86
异方差检验	0.6035	1.807	1.893	1.746	1.623	1.003
误差检验	1.787	3.371	2.275	1.169	1.771	1.601
JB 检验	1.093	7.538 *	4.249	6.241 *	1.743	1.376

续表

	立陶宛	老挝	韩国	吉尔吉斯斯坦	哈萨克斯坦	印度
Panel A：短期效应						
L. *OFDI* (POS)	0.000772 (0.966)	0.00234 (0.736)	0.0263 ** (0.024)	-0.00325 (0.868)	0.00225 (0.397)	0.0133 *** (0.000)
L. *OFDI* (NEG)	0.0112 (0.759)	0.00601 (0.661)	0.0260 ** (0.021)	-0.00389 (0.939)	0.0178 (0.280)	0.0207 *** (0.000)
Δ*OFDI* (POS)	0.00131 (0.927)	0.00296 (0.740)	0.0253 ** (0.030)	-0.00448 (0.855)	0.00129 (0.635)	0.0104 *** (0.000)
L. Δ*OFDI* (POS)	0.000490 (0.883)	0.000468 (0.831)	0.00143 (0.240)	-0.00200 (0.812)	-0.000720 (0.657)	-0.00114 (0.126)
Δ*OFDI* (NEG)	0.0102 (0.709)	0.00600 (0.558)	0.0275 ** (0.021)	0.000823 (0.982)	0.0146 (0.162)	0.0167 *** (0.000)
L. Δ*OFDI* (NEG)	0.000137 (0.988)	0.000129 (0.960)	-0.0000159 (0.987)	0.00227 (0.819)	-0.00155 (0.786)	-0.00233 ** (0.010)
Panel B：长期效应						
OFDI (POS)	0.001 (0.966)	0.002 (0.737)	0.026 ** (0.029)	-0.003 (0.868)	0.002 (0.398)	0.012 *** (0.000)
OFDI (NEG)	-0.010 (0.759)	-0.006 (0.663)	-0.025 ** (0.026)	0.004 (0.939)	-0.017 (0.297)	-0.019 *** (0.000)
Panel C：非对称性检验与统计诊断						
短期	0.528	0.522	0.831	0.486	0.150	0.001 ***
长期	0.705	0.639	0.043 **	0.986	0.341	0.003 ***
Chi2	16.04	20.82 *	19.58 *	13.41	12.1	7.541
异方差检验	2.119	2.068	1.946	1.822	1.58	0.08941
误差检验	1.763	1.371	1.279	1.534	1.719	1.729
JB 检验	5.731 *	0.4412	1.246	3.032	1.572	0.262

	印度尼西亚	匈牙利	克罗地亚	爱沙尼亚	捷克	蒙古国
Panel A：短期效应						
L. *OFDI* (POS)	-0.00591 (0.598)	-0.0104 *** (0.008)	0.00495 *** (0.000)	-0.0172 (0.647)	0.00303 *** (0.002)	-0.0267 (0.284)
L. *OFDI* (NEG)	-0.00903 (0.677)	-0.000208 (0.916)	0.00303 *** (0.000)	0.000976 (0.929)	0.0216 *** (0.000)	0.0357 (0.201)
Δ*OFDI* (POS)	-0.00656 (0.627)	-0.00398 (0.306)	0.000999 (0.106)	-0.00463 (0.571)	0.00138 *** (0.002)	-0.0358 (0.245)

续表

	印度尼西亚	匈牙利	克罗地亚	爱沙尼亚	捷克	蒙古国
Panel A：短期效应						
L. $\Delta OFDI$	-0.00131	0.00359 **	-0.00264 ***	0.00258	-0.000137	-0.00642
(POS)	(0.581)	(0.040)	(0.000)	(0.547)	(0.684)	(0.324)
$\Delta OFDI$	-0.00550	0.00320	0.00342 ***	-0.0164	0.0165 ***	0.0130
(NEG)	(0.734)	(0.344)	(0.000)	(0.775)	(0.000)	(0.590)
L. $\Delta OFDI$	0.00184	0.00185	0.000103	0.0176	-0.00273 **	-0.0140
(NEG)	(0.649)	(0.163)	(0.591)	(0.808)	(0.017)	(0.186)
Panel B：长期效应						
OFDI	-0.006	-0.011 ***	0.005 ***	-0.016	0.003 ***	-0.026
(POS)	(0.598)	(0.007)	(0.000)	(0.646)	(0.002)	(0.285)
OFDI	0.008	0.000	-0.003 ***	-0.001	-0.021 ***	-0.034
(NEG)	(0.676)	(0.916)	(0.000)	(0.929)	(0.000)	(0205)
Panel C：非对称性检验与统计诊断						
短期	0.467	0.256	0.000 ***	0.914	0.000 ***	0.102
长期	0.793	0.000 ***	0.004 ***	0.585	0.000 ***	0.130
Chi2	11.56	13.13	11.13	14.76	12.02	20.24 *
异方差检验	1.687	4.726 *	1.567	1.866	0.856	3.974
误差检验	1.416	1.113	3.793 *	0.8841	3.895	2.244
JB 检验	1.982	0.2115	3.694	3.059	0.5496	1.396

注：括号中为 p 值；*、**、*** 为在 10%、5% 和 1% 上显著；0.000 为结果小于 0.001；Panel C 中结果为 p 值。

从短期效应结果来看，共有 19 个国家总体表现为正向结果，即中国与这些国家的分工会通过生产者驱动机制对中国制造业结构的合理化水平产生正向的影响。其中，孟加拉国、保加利亚、越南、泰国、罗马尼亚、波兰、菲律宾、韩国、印度、克罗地亚、捷克的结果较为显著。另有 13 个国家与中国的分工会通过生产者驱动机制对中国制造业结构的合理化水平产生负向的影响。其中，文莱、斯洛文尼亚、匈牙利的结果较为显著。在非对称影响方面，短期中文莱、斯洛文尼亚、斯洛伐克、波兰、印度、克罗地亚、捷克的结果表现出明显的非对称性。其中，中国对波兰、印度、克罗地亚、捷克 OFDI 的积极变动会对中国制造业结构的合理化水平产生正向的促进作用、负面变动则产生负向影响，说明随着中国对这 4 个国家 OFDI 规模的扩大，“一带一路”价值链生产者驱动机制对中国制造业结构合理化的积极影响也会不断提升；中国对文莱、斯洛文尼亚 OFDI 的积极变动呈现出显著的负向结果、负面变动则呈现出显著正向影响，说明中国与这两个国家进行生产者驱动下的价值链分工会从正负两个方向同时抑制中国制造业结构的合理化；斯洛伐克在短期虽然存在明显的非对称性，但“一带一路”价值链生产者驱动机制对中国制造业结构合理化的影响总体并不显著。

从长期效应结果来看，与中国进行价值链分工从而通过生产者驱动机制对中国制造业结构的合理化水平产生正向影响的国家数量仍为 19 个。其中，孟加拉国、保加利亚、越南、泰国、罗马尼亚、波兰、菲律宾、韩国、印度、克罗地亚、捷克的结果较为显著。另外 13 个国家在与中国的价值链分工会通过生产者驱动机制对中国制造业结构合理化产生负向影响。其中，文莱、斯洛文尼亚、匈牙利的结果更加显著。在非对称影响方面，孟加拉国、保加利亚、越南、泰国、罗马尼亚、菲律宾、韩国、印度、匈牙利、克罗地亚、捷克、蒙古国在长期中表现出较明显的非对称影响。其中，中国对孟加拉国、保加利亚、泰国、罗马尼亚、菲律宾、韩国、印度、克罗地亚、捷克 OFDI 的积极变动表现出显著的正向影响、负面变动表现出显著的负向影响，即随着与上述沿线国家分工规模不断扩大，生产者驱动机制对中国制造业结构合理化水平的积极影响也不断增强；中国对匈牙利、蒙古国 OFDI 的积极变动表现出不显著的影响、负面变动则表现出较为显著的正向影响，即减少对二者的投资会通过“一带一路”价值链中的生产者驱动机制对中国制造业结构的合理化水平产生显著促进作用；中国对越南的 OFDI 虽然对制造业结构合理化水平有明显的非对称性影响，但 OFDI 积极和负面变动的结果显著性较低。

表7-4　　生产者驱动机制对产业结构高级化的检验结果

	孟加拉国	保加利亚	文莱	柬埔寨	越南	土耳其	泰国
Panel A：短期效应							
L. *OFDI*	10.83 **	-0.0000366	-0.516	-0.000380	14.23 *	-0.000466	53.52 **
(POS)	(0.021)	(0.921)	(0.855)	(0.132)	(0.059)	(0.538)	(0.047)
L. *OFDI*	-6.368	0.0000876	-1.700	-0.000334	10.26	-0.000436	-52.88 **
(NEG)	(0.570)	(0.791)	(0.662)	(0.570)	(0.239)	(0.451)	(0.020)
Δ*OFDI*	7.050 **	-0.0000893	-0.348	-0.000600 *	10.91 *	-0.000471	-39.18
(POS)	(0.047)	(0.827)	(0.865)	(0.070)	(0.063)	(0.562)	(0.111)
L. Δ*OFDI*	-3.912 **	0.0000247	0.0169	-0.0000642	-3.182	-0.0000294	1.722
(POS)	(0.050)	(0.287)	(0.984)	(0.410)	(0.117)	(0.804)	(0.771)
Δ*OFDI*	-0.519	0.0000438	-0.877	-0.000293	8.864	-0.000342	-58.86 **
(NEG)	(0.951)	(0.884)	(0.661)	(0.505)	(0.199)	(0.529)	(0.020)
L. Δ*OFDI*	3.322	-0.0000783	0.502	0.0000289	-0.924	0.000155	-0.534
(NEG)	(0.239)	(0.272)	(0.744)	(0.806)	(0.646)	(0.149)	(0.885)
Panel B：长期效应							
OFDI	14.789	-0.000	-0.702	-0.000	16.799 *	-0.000	197.001
(POS)	(0.037)	(0.921)	(0.858)	(0.132)	(0.066)	(0.538)	(0.373)
OFDI	8.695	-0.000	2.313	0.000	-12.117	0.000	-194.646
(NEG)	(0.638)	(0.791)	(0.674)	(0.570)	(0.205)	(0.451)	(0.359)
Panel C：非对称性检验与统计诊断							
短期	0.961	0.907	0.980	0.198	0.950	0.458	0.032 **
长期	0.294	0.619	0.748	0.924	0.441	0.941	0.946
Chi2	9.454	11.34	11.87	11.07	12.8	10.97	16.72
异方差检验	2.213	1.435	1.848	1.382	0.4111	0.6552	0.1093
误差检验	4.63	0.7802	0.108	1.344	8.967	2.665	2.709
JB 检验	1.592	0.7222	0.1991	0.9964	3.615	2.166	1.089

	斯洛文尼亚	斯洛伐克	斯里兰卡	新加坡	罗马尼亚	俄罗斯	波兰
Panel A：短期效应							
L. *OFDI*	-0.0547	-0.0000108	-0.0000110	9.162 ***	-0.000471	13.75 ***	25.45 ***
(POS)	(0.954)	(0.544)	(0.912)	(0.003)	(0.340)	(0.007)	(0.001)
L. *OFDI*	0.0268	-0.000143 **	-0.00000201	4.264	-0.000323	12.35 **	13.83 **
(NEG)	(0.981)	(0.041)	(0.989)	(0.195)	(0.488)	(0.041)	(0.022)
Δ*OFDI*	0.0279	-0.00000935	0.0000107	9.191 ***	-0.000441	14.97 ***	22.76 ***
(POS)	(0.965)	(0.312)	(0.929)	(0.006)	(0.391)	(0.005)	(0.001)

续表

	斯洛文尼亚	斯洛伐克	斯里兰卡	新加坡	罗马尼亚	俄罗斯	波兰
Panel A：短期效应							
L. Δ*OFDI* (POS)	0.0321 (0.954)	-0.00000705 (0.326)	0.0000271 (0.408)	0.267 (0.599)	-0.0000371 (0.695)	1.205 (0.145)	-1.870 (0.105)
Δ*OFDI* (NEG)	-0.0423 (0.924)	-0.000134 ** (0.041)	-0.00000114 (0.991)	3.675 (0.122)	-0.000252 (0.367)	10.76 ** (0.028)	16.47 *** (0.006)
L. Δ*OFDI* (NEG)	-0.0327 (0.948)	-0.00000878 (0.740)	-0.00000975 (0.782)	-0.662 (0.382)	0.000292 * (0.095)	-0.946 (0.342)	0.976 (0.379)
Panel B：长期效应							
OFDI (POS)	-0.072 (0.954)	-0.000 (0.544)	-0.000 (0.912)	20.468 * (0.075)	-0.000 (0.340)	-54.072 (0.386)	51.470 * (0.075)
OFDI (NEG)	-0.035 (0.981)	0.000 ** (0.041)	0.000 (0.989)	-9.526 (0.162)	0.000 (0.488)	48.603 (0.405)	-27.970 * (0.090)
Panel C：非对称性检验与统计诊断							
短期	0.881	0.073 *	0.659	0.205	0.300	0.007 ***	0.203
长期	0.956	0.044 **	0.931	0.008 ***	0.534	0.667	0.124
Chi2	11.68	14.22	9.105	13.31	13.71	8.663	14.07
异方差检验	1.977	2.178	0.1521	6.618 *	0.09681	0.5243	1.05
误差检验	1.147	0.3834	0.6689	0.6576	1.199	7.302	3.492
JB 检验	2.237 *	0.704	2.446	4.705 *	0.93	0.3094	2.036

	菲律宾	巴基斯坦	尼泊尔	马尔代夫	马来西亚	拉脱维亚
Panel A：短期效应						
L. *OFDI* (POS)	0.000356 (0.593)	-0.00140 (0.253)	-0.000141 (0.142)	0.00000210 (0.427)	0.000191 (0.731)	0.00151 (0.224)
L. *OFDI* (NEG)	-0.0000518 (0.917)	-0.00169 (0.194)	-0.0000835 (0.495)	0.000202 (0.146)	-0.000701 (0.431)	0.00219 (0.102)
Δ*OFDI* (POS)	0.000307 (0.561)	-0.00141 (0.255)	-0.000156 (0.174)	0.00000298 (0.171)	-0.000259 (0.583)	0.00178 (0.190)
L. Δ*OFDI* (POS)	-0.000127 (0.442)	0.000136 (0.245)	-0.0000206 (0.606)	-0.000000249 (0.863)	0.000147 (0.466)	0.000210 (0.157)
Δ*OFDI* (NEG)	0.0000515 (0.918)	-0.00126 (0.202)	-0.0000300 (0.648)	0.0000421 (0.525)	0.000131 (0.848)	0.00181 (0.106)
L. Δ*OFDI* (NEG)	-0.0000729 (0.487)	0.000295 (0.236)	0.0000332 (0.389)	-0.0000601 (0.258)	0.000373 * (0.092)	-0.00609 *** (0.008)

续表

	菲律宾	巴基斯坦	尼泊尔	马尔代夫	马来西亚	拉脱维亚
Panel B：长期效应						
OFDI (POS)	0.000 (0.593)	-0.001 (0.253)	-0.000 (0.142)	0.000 (0.427)	0.000 (0.731)	0.002 (0.224)
OFDI (NEG)	0.000 (0.917)	0.002 (0.194)	0.000 (0.495)	-0.000 (0.146)	0.001 (0.431)	-0.002 (0.102)
Panel C：非对称性检验与统计诊断						
短期	0.237	0.677	0.222	0.728	0.358	0.197
长期	0.202	0.722	0.604	0.148	0.266	0.274
Chi2	19.71 *	20.98 *	12.6	8.102	10.53	14.42
异方差检验	0.05678	0.2354	1.527	0.1036	2.733	0.1346
误差检验	0.03707	1.216	0.2657	0.5676	3.64 *	0.1943
JB 检验	8.589 *	0.7522	2.206	0.2068	0.4679	0.558
	立陶宛	老挝	韩国	吉尔吉斯斯坦	哈萨克斯坦	印度
Panel A：短期效应						
L. *OFDI* (POS)	-0.000166 (0.730)	9.618 *** (0.002)	-0.000205 (0.344)	24.13 *** (0.000)	2.556 *** (0.000)	-0.897 (0.802)
L. *OFDI* (NEG)	-0.000836 (0.333)	6.811 (0.174)	-0.000128 (0.555)	24.23 ** (0.018)	-0.750 (0.605)	-1.133 (0.686)
Δ*OFDI* (POS)	-0.0000846 (0.868)	9.616 *** (0.006)	-0.000121 (0.507)	26.43 *** (0.000)	1.039 ** (0.031)	1.412 (0.594)
L. Δ*OFDI* (POS)	-0.0000671 (0.628)	0.194 (0.758)	0.00000494 (0.880)	1.098 (0.670)	-0.0999 (0.706)	1.387 (0.186)
Δ*OFDI* (NEG)	-0.000600 (0.341)	5.927 (0.114)	-0.000439 (0.303)	21.63 *** (0.006)	-0.422 (0.762)	-1.845 (0.481)
L. Δ*OFDI* (NEG)	0.000167 (0.408)	-0.807 (0.406)	-0.0000876 (0.552)	-1.719 (0.407)	0.286 (0.555)	-0.460 (0.557)
Panel B：长期效应						
OFDI (POS)	-0.000 (0.730)	18.205 ** (0.047)	-0.000 (0.344)	83.819 (0.387)	2.943 *** (0.001)	149.947 (0.987)
OFDI (NEG)	0.001 (0.333)	-12.893 (0.152)	0.000 (0.555)	-84.137 (0.432)	0.864 (0.615)	-189.345 (0.987)
Panel C：非对称性检验与统计诊断						
短期	0.505	0.459	0.308	0.230	0.056 *	0.117

续表

	立陶宛	老挝	韩国	吉尔吉斯斯坦	哈萨克斯坦	印度
Panel C：非对称性检验与统计诊断						
长期	0.270	0.024 **	0.406	0.989	0.446	0.986
Chi2	15.4	13.72	9.977	10.72	12.27	15.08
异方差检验	0.3284	1.25	0.142	2.398	2.584	1.114
误差检验	0.9445	0.878	1.075	3.006 *	1.048	2.718
JB 检验	0.7358	3.125	0.1693	1.648	6.591 *	0.3696

	印度尼西亚	匈牙利	克罗地亚	爱沙尼亚	捷克	蒙古国
Panel A：短期效应						
L. *OFDI* (POS)	9.420 *** (0.003)	0.000719 * (0.084)	0.0000737 (0.564)	7.891 *** (0.000)	1.994 *** (0.008)	33.44 * (0.055)
L. *OFDI* (NEG)	8.081 (0.111)	0.000579 * (0.052)	0.00000196 (0.993)	0.944 *** (0.000)	0.0568 (0.928)	26.58 (0.140)
Δ*OFDI* (POS)	9.919 *** (0.006)	0.000719 * (0.085)	0.000152 (0.278)	7.144 *** (0.000)	1.055 *** (0.003)	37.86 * (0.090)
L. Δ*OFDI* (POS)	0.663 (0.210)	0.000115 (0.295)	-0.000153 (0.314)	0.112 (0.443)	0.0195 (0.916)	5.572 (0.103)
Δ*OFDI* (NEG)	6.707 * (0.081)	0.000773 * (0.054)	-0.0000368 (0.691)	-1.372 * (0.070)	-2.980 (0.129)	29.39 (0.130)

	印度尼西亚	匈牙利	克罗地亚	爱沙尼亚	捷克	蒙古国
Panel A：短期效应						
L. Δ*OFDI* (NEG)	-1.075 (0.235)	0.000104 (0.119)	0.0000224 (0.813)	-1.386 (0.137)	-1.128 (0.648)	1.482 (0.619)
Panel B：长期效应						
OFDI (POS)	19.620 * (0.075)	0.001 * (0084)	0.000 (0.564)	9.348 *** (0.000)	4.549 ** (0.045)	25.108 *** (0.001)
OFDI (NEG)	-16.832 (0.146)	-0.001 (0.052)	-0.000 (0.993)	-1.118 *** (0.000)	-0.130 (0.927)	-19.956 ** (0.019)
Panel C：非对称性检验与统计诊断						
短期	0.669	0.777	0.964	0.000 ***	0.118	0.129
长期	0.010 ***	0.416	0.816	0.000 ***	0.028 **	0.035 **
Chi2	11.04	14.58	20.69	15.82	7.993	20.95 *
异方差检验	4.114 *	0.6861	0.3352	0.005619	5.115 *	1.225

续表

	印度尼西亚	匈牙利	克罗地亚	爱沙尼亚	捷克	蒙古国
Panel C：非对称性检验与统计诊断						
误差检验	0.425	2.405	0.457	3.48 *	0.5127	1.197
JB 检验	1.03	1.527	0.2117	0.2105	0.01267	2.761

注：括号中为 p 值；*、** 、*** 为在 10%、5% 和 1% 上显著；0.000 为结果小于 0.001；Panel C 中结果为 p 值。

从短期效应结果来看，共有 19 个国家总体表现为正向结果，即中国与这些国家的分工会通过生产者驱动机制对中国制造业结构的高级化产生正向的影响。其中，孟加拉国、泰国、新加坡、俄罗斯、波兰、老挝、吉尔吉斯斯坦、哈萨克斯坦、印度尼西亚、匈牙利、爱沙尼亚、捷克的结果较为显著。另有 13 个国家与中国间的分工会通过“一带一路”价值链中的生产者驱动机制对中国制造业结构高级化水平产生负向的影响，但影响不明显。在非对称影响方面，短期中泰国、俄罗斯、爱沙尼亚的检验结果表现出明显的非对称性，且中国对上述 3 国 OFDI 的积极变动均会对中国制造业结构高级化水平产生正向的促进作用，负面变动均产生负向影响，说明“一带一路”价值链生产者驱动机制会通过对这 3 个国家 OFDI 的方式促进中国制造业结构的高级化。

从长期效应结果来看，与中国进行价值链分工从而通过生产者驱动机制对中国制造业结构高级化水平产生正向影响的国家仍为 19 个。其中，越南、新加坡、波兰、老挝、哈萨克斯坦、印度尼西亚、匈牙利、捷克、蒙古国、爱沙尼亚结果相对显著。另有 13 个样本国家与中国的分工会通过“一带一路”价值链生产者驱动机制对中国制造业结构高级化产生负向影响。其中，斯洛伐克的结果相对显著。在非对称影响方面，斯洛伐克、新加坡、老挝、印度尼西亚、爱沙尼亚、捷克、蒙古国均在长期中表现出较为明显的非对称影响。其中，中国对新加坡、老挝、印度尼西亚、爱沙尼亚、捷克、蒙古国

OFDI 的积极变动表现出正向影响、负面变动表现出负向影响，即中国与上述国家进行投资合作越深入，“一带一路”价值链生产者驱动机制对中国制造业结构高级化的积极影响也越强；中国对斯洛伐克OFDI 的积极变动表现不显著的负向影响、负面变动则表现出显著的正向影响，即当中国减少对斯洛伐克的投资会通过“一带一路”价值链中的生产者驱动机制对中国制造业结构的高级化水平产生显著促进作用。

第三节 对购买者驱动机制的检验

在对“一带一路”价值链中的购买者驱动机制对中国制造业转型升级的非对称影响进行分析之后，本部分针对“一带一路”购买者驱动机制对中国制造业出口技术结构、增加值出口、产业结构优化三个方面的非对称影响进行检验。与前文类似，为了方便实现对生产者驱动机制影响结果的直观对比，本部分对相应的计量结果进行了简化处理。在进行回归之前已经对各变量进行单位根检验，并对相关序列进行平稳化处理。

一 对中国制造业出口技术结构的非对称影响

首先，本部分针对在中国与沿线国家进行价值链分工合作时，“一带一路”价值链中的购买者驱动机制对中国制造业出口技术结构的非对称影响进行检验，如表 7－5 所示。统计性诊断结果显示各序列总体上并不存在明显的自相关、异方差、误差、非正态性问题，即结果较为稳健。

表7－5　　购买者驱动机制对出口技术结构的检验结果

	孟加拉国	保加利亚	文莱	柬埔寨	越南	土耳其	泰国
Panel A：短期效应							
L. *OFDI*	－0.00252 ***	0.00297	－0.0000865	0.000668	－0.00199 ***	－0.000754	0.000313
(POS)	(0.000)	(0.714)	(0.816)	(0.543)	(0.009)	(0.581)	(0.372)
L. *OFDI*	－0.00238 ***	0.00138	－0.000137	0.000476	0.0105	－0.00148	0.000365
(NEG)	(0.000)	(0.846)	(0.732)	(0.620)	(0.529)	(0.386)	(0.598)
Δ*OFDI*	－0.00245 ***	0.00262	－0.0000868	0.000506	－0.000980 **	0.000132	0.000442
(POS)	(0.000)	(0.754)	(0.793)	(0.634)	(0.044)	(0.892)	(0.354)
L. Δ*OFDI*	－0.0000399	－0.000185	－0.0000750	－0.0000185	0.000309	－0.0000328	0.000125
(POS)	(0.603)	(0.577)	(0.377)	(0.890)	(0.155)	(0.970)	(0.242)
Δ*OFDI*	－0.00329 ***	0.00162	－0.000209	－0.000166	－0.0165	－0.000880	0.000256
(NEG)	(0.000)	(0.826)	(0.558)	(0.915)	(0.118)	(0.456)	(0.548)
L. Δ*OFDI*	－0.000533 ***	0.000407	－0.0000106	0.000627	－0.00908	－0.000162	－0.0000399
(NEG)	(0.006)	(0.160)	(0.811)	(0.467)	(0.280)	(0.746)	(0.835)
Panel B：长期效应							
OFDI	－0.003 ***	0.003	－0.000	0.001	－0.002 ***	－0.001	0.000
(POS)	(0.000)	(0.714)	(0.816)	(0.543)	(0.009)	(0.581)	(0.372)
OFDI	0.002 ***	－0.001	0.000	－0.000	－0.011	0.001	－0.000
(NEG)	(0.000)	(0.846)	(0.732)	(0.620)	(0.529)	(0.386)	(0.598)
Panel C：非对称性检验与统计诊断							
短期	0.618	0.730	0.659	0.979	0.038 **	0.354	0.368
长期	0.000 ***	0.244	0.439	0.534	0.456	0.332	0.924
Chi2	6.958	13.38	19.16 *	12.33	8.168	11.21	11.78
异方差检验	0.01624	0.01297	0.1393	0.1366	0.1814	0.01922	0.0003781
误差检验	6.626 *	2.365	2.055	2.201	0.7312	0.504	0.4183
JB 检验	0.5059	0.8192	1.279	0.2606	0.3388	1.281	0.3685

	斯洛文尼亚	斯洛伐克	斯里兰卡	新加坡	罗马尼亚	俄罗斯	波兰
Panel A：短期效应							
L. *OFDI*	－0.000440	0.00679	－0.00110 ***	0.00970 ***	0.00830 **	－0.000829	－0.00662 *
(POS)	(0.904)	(0.111)	(0.003)	(0.001)	(0.013)	(0.476)	(0.068)
L. *OFDI*	－0.000473	0.00584	－0.000890 ***	0.00827 ***	0.00564 **	－0.000893	－0.00519 *
(NEG)	(0.885)	(0.134)	(0.000)	(0.003)	(0.037)	(0.375)	(0.072)
Δ*OFDI*	－0.000501	0.00645	－0.00110 ***	0.00938 ***	0.00740 **	－0.000427	－0.00640 *
(POS)	(0.889)	(0.117)	(0.001)	(0.001)	(0.016)	(0.607)	(0.061)

续表

	斯洛文尼亚	斯洛伐克	斯里兰卡	新加坡	罗马尼亚	俄罗斯	波兰
Panel A：短期效应							
L. Δ*OFDI*	0.00000921	-0.0000413	-0.0000447	-0.000235 *	-0.000497 **	0.000742	0.0000166
(POS)	(0.938)	(0.775)	(0.470)	(0.085)	(0.030)	(0.211)	(0.959)
Δ*OFDI*	-0.000495	0.00592	-0.00149 ***	0.00743 ***	0.00553 *	-0.000689	-0.00622 *
(NEG)	(0.885)	(0.134)	(0.000)	(0.007)	(0.050)	(0.453)	(0.054)
L. Δ*OFDI*	0.0000460	0.00000993	-0.000307 **	-0.000446 **	-0.000154	0.000414 *	-0.000584 *
(NEG)	(0.685)	(0.934)	(0.013)	(0.016)	(0.379)	(0.078)	(0.061)
Panel B：长期效应							
OFDI	-0.000	0.007	-0.001 ***	0.010 ***	0.008 **	-0.001	-0.007 *
(POS)	(0.904)	(0.111)	(0.003)	(0.001)	(0.013)	(0.476)	(0.068)
OFDI	0.000	-0.006	0.001 ***	-0.008 ***	-0.006 **	0.001	0.005 *
(NEG)	(0.885)	(0.134)	(0.000)	(0.003)	(0.038)	(0.375)	(0.072)
Panel C：非对称性检验与统计诊断							
短期	0.835	0.024 **	0.000 ***	0.000 ***	0.001 ***	0.427	0.273
长期	0.948	0.098 *	0.035 **	0.000 ***	0.000 ***	0.891	0.163
Chi2	14.65	14.09	15.61	22.73 *	12.51	23.93 *	14.19
异方差检验	2.283	0.2499	2.026	1.346	0.4517	2.14	2.535
误差检验	1.034	5.765 *	5.113 *	7.08 *	2.405	0.2182	0.5179
JB 检验	5.713 *	1.105	0.2406	0.3585	0.6717	4.089	0.8487

	菲律宾	巴基斯坦	尼泊尔	马尔代夫	马来西亚	拉脱维亚
Panel A：短期效应						
L. *OFDI*	0.00298 **	-0.00720 ***	0.000193	-0.0000439	-0.00718	-0.0107 ***
(POS)	(0.037)	(0.004)	(0.600)	(0.696)	(0.298)	(0.001)
L. *OFDI*	0.00260 *	-0.00726 ***	-0.000303	-0.0000777	-0.00669	-0.0111 ***
(NEG)	(0.058)	(0.001)	(0.459)	(0.437)	(0.284)	(0.000)
Δ*OFDI*	0.00402 ***	-0.00669 ***	-0.0000185	-0.0000379	-0.00596	-0.0104 ***
(POS)	(0.000)	(0.004)	(0.956)	(0.750)	(0.362)	(0.001)
L. Δ*OFDI*	-0.00241 *	0.000242 *	-0.000179 *	0.00000860	0.00166 ***	0.0000610
(POS)	(0.095)	(0.062)	(0.098)	(0.661)	(0.006)	(0.535)
Δ*OFDI*	0.00227 *	-0.00756 ***	-0.000310	-0.0000560	-0.00640	-0.0116 ***
(NEG)	(0.095)	(0.002)	(0.438)	(0.566)	(0.295)	(0.000)
L. Δ*OFDI*	-0.000264	-0.0000164	-0.0000395	0.0000191	-0.000115	-0.000206
(NEG)	(0.335)	(0.931)	(0.723)	(0.290)	(0.717)	(0.149)

续表

	菲律宾	巴基斯坦	尼泊尔	马尔代夫	马来西亚	拉脱维亚
Panel B：长期效应						
OFDI	0.003 **	-0.007 ***	0.000	-0.000	-0.007	-0.011 ***
(POS)	(0.037)	(0.004)	(0.600)	(0.696)	(0.298)	(0.001)
OFDI	-0.003 *	0.007 ***	0.000	0.000	0.007	0.011 ***
(NEG)	(0.058)	(0.001)	(0.459)	(0.437)	(0.284)	(0.000)
Panel C：非对称性检验与统计诊断						
短期	0.747	0.897	0.088 *	0.874	0.037 **	0.406
长期	0.057 *	0.001 ***	0.376	0.483	0.545	0.000 ***
Chi2	15.55	14.42	9.004	8.916	12.7	7.188
异方差检验	2.571	0.0001644	0.4291	0.7098	1.162	1.704
误差检验	5.769 *	1.027	0.1549	3.45 *	0.4777	9.281 *
JB 检验	1.81	0.5939	1.353	0.1349	2.443	1.226

	立陶宛	老挝	韩国	吉尔吉斯斯坦	哈萨克斯坦	印度
Panel A：短期效应						
L. *OFDI*	-0.000938 **	0.00167 ***	0.00422 *	0.000320 ***	-0.0101 ***	0.0220
(POS)	(0.012)	(0.003)	(0.090)	(0.004)	(0.000)	(0.256)
L. *OFDI*	-0.000469 ***	-0.000229	0.00228	0.0000133	-0.0109 ***	0.0254
(NEG)	(0.008)	(0.608)	(0.155)	(0.918)	(0.000)	(0.159)
Δ*OFDI*	-0.000807 ***	0.00149 ***	0.00350 *	0.000235 ***	-0.0102 ***	0.0231
(POS)	(0.003)	(0.001)	(0.077)	(0.003)	(0.000)	(0.211)
L. Δ*OFDI*	-0.0000141	-0.000113	-0.000594	-0.0000637	-0.000102	0.00149
(POS)	(0.891)	(0.236)	(0.353)	(0.157)	(0.567)	(0.275)
Δ*OFDI*	-0.000656 ***	0.000392	0.00212	0.0000114	-0.0110 ***	0.0242
(NEG)	(0.003)	(0.219)	(0.204)	(0.862)	(0.000)	(0.190)
L. Δ*OFDI*	-0.000132 ***	0.000205	-0.0000684	-0.0000291	0.00000281	-0.00138
(NEG)	(0.003)	(0.298)	(0.891)	(0.671)	(0.977)	(0.293)
Panel B：长期效应						
OFDI	-0.001 **	0.002 ***	0.004 *	0.000 ***	-0.010 ***	0.022
(POS)	(0.012)	(0.003)	(0.093)	(0.004)	(0.000)	(0.256)
OFDI	0.000 ***	0.000	-0.002	-0.000	0.011 ***	-0.025
(NEG)	(0.008)	(0.608)	(0.159)	(0.918)	(0.000)	(0.159)
Panel C：非对称性检验与统计诊断						
短期	0.736	0.011 **	0.412	0.086 *	0.002 ***	0.400

续表

	立陶宛	老挝	韩国	吉尔吉斯斯坦	哈萨克斯坦	印度
Panel C：非对称性检验与统计诊断						
长期	0.052 *	0.007 ***	0.107	0.041 **	0.022 **	0.533
Chi2	15.17	9.01	17.62 *	19.91 *	8.521	11.67
异方差检验	0.1117	0.6882	1.894	0.0164	1.201	0.05844
误差检验	4.026 *	4.966 *	3.023	1.071	4.79 *	1.77
JB 检验	1.609	0.1637	1.394	1.098	1.534	0.9247

	印度尼西亚	匈牙利	克罗地亚	爱沙尼亚	捷克	蒙古国
Panel A：短期效应						
L. *OFDI* (POS)	0.00714 *** (0.001)	0.0160 (0.120)	0.00689 ** (0.021)	−0.00607 ** (0.015)	0.0653 *** (0.001)	0.00275 *** (0.000)
L. *OFDI* (NEG)	0.00359 ** (0.012)	0.0120 (0.173)	0.00435 * (0.095)	−0.00662 *** (0.005)	0.0594 *** (0.001)	0.00225 *** (0.000)
Δ*OFDI* (POS)	0.00622 *** (0.000)	0.0144 (0.138)	0.00621 ** (0.031)	−0.00604 ** (0.011)	0.0641 *** (0.001)	0.00240 *** (0.000)
L. Δ*OFDI* (POS)	−0.000426 (0.227)	−0.000917 * (0.055)	−0.000380 ** (0.024)	−0.0000106 (0.917)	−0.000418 * (0.057)	−0.000148 *** (0.002)
Δ*OFDI* (NEG)	0.00477 *** (0.002)	0.0121 (0.185)	0.00449 * (0.098)	−0.00678 *** (0.005)	0.0612 *** (0.001)	0.00210 *** (0.000)
L. Δ*OFDI* (NEG)	0.000565 (0.197)	−0.0000845 (0.758)	0.0000931 (0.557)	0.0000611 (0.578)	0.000646 *** (0.009)	−0.0000641 ** (0.031)
Panel B：长期效应						
OFDI (POS)	0.007 *** (0.001)	0.016 (0.121)	0.007 ** (0.021)	−0.006 ** (0.015)	0.066 *** (0.001)	0.003 *** (0.000)
OFDI (NEG)	−0.004 ** (0.012)	−0.012 (0.174)	−0.004 * (0.094)	0.007 *** (0.005)	−0.060 *** (0.001)	−0.002 *** (0.000)
Panel C：非对称性检验与统计诊断						
短期	0.582	0.015 **	0.001 ***	0.150	0.000 ***	0.000 ***
长期	0.002 ***	0.017 **	0.000 ***	0.006 ***	0.000 ***	0.000 ***
Chi2	17.27	11.48	19.16 *	15.04	18.72 *	19.34 *
异方差检验	0.03357	1.625	0.6965	3.315 *	0.3016	2.363
误差检验	2.508	5.542 *	4.079 *	0.263	2.485	1.822
JB 检验	1.429	1.429	1.132	0.5038	1.352	0.3691

注：括号中为 p 值；*、**、*** 为在 10%、5% 和 1% 上显著；0.000 为结果小于 0.001；Panel C 中结果为 p 值。

从短期效应结果来看，有16个国家总体表现为正向结果，即中国对这些国家的海外采购会通过“一带一路”价值链中的购买者驱动机制对中国制造业出口技术结构产生正向的影响。其中，新加坡、罗马尼亚、菲律宾、老挝、吉尔吉斯斯坦、印度尼西亚、克罗地亚、捷克、蒙古国的结果较为显著。另有16个国家总体表现为负向结果，即中国对这些国家的海外采购会通过“一带一路”价值链中的购买者驱动机制对中国制造业出口技术结构产生负向的影响。其中，孟加拉国、越南、斯里兰卡、巴基斯坦、拉脱维亚、立陶宛、哈萨克斯坦、爱沙尼亚的结果较为显著。在非对称影响方面，越南、斯洛伐克、斯里兰卡、新加坡、罗马尼亚、马来西亚、老挝、哈萨克斯坦、匈牙利、克罗地亚、捷克、蒙古国在短期中表现出明显的非对称影响。其中，中国对新加坡、罗马尼亚、老挝、克罗地亚、捷克、蒙古国海外采购的正向变动呈现出显著正向影响、负向变动则呈现出抑制作用，说明在短期内中国扩大对这些国家的海外采购规模会通过“一带一路”价值链购买者驱动机制显著促进中国制造业出口技术结构的优化；中国对越南、斯里兰卡、哈萨克斯坦海外采购的正向变动呈现出显著负向影响、负向变动则呈现出负向影响，说明短期内中国减少对这些国家的海外采购规模会通过“一带一路”价值链购买者驱动机制促进中国制造业出口技术结构的优化；虽然斯洛伐克、马来西亚、匈牙利的结果表现出显著的非对称性结果，但所形成的影响并不显著。

从长期效应来看，共有17个国家总体表现为正向结果，即中国对这些国家的长期分工会通过“一带一路”价值链中的购买者驱动机制对中国制造业出口技术结构产生正向的影响。其中，新加坡、罗马尼亚、菲律宾、老挝、韩国、吉尔吉斯斯坦、印度尼西亚、克罗地亚、捷克、蒙古国的结果相对显著。另有18个国家总体表现为负向结果，即中国对这些国家的分工会通过“一带一路”价值链中的购买者驱动机制在长期内对中国制造业出口技术结构产生负向的影响。其中，孟加拉国、越南、斯里兰卡、波兰、巴基斯坦、拉脱维亚、立陶宛、哈萨克斯坦、爱沙尼亚的结果相对显著。在非对称性方面，孟加拉国、斯里兰卡、新加坡、罗马尼亚、巴基斯坦、拉脱维亚、老挝、吉尔吉斯斯坦、哈萨克斯坦、印度尼西亚、匈牙利、克罗地亚、爱沙尼亚、捷克、蒙古国在长期体现出明显的非对称性。其中，中国对新加坡、罗马尼亚、老挝、吉尔吉斯斯坦、印度尼西亚、克罗地亚、捷克、蒙古国海外采购的积极变动呈现出显著正向结果、负面变动呈现出负向结果，即中国对这些国家的海外采购在长期中会通过购买者驱动机制显著促进制造业出口技术结构的优化；中国对孟加拉国、斯里兰卡、巴基斯坦、拉脱维亚、哈萨克斯坦、爱沙尼亚海外采购的积极变动呈现出显著负向影响、负面变动呈现出显著的正向结果，说明中国在长期对这些国家的海外采购会通过“一带一路”价值链购买者驱动机制对中国制造业出口技术结构产生负面影响；匈牙利虽在长期中表现出较为显著的非对称性，但中国对其海外采购的正向和负向变动并未存在显著的影响。

二 对中国制造业增加值出口规模的非对称影响

本部分针对中国与其他沿线国家进行价值链分工时，购买者驱动机制对中国制造业增加值出口的非对称影响进行检验，如表7－6所示。统计性诊断结果显示各序列总体上无明显的自相关、异方差、误差、非正态性问题，结果较为稳健。

表7－6 购买者驱动机制对增加值出口的检验结果

	孟加拉国	保加利亚	文莱	柬埔寨	越南	土耳其	泰国
Panel A：短期效应							
L. *OFDI*	－0.0787	1.694 ***	0.198 **	－0.0103	0.689 ***	0.197 ***	－0.0430
（POS）	（0.171）	（0.004）	（0.018）	（0.667）	（0.000）	（0.000）	（0.520）
L. *OFDI*	0.0118	1.601 ***	0.254 ***	0.156 ***	3.175	0.223 ***	－0.0349
（NEG）	（0.759）	（0.002）	（0.003）	（0.000）	（0.143）	（0.000）	（0.572）
Δ*OFDI*	－0.0603	1.815 ***	0.210 **	－0.00117	0.570 ***	0.236 ***	－0.0641
（POS）	（0.196）	（0.002）	（0.011）	（0.955）	（0.000）	（0.000）	（0.482）

续表

	孟加拉国	保加利亚	文莱	柬埔寨	越南	土耳其	泰国
Panel A：短期效应							
L. Δ*OFDI*	0. 0132	0. 0717 *	0. 0110	0. 00240	−0. 0703 ***	0. 0234 *	−0. 0113
(POS)	(0. 132)	(0. 083)	(0. 170)	(0. 447)	(0. 001)	(0. 072)	(0. 560)
Δ*OFDI*	−0. 0223	1. 648 ***	0. 232 ***	0. 0356	4. 905 ***	0. 216 ***	−0. 0294
(NEG)	(0. 657)	(0. 002)	(0. 004)	(0. 293)	(0. 001)	(0. 000)	(0. 581)
L. Δ*OFDI*	−0. 00954	0. 00502	−0. 00853	−0. 124 ***	1. 057	−0. 00273	0. 0101
(NEG)	(0. 598)	(0. 761)	(0. 184)	(0. 000)	(0. 226)	(0. 670)	(0. 493)
Panel B：长期效应							
OFDI	−0. 076	1. 549 ***	0. 186 **	−0. 010	0. 689 ***	0. 202 ***	−0. 043
(POS)	(0. 171)	(0. 006)	(0. 013)	(0. 667)	(0. 000)	(0. 000)	(0. 526)
OFDI	0. 011	−1. 463 ***	−0. 239 ***	−0. 157 ***	−3. 175	−0. 228 ***	0. 035
(NEG)	(0. 759)	(0. 003)	(0. 002)	(0. 000)	(0. 143)	(0. 000)	(0. 575)
Panel C：非对称性检验与统计诊断							
短期	0. 618	0. 380	0. 878	0. 005 ***	0. 241	0. 023 **	0. 424
长期	0. 042 **	0. 004 ***	0. 005 ***	0. 000 ***	0. 000 ***	0. 096 *	0. 816
Chi2	10. 2	12. 93	18. 82 *	17. 74 *	10. 73	9. 347	7. 697
异方差检验	1. 698	3. 951 *	1. 234	3. 377 *	2. 228	4. 654 *	1. 594
误差检验	77. 96 *	0. 2008	1. 494	1. 324	4. 049	2. 395	8. 088 *
JB 检验	0. 2168	0. 2275	2. 809	0. 3618	2. 226	0. 6478	3. 245

	斯洛文尼亚	斯洛伐克	斯里兰卡	新加坡	罗马尼亚	俄罗斯	波兰
Panel A：短期效应							
L. *OFDI*	1. 179	−2. 104 ***	0. 00705	0. 887	1. 230 ***	0. 0882 ***	1. 185 ***
(POS)	(0. 167)	(0. 000)	(0. 872)	(0. 117)	(0. 000)	(0. 000)	(0. 001)
L. *OFDI*	1. 067	−1. 888 ***	0. 00181	0. 926	1. 125 ***	0. 0942 ***	1. 043 ***
(NEG)	(0. 155)	(0. 000)	(0. 932)	(0. 112)	(0. 000)	(0. 000)	(0. 001)
Δ*OFDI*	1. 148	−2. 030 ***	0. 00600	0. 884	1. 175 ***	0. 0933 ***	1. 130 ***
(POS)	(0. 161)	(0. 000)	(0. 859)	(0. 114)	(0. 000)	(0. 000)	(0. 001)
L. Δ*OFDI*	−0. 0151	0. 0274 ***	0. 000286	0. 00345	−0. 0302 **	0. 00618	−0. 0319 *
(POS)	(0. 555)	(0. 007)	(0. 969)	(0. 843)	(0. 018)	(0. 166)	(0. 099)
Δ*OFDI*	1. 104	−1. 933 ***	0. 00673	0. 938	1. 151 ***	0. 0862 ***	1. 104 ***
(NEG)	(0. 154)	(0. 000)	(0. 836)	(0. 109)	(0. 000)	(0. 000)	(0. 001)
L. Δ*OFDI*	0. 00690	−0. 0109	0. 00647	−0. 00601	0. 00639	−0. 00210	0. 0296
(NEG)	(0. 706)	(0. 198)	(0. 570)	(0. 884)	(0. 626)	(0. 275)	(0. 127)

续表

	斯洛文尼亚	斯洛伐克	斯里兰卡	新加坡	罗马尼亚	俄罗斯	波兰
Panel B：长期效应							
OFDI	1.170	-2.023 ***	0.007	0.858	1.228 ***	0.085 ***	1.191 ***
(POS)	(0.190)	(0.000)	(0.872)	(0.123)	(0.000)	(0.000)	(0.002)
OFDI	-1.059	1.816 ***	-0.002	-0.895	-1.124 ***	-0.090 ***	-1.049 ***
(NEG)	(0.179)	(0.000)	(0.932)	(0.120)	(0.000)	(0.000)	(0.002)
Panel C：非对称性检验与统计诊断							
短期	0.533	0.000 ***	0.722	0.534	0.575	0.277	0.153
长期	0.332	0.000 ***	0.868	0.573	0.007 ***	0.011 **	0.023 **
Chi2	17.96 *	10.99	15.98	12.51	8.313	14.61	7.301
异方差检验	8.834	3.918 *	11.27 *	9.383 *	2.371	0.5619	0.5606
误差检验	3.028	3.769	1.267	2.215	7.153 *	2.773	3.752
JB 检验	1.741	1.668	6.441 *	0.7628	0.4422	0.0679	1.85

	菲律宾	巴基斯坦	尼泊尔	马尔代夫	马来西亚	拉脱维亚
Panel A：短期效应						
L. *OFDI*	0.222 **	-0.509 *	-0.0229	-0.0268	1.500 ***	-0.657
(POS)	(0.011)	(0.055)	(0.654)	(0.398)	(0.000)	(0.149)
L. *OFDI*	0.325 ***	-0.355 *	0.0576	-0.0119	1.415 ***	-0.554
(NEG)	(0.001)	(0.080)	(0.304)	(0.661)	(0.000)	(0.150)
Δ*OFDI*	0.261 ***	-0.481 *	-0.00442	-0.0299	1.462 ***	-0.610
(POS)	(0.003)	(0.058)	(0.920)	(0.365)	(0.000)	(0.151)
L. Δ*OFDI*	0.0142	0.0109	0.0150	-0.00306	-0.0217 *	0.0278
(POS)	(0.876)	(0.396)	(0.109)	(0.573)	(0.099)	(0.186)
Δ*OFDI*	0.276 ***	-0.463 *	0.0411	-0.0174	1.388 ***	-0.583
(NEG)	(0.004)	(0.072)	(0.457)	(0.510)	(0.000)	(0.156)
L. Δ*OFDI*	-0.0218	-0.0607 *	-0.00329	-0.000910	-0.0220 *	-0.00669
(NEG)	(0.148)	(0.093)	(0.774)	(0.855)	(0.066)	(0.782)
Panel B：长期效应						
OFDI	0.223 **	-0.466 **	-0.022	-0.025	1.437	-0.612
(POS)	(0.011)	(0.047)	(0.654)	(0.399)	(0.000)	(0.145)
OFDI	-0.326 ***	0.325 *	-0.055	0.011	-1.356 ***	0.516
(NEG)	(0.001)	(0.071)	(0.304)	(0.662)	(0.000)	(0.147)
Panel C：非对称性检验与统计诊断						
短期	0.742	0.231	0.044 *	0.282	0.032 **	0.845
长期	0.017 **	0.022 **	0.245	0.261	0.032 **	0.209

续表

	菲律宾	巴基斯坦	尼泊尔	马尔代夫	马来西亚	拉脱维亚
Panel C：非对称性检验与统计诊断						
Chi2	10.89	9.464	11.03	2.321	10.36	13.23
异方差检验	1.457	3.944*	1.605	0.6719	0.0198	8.554*
误差检验	1.13	0.2367	2.508	4.625	1.384	1.727
JB 检验	1.26	0.3302	0.4341	0.3068	1.513	0.2266

	立陶宛	老挝	韩国	吉尔吉斯斯坦	哈萨克斯坦	印度
Panel A：短期效应						
L. *OFDI*	0.366***	−0.00511	0.342***	0.0228***	−0.197	−0.384
(POS)	(0.000)	(0.870)	(0.000)	(0.006)	(0.151)	(0.157)
L. *OFDI*	0.279***	0.0103	0.295***	0.0207***	−0.0791	−0.280
(NEG)	(0.000)	(0.739)	(0.000)	(0.005)	(0.540)	(0.226)
Δ*OFDI*	0.334***	−0.00371	0.324***	0.0198***	−0.147	−0.338
(POS)	(0.000)	(0.878)	(0.000)	(0.002)	(0.278)	(0.174)
L. Δ*OFDI*	−0.0200	−0.00143	−0.0115***	−0.00121	0.0232	0.0271
(POS)	(0.247)	(0.835)	(0.006)	(0.528)	(0.121)	(0.151)
Δ*OFDI*	0.297***	0.00215	0.298***	0.0211***	−0.100	−0.297
(NEG)	(0.000)	(0.900)	(0.000)	(0.002)	(0.462)	(0.217)
L. Δ*OFDI*	0.00764	−0.00479	0.00371	0.000473	−0.0148*	−0.0117
(NEG)	(0.262)	(0.714)	(0.425)	(0.890)	(0.066)	(0.514)
Panel B：长期效应						
OFDI	0.373***	−0.005	0.346***	0.023***	−0.202	−0.354
(POS)	(0.000)	(0.870)	(0.000)	(0.008)	(0.162)	(0.152)
OFDI	−0.285***	−0.010	−0.299***	−0.021***	0.081	0.259
(NEG)	(0.000)	(0.738)	(0.000)	(0.006)	(0.544)	(0.220)
Panel C：非对称性检验与统计诊断						
短期	0.563	0.874	0.213	0.531	0.637	0.964
长期	0.036**	0.704	0.001***	0.005***	0.011**	0.135
Chi2	24.27*	9.264	9.762	9.697	12.98	9.71
异方差检验	0.7839	1.961	0.01004	5.738	4.506*	2.118
误差检验	7.113*	4.296*	1.033	2.778	1.832	2.495
JB 检验	0.4341	6.137*	0.5306	0.1799	0.1437	0.1604

续表

	印度尼西亚	匈牙利	克罗地亚	爱沙尼亚	捷克	蒙古国
Panel A：短期效应						
L. *OFDI*	0.287**	2.241***	1.247**	-0.654***	-0.434	0.0691
(POS)	(0.037)	(0.001)	(0.028)	(0.003)	(0.760)	(0.241)
L. *OFDI*	0.417***	2.044***	1.176**	-0.546***	-0.356	0.102
(NEG)	(0.001)	(0.001)	(0.027)	(0.003)	(0.790)	(0.133)
Δ*OFDI*	0.326***	2.153***	1.204**	-0.608***	-0.404	0.0726
(POS)	(0.008)	(0.001)	(0.027)	(0.003)	(0.772)	(0.199)
L. Δ*OFDI*	0.0176	-0.0448**	-0.0234	0.0251***	0.00972	0.00101
(POS)	(0.280)	(0.033)	(0.229)	(0.010)	(0.751)	(0.874)
Δ*OFDI*	0.334**	2.089***	1.206**	-0.571***	-0.362	0.0891
(NEG)	(0.017)	(0.001)	(0.025)	(0.004)	(0.791)	(0.153)
L. Δ*OFDI*	-0.0427	0.0137	0.00357	-0.00821	-0.00793	-0.00974
(NEG)	(0.269)	(0.383)	(0.882)	(0.386)	(0.766)	(0.169)
Panel B：长期效应						
OFDI	0.282**	2.221***	1.247**	-0.615***	-0.406	0.071
(POS)	(0.045)	(0.001)	(0.036)	(0.003)	(0.759)	(0.253)
OFDI	-0.409***	-2.026***	-1.176**	0.514***	0.333	-0.104
(NEG)	(0.001)	(0.001)	(0.035)	(0.004)	(0.789)	(0.152)
Panel C：非对称性检验与统计诊断						
短期	0.456	0.810	0.464	0.833	0.533	0.594
长期	0.032**	0.008***	0.090*	0.004***	0.512	0.190
Chi2	15.17	6.563	14.53	14.96	16.49	11.3
异方差检验	1.701	1.42	7.301*	3.533*	1.073	5.339*
误差检验	1.111	1.188	2.535	0.4206	2.301	8.015*
JB 检验	0.1949	0.6377	0.4342	0.3497	2.473	0.3807

注：括号中为 p 值；*、**、*** 为在 10%、5% 和 1% 上显著；0.000 为结果小于 0.001；Panel C 中结果为 p 值。

从短期效应结果来看，共有 19 个沿线国家与中国进行“一带一路”价值链购买者驱动机制下的分工会对促进中国制造业增加值出口。其中，保加利亚、文莱、越南、土耳其等 15 个国家的结果显著。另有 12 个国家总体表现为负向结果，即中国与这些国家的分工会通过“一带一路”价值链购买者驱动机制对中国制造业增加值出口产生负向影响。其中，柬埔寨、斯洛伐克、巴基斯坦、爱沙尼亚的结果相对显著。在非对称影响方面，短期中柬埔寨、土耳其、斯洛伐克、马来西亚的结果表现出明显的非对称性。其中，中国对土耳其和马来西亚海外采购的积极变动具有正向作用、负面变动具有负向影响，说明中国与二者的分工会通过“一带一路”价值链购买者驱动机制促进中国制造业增加值出口；中国对柬埔寨和斯洛伐克海外采购的积极变动呈现出负向结果、负面变动则呈现出正向影响，说明中国与二者进行购买者驱动下的价值链分工会抑制中国制造业增加值出口。

从长期效应结果来看，共有 19 个样本国家总体表现为正向结果，即中国与这些国家的分工在长期会通过购买者驱动机制对中国制造业增加值出口产生正向影响。其中，表现较为显著的国家与短期内表现显著的国家相同。另有 13 个样本国家总体表现出负向结果，其中结果较为显著的仍为柬埔寨、斯洛伐克、巴基斯坦、爱沙尼亚。在非对称影响方面，共有 19 个国家在长期中的结果表现出显著的非对称性，其中，中国对保加利亚、文莱、越南、罗马尼亚等 13 个国家海外采购的积极变动具有促进作用、负面变动具有抑制作用，说明中国在长期对上述国家的海外采购会通过“一带一路”价值链中的购买者驱动机制促进中国制造业增加值出口；中国对柬埔寨、斯洛伐克、巴基斯坦、爱沙尼亚海外采购的积极变动会产生负向抑制作用、负面变动具有正向促进作用，说明中国在长期对这些国家的海外采购会通过“一带一路”价值链购买者驱动机制对中国制造业增加值出口产生负向影响；孟加拉国、哈萨克斯坦虽然在长期表现出显著的非对称影响，但海外采购的正向和负向变动并未对中国制造业增加值出口产生明显的作用。

三　对中国制造业结构优化的非对称影响

最后，本部分针对在中国与沿线国家进行价值链分工合作时，“一带一路”价值链中的购买者驱动机制对中国制造业结构的合理化与高级化的非对称影响进行检验，如表7－7和表7－8所示。统计性诊断结果显示各序列总体上并不存在明显的自相关、异方差、误差、非正态性问题，即结果较为稳健。

表7－7 购买者驱动机制对产业结构合理化的检验结果

	孟加拉国	保加利亚	文莱	柬埔寨	越南	土耳其	泰国
Panel A：短期效应							
L. *OFDI*	－0.0220	0.665***	0.0286	0.0351***	0.177***	0.0565***	－0.0190
(POS)	(0.145)	(0.000)	(0.237)	(0.007)	(0.000)	(0.000)	(0.232)
L. *OFDI*	0.00939	0.585***	0.0470**	0.0695***	0.880	0.0733***	－0.0150
(NEG)	(0.367)	(0.000)	(0.044)	(0.000)	(0.165)	(0.000)	(0.370)
Δ*OFDI*	－0.0166	0.627***	0.0330	0.0263**	0.147***	0.0584***	－0.0267
(POS)	(0.175)	(0.000)	(0.164)	(0.013)	(0.000)	(0.000)	(0.217)
L. Δ*OFDI*	0.00370	－0.0147	0.00337	－0.00488**	－0.0185***	0.000583	－0.00503
(POS)	(0.108)	(0.429)	(0.106)	(0.015)	(0.002)	(0.775)	(0.267)
Δ*OFDI*	0.000345	0.589***	0.0470**	0.0518***	1.731***	0.0698***	－0.00933
(NEG)	(0.980)	(0.000)	(0.042)	(0.002)	(0.000)	(0.000)	(0.480)
L. Δ*OFDI*	－0.00416	0.0000163	0.000362	－0.0128	0.592**	－0.00212*	0.00437
(NEG)	(0.350)	(0.998)	(0.844)	(0.184)	(0.047)	(0.091)	(0.288)
Panel B：长期效应							
OFDI	－0.021	0.752***	0.027	0.036***	0.169***	0.056***	－0.018
(POS)	(0.144)	(0.001)	(0.225)	(0.007)	(0.000)	(0.000)	(0.238)
OFDI	0.009	－0.661***	－0.045**	－0.071***	－0.842	－0.073***	0.015
(NEG)	(0.369)	(0.001)	(0.037)	(0.000)	(0.166)	(0.000)	(0.374)
Panel C：非对称性检验与统计诊断							
短期	0.287	0.200	0.009***	0.097*	0.258	0.132	0.130
长期	0.008***	0.005***	0.003***	0.000***	0.000***	0.000***	0.629
Chi2	7.008	19.97*	14.43	14.74	10.51	14.1	14.85
异方差检验	2.086	1.626	1.838	0.5372	1.785	4.188*	1.332
误差检验	2.935	9.211	4.869	3.001	1.416	6.717*	1.594
JB检验	0.3646	1.901	0.392	1.679	1.727	0.1953	0.05689
	斯洛文尼亚	斯洛伐克	斯里兰卡	新加坡	罗马尼亚	俄罗斯	波兰
Panel A：短期效应							
L. *OFDI*	0.539**	－0.593***	－0.000863	0.319**	0.342***	0.0152***	0.310***
(POS)	(0.038)	(0.000)	(0.948)	(0.049)	(0.000)	(0.000)	(0.000)

续表

	斯洛文尼亚	斯洛伐克	斯里兰卡	新加坡	罗马尼亚	俄罗斯	波兰
Panel A：短期效应							
L. *OFDI*	0.492**	-0.534***	0.00178	0.335**	0.316***	0.0225***	0.277***
(NEG)	(0.037)	(0.000)	(0.783)	(0.047)	(0.000)	(0.000)	(0.000)
Δ*OFDI*	0.516**	-0.565***	-0.000340	0.317**	0.327***	0.0196***	0.297***
(POS)	(0.037)	(0.000)	(0.973)	(0.048)	(0.000)	(0.000)	(0.000)
L. Δ*OFDI*	-0.00847	0.00994***	0.000558	0.000807	-0.00809**	0.00238**	-0.00655
(POS)	(0.386)	(0.005)	(0.803)	(0.873)	(0.018)	(0.034)	(0.185)
Δ*OFDI*	0.501**	-0.534***	0.00285	0.342**	0.328***	0.0239***	0.298***
(NEG)	(0.035)	(0.000)	(0.773)	(0.043)	(0.000)	(0.000)	(0.000)
L. Δ*OFDI*	0.00257	0.00183	0.0000449	0.00343	0.00487	0.000307	0.0110**
(NEG)	(0.683)	(0.540)	(0.989)	(0.790)	(0.253)	(0.363)	(0.043)
Panel B：长期效应							
OFDI	0.552*	-0.533***	-0.001	0.305*	0.329***	0.015***	0.297***
(POS)	(0.057)	(0.000)	(0.948)	(0.053)	(0.000)	(0.000)	(0.000)
OFDI	-0.504*	0.481***	-0.002	-0.321*	-0.304***	-0.022***	-0.266***
(NEG)	(0.055)	(0.000)	(0.783)	(0.051)	(0.000)	(0.000)	(0.000)
Panel C：非对称性检验与统计诊断							
短期	0.644	0.000***	0.649	0.206	0.046**	0.041**	0.007***
长期	0.005***	0.000***	0.780	0.044**	0.012**	0.000***	0.020**
Chi2	13.76	9.976	14.78	9.69	7.335	11.91	7.878
异方差检验	5.385*	6.192	1.909	4.456*	1.402	0.1161	0.03223
误差检验	1.793	2.032	1.123	1.086	2.134	5.635*	9.064*
JB 检验	0.293	4.665*	3.451	0.7856	0.2887	1.305	2.401

	菲律宾	巴基斯坦	尼泊尔	马尔代夫	马来西亚	拉脱维亚
Panel A：短期效应						
L. *OFDI*	0.0647**	-0.0563	-0.00317	-0.00860	0.363***	-0.225
(POS)	(0.029)	(0.361)	(0.820)	(0.242)	(0.000)	(0.118)
L. *OFDI*	0.0985***	-0.0358	0.0242	-0.00199	0.359***	-0.185
(NEG)	(0.003)	(0.460)	(0.135)	(0.756)	(0.000)	(0.127)
Δ*OFDI*	0.0699***	-0.0520	0.00221	-0.0113	0.356***	-0.209
(POS)	(0.008)	(0.373)	(0.854)	(0.162)	(0.000)	(0.119)
L. Δ*OFDI*	-0.00268	0.00262	0.00439*	-0.00270*	-0.00339	0.00890
(POS)	(0.936)	(0.458)	(0.099)	(0.095)	(0.375)	(0.172)

续表

	菲律宾	巴基斯坦	尼泊尔	马尔代夫	马来西亚	拉脱维亚
Panel A：短期效应						
ΔOFDI (NEG)	0.0900*** (0.007)	-0.0402 (0.495)	0.0203 (0.192)	-0.00524 (0.404)	0.356*** (0.000)	-0.194 (0.132)
L. *ΔOFDI* (NEG)	-0.00377 (0.451)	-0.000786 (0.921)	-0.000816 (0.825)	-0.00156 (0.325)	-0.00330 (0.447)	-0.00394 (0.570)
Panel B：长期效应						
OFDI (POS)	0.064** (0.029)	-0.054 (0.359)	-0.003 (0.820)	-0.008 (0.243)	0.349 (0.000)	-0.208 (0.114)
OFDI (NEG)	-0.098*** (0.004)	0.034 (0.459)	-0.023 (0.133)	0.002 (0.757)	-0.346*** (0.000)	0.170 (0.122)
Panel C：非对称性检验与统计诊断						
短期	0.474	0.443	0.070*	0.050**	0.957	0.870
长期	0.027**	0.191	0.022**	0.057*	0.054*	0.125
Chi2	13.09	14.75	9.989	20.05	15.31	13.71
异方差检验	0.7359	9.105	3.4*	8.117	0.07795	4.248
误差检验	1.646	1.224	0.4356	1.214	0.8153	1.643
JB 检验	1.386	0.2797	0.9243	1.286	0.09144	0.2204

	立陶宛	老挝	韩国	吉尔吉斯斯坦	哈萨克斯坦	印度
Panel A：短期效应						
L. *OFDI* (POS)	0.0991*** (0.000)	-0.00553 (0.492)	0.0792*** (0.000)	0.00784*** (0.001)	-0.0701* (0.076)	-0.0735 (0.385)
L. *OFDI* (NEG)	0.0877*** (0.000)	0.00543 (0.513)	0.0774*** (0.000)	0.00538*** (0.001)	-0.0294 (0.410)	-0.0514 (0.499)
ΔOFDI (POS)	0.0903*** (0.000)	-0.00512 (0.421)	0.0775*** (0.000)	0.00648*** (0.000)	-0.0608 (0.134)	-0.0655 (0.402)
L. *ΔOFDI* (POS)	-0.00470* (0.059)	0.000104 (0.949)	-0.000508 (0.406)	-0.000588 (0.206)	0.00385 (0.317)	0.00561 (0.353)
ΔOFDI (NEG)	0.0897*** (0.000)	0.00110 (0.808)	0.0832*** (0.000)	0.00799*** (0.000)	-0.0392 (0.314)	-0.0531 (0.492)
L. *ΔOFDI* (NEG)	0.0000639 (0.952)	-0.00180 (0.608)	0.00302*** (0.002)	0.000882 (0.372)	-0.00612* (0.051)	0.000531 (0.932)
Panel B：长期效应						
OFDI (POS)	0.099*** (0.000)	-0.005 (0.492)	0.078*** (0.000)	0.008*** (0.001)	-0.072* (0.087)	-0.068 (0.381)

续表

	立陶宛	老挝	韩国	吉尔吉斯斯坦	哈萨克斯坦	印度
Panel B：长期效应						
OFDI (NEG)	−0.088 *** (0.000)	−0.005 (0.512)	−0.077 *** (0.000)	−0.005 *** (0.001)	0.030 (0.417)	0.048 (0.495)
Panel C：非对称性检验与统计诊断						
短期	0.040 **	0.317	0.409	0.271	0.037 **	0.410
长期	0.018 **	0.319	0.000 ***	0.028 **	0.001 ***	0.325
Chi2	16.2	17.83 *	12.3	16.37	15.23	15.42
异方差检验	2.299	1.799	1.011	3.296 *	2.109	1.368
误差检验	6.237 *	9.967 *	0.8982	0.8247	2.561	3.523 *
JB 检验	3.447 *	0.2691	0.5075	0.382	1.114	0.8348

	印度尼西亚	匈牙利	克罗地亚	爱沙尼亚	捷克	蒙古国
Panel A：短期效应						
L. *OFDI* (POS)	0.114 *** (0.001)	0.608 *** (0.001)	0.428 *** (0.005)	−0.190 *** (0.002)	0.0220 (0.949)	0.0257 * (0.098)
L. *OFDI* (NEG)	0.142 *** (0.000)	0.558 *** (0.001)	0.408 *** (0.006)	−0.161 *** (0.002)	0.0373 (0.909)	0.0428 ** (0.027)
Δ*OFDI* (POS)	0.117 *** (0.000)	0.585 *** (0.001)	0.412 *** (0.005)	−0.178 *** (0.002)	0.0424 (0.900)	0.0252 * (0.081)
L. Δ*OFDI* (POS)	0.00152 (0.641)	−0.0105 * (0.079)	−0.00807 (0.103)	0.00708 ** (0.010)	0.0188 (0.186)	0.000806 (0.602)
Δ*OFDI* (NEG)	0.139 *** (0.000)	0.575 *** (0.001)	0.418 *** (0.005)	−0.164 *** (0.002)	0.0569 (0.863)	0.0351 ** (0.036)
L. Δ*OFDI* (NEG)	−0.00156 (0.836)	0.00761 (0.169)	0.00357 (0.602)	0.000684 (0.805)	0.0157 (0.176)	−0.00386 (0.124)
Panel B：长期效应						
OFDI (POS)	0.113 *** (0.001)	0.579 *** (0.001)	0.419 *** (0.008)	−0.176 *** (0.001)	0.020 (0.949)	0.027 (0.109)
OFDI (NEG)	−0，141 *** (0.000)	−0.532 *** (0.001)	−0.400 *** (0.008)	0.149 *** (0.002)	−0.033 (0.909)	−0.044 ** (0.037)
Panel C：非对称性检验与统计诊断						
短期	0.237	0.234	0.133	0.115	0.256	0.077 *
长期	0.038 **	0.013	0.091 *	0.003 ***	0.613	0.029 **
Chi2	12.94	8.421	9.183	12.77	14.61	12.59
异方差检验	7.375 *	0.1495	0.7098	0.1654	1.798	4.216 *

续表

	印度尼西亚	匈牙利	克罗地亚	爱沙尼亚	捷克	蒙古国
Panel C：非对称性检验与统计诊断						
误差检验	4.699 *	0.9603	0.7808	1.134	1.018	1.661
JB 检验	2.077	0.2973	1.167	0.6391	4.042 *	0.2998

注：括号中为 p 值；*、**、*** 为在 10%、5% 和 1% 上显著；0.000 为结果小于 0.001；Panel C 中结果为 p 值。

从短期效应结果来看，共有 21 个国家总体表现为正向结果，即中国对这些国家的海外采购会通过“一带一路”价值链中的购买者驱动机制对中国制造业结构的合理化水平产生正向的影响。其中，保加利亚、柬埔寨、越南、土耳其、斯洛文尼亚、新加坡、罗马尼亚、俄罗斯、波兰、菲律宾、马来西亚、立陶宛、韩国、吉尔吉斯斯坦、印度尼西亚、匈牙利、克罗地亚、蒙古国的结果相对显著。另有 11 个国家总体表现为负向结果，即中国与这些国家的分工会通过购买者驱动机制对中国制造业结构的合理化水平产生负向的影响。其中，斯洛伐克和爱沙尼亚的结果相对显著。在非对称影响方面，短期中文莱、斯洛伐克、罗马尼亚、俄罗斯、波兰、马尔代夫、立陶宛、哈萨克斯坦的结果表现出明显的非对称性。其中，中国对文莱、罗马尼亚、俄罗斯、波兰、立陶宛海外采购的积极变动具有促进作用、负面变动具有负向影响，说明中国与这些国家的分工会通过购买者驱动机制促进中国制造业结构合理化水平的提升；中国对斯洛伐克海外采购的积极变动呈现出负向结果、负面变动呈现出正向影响，说明中国与斯洛伐克进行购买者驱动下的价值链分工会从正负两个方向同时抑制中国制造业结构的合理化；马尔代夫与哈萨克斯坦在短期虽然存在明显的非对称性，但“一带一路”价值链购买者驱动机制的正向和负向变动对中国制造业结构合理化的影响总体并不显著。

从长期效应结果来看，与中国进行价值链分工从而通过购买者驱动机制对中国制造业结构的合理化水平产生正向影响的样本国家有20个。其中，保加利亚、越南、柬埔寨、土耳其、斯洛文尼亚、新加坡、罗马尼亚、俄罗斯、波兰、菲律宾、立陶宛、韩国、吉尔吉斯斯坦、印度尼西亚、匈牙利、克罗地亚的结果相对显著。另有12个样本国家在与中国进行分工时，"一带一路"价值链购买者驱动机制对中国制造业结构合理化具有负向影响。其中，斯洛伐克、哈萨克斯坦、爱沙尼亚的结果相对显著。在非对称影响方面，孟加拉国、保加利亚、文莱、柬埔寨、越南、土耳其、斯洛文尼亚、斯洛伐克、新加坡、罗马尼亚、俄罗斯、波兰、菲律宾、尼泊尔、立陶宛、韩国、吉尔吉斯斯坦、哈萨克斯坦、印度尼西亚、爱沙尼亚、蒙古国均在长期中表现出较为明显的非对称影响。其中，中国对保加利亚、文莱、柬埔寨、越南、土耳其、斯洛文尼亚、新加坡、罗马尼亚、俄罗斯、波兰、菲律宾、立陶宛、韩国、吉尔吉斯斯坦、印度尼西亚海外采购的积极变动表现出显著的正向影响，海外采购的负面变动表现出显著的负向影响，即中国对上述沿线国家海外采购的增加会从正、负两个方向通过购买者驱动机制促进中国制造业结构合理化水平；中国对斯洛伐克、哈萨克斯坦、爱沙尼亚海外采购的积极变动表现出负向的影响，但海外采购的负面变动则表现出较为正向影响，即当中国减少对三国的海外采购会通过"一带一路"价值链中的生产者驱动机制对中国制造业结构的合理化水平产生显著促进作用，而海外采购的增加反而会抑制产业结构的合理化；孟加拉国、尼泊尔虽然在长期内表现出显著的非对称影响，但中国对这两个国家海外采购的正向和负向变动并未产生显著的影响。

表7-8　购买者驱动机制对产业结构高级化的检验结果

	孟加拉国	保加利亚	文莱	柬埔寨	越南	土耳其	泰国
Panel A：短期效应							
L. *OFDI*	-0.000936**	-0.0182	-22.64**	-113.5***	0.000497	-0.000288	-0.000883
(POS)	(0.031)	(0.277)	(0.011)	(0.001)	(0.802)	(0.882)	(0.280)

续表

	孟加拉国	保加利亚	文莱	柬埔寨	越南	土耳其	泰国
Panel A：短期效应							
L. *OFDI*	-0.000315	-0.0138	-28.44 ***	-92.95 ***	-0.0262	0.000690	-0.00190
(NEG)	(0.229)	(0.338)	(0.005)	(0.001)	(0.692)	(0.682)	(0.187)
Δ*OFDI*	-0.000674 *	-0.0180	-8.782	-104.3 ***	-0.000186	0.000147	-0.00122
(POS)	(0.056)	(0.296)	(0.242)	(0.001)	(0.900)	(0.928)	(0.273)
L. Δ*OFDI*	-0.0000200	0.000379	-1.289	4.664	0.000341	-0.000729	-0.000269
(POS)	(0.879)	(0.549)	(0.763)	(0.133)	(0.616)	(0.384)	(0.283)
Δ*OFDI*	-0.000776 **	-0.0148	-25.50 ***	-104.3 ***	-0.00809	0.000516	-0.00154
(NEG)	(0.047)	(0.324)	(0.005)	(0.004)	(0.841)	(0.748)	(0.145)
L. Δ*OFDI*	-0.000193	-0.000954 *	0.760	-26.99	-0.00835	-0.00000524	0.000198
(NEG)	(0.133)	(0.089)	(0.429)	(0.233)	(0.734)	(0.993)	(0.510)
Panel B：长期效应							
OFDI	-0.001 **	-0.018	34.592 *	-1064.924	0.000	-0.000	-0.001
(POS)	(0.031)	(0.277)	(0.074)	(0.668)	(0.802)	(0.882)	(0.280)
OFDI	0.000	0.014	-43.450 *	871.723	0.026	-0.001	0.002
(NEG)	(0.229)	(0.338)	(0.074)	(0.669)	(0.692)	(0.682)	(0.187)
Panel C：非对称性检验与统计诊断							
短期	0.327	0.459	0.120	0.153	0.672	0.363	0.885
长期	0.022 **	0.135	0.008 ***	0.669	0.684	0.287	0.374
Chi2	2.221	11.5	3.386	13.34	12.03	8.247	15.89
异方差检验	5.566	0.7286	0.02855	0.6339	0.03397	0.02618	8.82 *
误差检验	1.187	1.22	2.179	1.578	1.672	2.606	0.5782
JB 检验	3.008	0.07342	0.6955	2.609	0.7652	3.37	0.5096

	斯洛文尼亚	斯洛伐克	斯里兰卡	新加坡	罗马尼亚	俄罗斯	波兰
Panel A：短期效应							
L. *OFDI*	-0.00657	0.00272	-7.991 ***	0.334	-72.68 **	-17.22	0.0272
(POS)	(0.400)	(0.503)	(0.001)	(0.990)	(0.021)	(0.347)	(0.116)
L. *OFDI*	-0.00580	0.00222	-7.904 ***	-12.79	-67.84 **	-29.12 *	0.0209
(NEG)	(0.409)	(0.555)	(0.000)	(0.624)	(0.014)	(0.094)	(0.130)
Δ*OFDI*	-0.00646	0.00262	-5.024 ***	6.628	-49.84 *	6.681	0.0247
(POS)	(0.407)	(0.505)	(0.006)	(0.796)	(0.064)	(0.589)	(0.118)
L. Δ*OFDI*	-0.0000150	0.0000429	-0.141	1.602	12.13 **	5.491	-0.000452
(POS)	(0.957)	(0.742)	(0.831)	(0.618)	(0.046)	(0.597)	(0.849)

续表

	斯洛文尼亚	斯洛伐克	斯里兰卡	新加坡	罗马尼亚	俄罗斯	波兰
Panel A：短期效应							
Δ*OFDI*	-0.00618	0.00231	-9.438***	-13.22	-64.23**	-20.79	0.0243
(NEG)	(0.401)	(0.543)	(0.000)	(0.625)	(0.020)	(0.182)	(0.109)
L. Δ*OFDI*	-0.000239	-0.0000198	-0.0505	-0.0190	2.593*	5.242*	0.00240*
(NEG)	(0.287)	(0.855)	(0.914)	(0.990)	(0.064)	(0.056)	(0.096)
Panel B：长期效应							
OFDI	-0.007	0.003	-23.214	7.790	51.990***	35.747	0.027
(POS)	(0.400)	(0.503)	(0.173)	(0.990)	(0.004)	(0.235)	(0.116)
OFDI	0.006	-0.002	22.961	298.313	-48.524***	-60.433	-0.021
(NEG)	(0.409)	(0.555)	(0.133)	(0.818)	(0.003)	(0.195)	(0.130)
Panel C：非对称性检验与统计诊断							
短期	0.908	0.061*	0.003***	0.001***	0.242	0.411	0.300
长期	0.435	0.373	0.937	0.847	0.000***	0.062*	0.183
Chi2	17.7*	11.37	8.18	10.89	3.513	14.12	14.67
异方差检验	0.1043	0.0001032	0.5234	2.48	0.8627	0.1804	1.157
误差检验	2.048	0.7972	1.976	0.203	2.344	1.511*	3.322*
JB 检验	0.010	0.3088	1.358	5.629*	0.9054	0.7061	1.313

	菲律宾	巴基斯坦	尼泊尔	马尔代夫	马来西亚	拉脱维亚
Panel A：短期效应						
L. *OFDI*	14.38	-82.39***	-0.0000853	0.0000453	-0.0289	-0.00374
(POS)	(0.229)	(0.000)	(0.887)	(0.512)	(0.220)	(0.612)
L. *OFDI*	-3.065	-77.75***	0.000523	0.0000438	-0.0253	-0.00242
(NEG)	(0.792)	(0.000)	(0.434)	(0.486)	(0.237)	(0.699)
Δ*OFDI*	44.62***	-77.37***	0.0000416	0.0000620	-0.0278	-0.00382
(POS)	(0.006)	(0.000)	(0.957)	(0.405)	(0.196)	(0.583)
L. Δ*OFDI*	-24.29*	0.611	-0.000117	0.00000290	0.00743	0.000700
(POS)	(0.083)	(0.634)	(0.696)	(0.791)	(0.160)	(0.228)
Δ*OFDI*	1.204	-83.81***	0.000421	0.0000293	-0.0258	-0.00285
(NEG)	(0.912)	(0.000)	(0.516)	(0.625)	(0.230)	(0.671)
L. Δ*OFDI*	-1.569	-2.944*	-0.0000139	-0.0000114	0.000361	-0.00107**
(NEG)	(0.702)	(0.071)	(0.911)	(0.410)	(0.304)	(0.029)
Panel B：长期效应						
OFDI	12.071	-92.311***	-0.000	0.000	-0.029	-0.004
(POS)	(0.227)	(0.009)	(0.887)	(0.512)	(0.220)	(0.612)

续表

	菲律宾	巴基斯坦	尼泊尔	马尔代夫	马来西亚	拉脱维亚
Panel B：长期效应						
OFDI (NEG)	2.573 (0.784)	87.112 *** (0.005)	-0.001 (0.434)	-0.000 (0.486)	0.025 (0.237)	0.002 (0.699)
Panel C：非对称性检验与统计诊断						
短期	0.001 ***	0.303	0.455	0.156	0.318	0.520
长期	0.129	0.002 ***	0.150	0.960	0.125	0.344
Chi2	13.7	20.88 *	19.72 *	15.49	10.55	21.99 *
异方差检验	1.494	0.2709	1.76	0.04519	0.006772	0.06809
误差检验	9.583 *	2.959	0.735	6.253 *	1.336	1.542
JB 检验	1.198	0.8495	4.935 *	0.6165	1.215	0.6261

	立陶宛	老挝	韩国	吉尔吉斯斯坦	哈萨克斯坦	印度
Panel A：短期效应						
L. *OFDI* (POS)	0.00107 (0.168)	-1.569 (0.353)	4.286 (0.724)	-0.000102 (0.124)	-66.80 (0.108)	-0.0394 (0.256)
L. *OFDI* (NEG)	0.000142 (0.669)	-3.092 ** (0.011)	-11.65 (0.185)	-0.0000690 (0.180)	-79.66 * (0.075)	-0.0445 (0.153)
Δ*OFDI* (POS)	0.000684 (0.179)	-0.401 (0.749)	17.52 (0.115)	-0.0000299 (0.548)	-74.77 * (0.091)	-0.0456 (0.174)
L. Δ*OFDI* (POS)	-0.0000340 (0.897)	0.136 (0.624)	-3.753 (0.504)	7.97e-08 (0.999)	-5.321 * (0.077)	-0.00597 * (0.060)
Δ*OFDI* (NEG)	0.000286 (0.469)	-10.12 *** (0.000)	-9.552 (0.346)	-0.0000885 * (0.082)	-81.16 * (0.068)	-0.0396 (0.213)
L. Δ*OFDI* (NEG)	0.000190 ** (0.028)	-1.754 (0.128)	1.249 (0.544)	-0.00000924 (0.753)	-0.253 (0.846)	0.00366 (0.153)
Panel B：长期效应						
OFDI (POS)	0.001 (0.168)	2.906 (0.293)	11.387 (0.778)	-0.000 (0.124)	-48.138 *** (0.005)	-0.039 (0.256)
OFDI (NEG)	-0.000 (0.669)	-5.728 ** (0.033)	-30.942 * (0.061)	0.000 (0.180)	57.404 *** (0.004)	0.044 (0.153)
Panel C：非对称性检验与统计诊断						
短期	0.540	0.505	0.354	0.463	0.784	0.572
长期	0.090 *	0.000 ***	0.008 ***	0.668	0.099 *	0.036 **
Chi2	11.92	9.449	15.47	17.1	15.62	15.16

续表

	立陶宛	老挝	韩国	吉尔吉斯斯坦	哈萨克斯坦	印度
Panel C：非对称性检验与统计诊断						
异方差检验	0.1226	2.566	1.1111	1.132	2.368	0.04443
误差检验	0.5103	2.437	2.872	0.953	3.114 *	2.033
JB 检验	1.3	0.5954	0.1767	0.5021	4.289	1.083

	印度尼西亚	匈牙利	克罗地亚	爱沙尼亚	捷克	蒙古国
Panel A：短期效应						
L. *OFDI*	-3.389	0.00432	-0.153	0.00106	297.9	0.00116 **
(POS)	(0.699)	(0.433)	(0.995)	(0.269)	(0.291)	(0.037)
L. *OFDI*	-13.37 *	0.00374	5.435	0.000862	255.3	0.00128 **
(NEG)	(0.067)	(0.435)	(0.811)	(0.303)	(0.330)	(0.026)
Δ*OFDI*	10.71	0.00351	21.30	0.00105	285.8	0.00123 **
(POS)	(0.128)	(0.491)	(0.388)	(0.242)	(0.302)	(0.026)
L. Δ*OFDI*	1.602	-0.000509	9.870 **	-0.00000722	-5.616	0.0000360
(POS)	(0.613)	(0.177)	(0.011)	(0.898)	(0.172)	(0.538)
Δ*OFDI*	-14.37 *	0.00382	4.444	0.000890	268.7	0.00138 **
(NEG)	(0.073)	(0.438)	(0.855)	(0.310)	(0.320)	(0.024)
L. Δ*OFDI*	-1.599	-0.000115	-0.922	0.0000397	6.904	0.0000841
(NEG)	(0.316)	(0.447)	(0.615)	(0.430)	(0.118)	(0.117)
Panel B：长期效应						
OFDI	-139.962	0.004	0.103	0.001	254.459	0.001 **
(POS)	(0.909)	(0.433)	(0.995)	(0.269)	(0.159)	(0.037)
OFDI	552.048	-0.004	3.674	-0.001	-218.060	-0.001 **
(NEG)	(0.882)	(0.435)	(0.816)	(0.303)	(0.203)	(0.026)
Panel C：非对称性检验与统计诊断						
短期	0.000 ***	0.091 *	0.000 ***	0.327	0.379	0.105
长期	0.870	0.466	0.285	0.237	0.020 **	0.076 *
Chi2	14.58	13.2	14.62	11.63	17.88 *	12.8
异方差检验	0.7869	0.6843	2.321	0.3735	0.442	0.2301
误差检验	2.277	1.567	1.09	0.6409	0.296	0.746
JB 检验	1.169	0.3127	1.219	1.321	0.9292	6.964 *

注：括号中为 p 值；*、**、*** 为在 10%、5% 和 1% 上显著；0.000 为结果小于 0.001；Panel C 中结果为 p 值。

从短期效应结果来看，共有12个国家总体表现为正向结果，即中国与这些国家的分工会通过购买者驱动机制对中国制造业结构的高级化产生正向的影响。其中，菲律宾、蒙古国的结果相对显著。另有20个国家总体表现为负向结果，即中国对这些国家的海外采购会通过“一带一路”价值链中的购买者驱动机制对中国制造业结构高级化水平产生负向的影响。其中，孟加拉国、文莱、柬埔寨、斯里兰卡、罗马尼亚、巴基斯坦、老挝、哈萨克斯坦的结果相对显著。在非对称影响方面，短期中斯里兰卡、新加坡、菲律宾、印度尼西亚、克罗地亚的检验结果表现出明显的非对称性。其中，中国对新加坡、菲律宾海外采购的积极变动具有促进作用、负面变动具有负向影响，说明“一带一路”价值链中的购买者驱动机制会促进中国制造业结构的高级化；中国对斯里兰卡、印度尼西亚、克罗地亚海外采购的积极变动具有负向结果、负面变动具有正向影响，说明中国与上述国家进行购买者驱动下的价值链分工会抑制中国制造业结构的高级化发展。

从长期效应结果来看，共有17个沿线国家与中国进行“一带一路”价值链分工在长期内会通过购买者驱动机制促进中国制造业结构高级化。其中，文莱、罗马尼亚、蒙古国的结果相对显著。另有15个样本国家与中国进行“一带一路”价值链下的分工会通过购买者驱动机制抑制中国制造业结构高级化。其中，孟加拉国、巴基斯坦、哈萨克斯坦的结果相对显著。在非对称影响方面，孟加拉国、文莱、罗马尼亚、巴基斯坦、老挝、韩国、印度、捷克、蒙古国均在长期中表现出明显的非对称影响。其中，中国对文莱、罗马尼亚、蒙古国海外采购的积极变动具有正向影响、负面变动具有负向影响，即中国与上述国家进行贸易合作越深入，“一带一路”价值链购买者驱动机制对中国制造业结构高级化的积极影响也越强；中国对孟加拉国、巴基斯坦海外采购的积极变动具有负向影响、负面变动具有正向影响，即当中国对二者的海外采购会通过“一带一路”价值链中的购买者驱动机制显著抑制中国制造业结构的合理化；虽然韩国、印度的结果在长期中存在明显的非对称性影响，但中国对其海外采购的积极和负面变动的结果显著性较低。

第四节　结果对比分析

在具体分析“一带一路”价值链中的生产者和购买者驱动机制对中国制造业转型升级的影响之后，本部分进一步对检验结果进行横向和纵向的对比分析。

一　对结果的横向对比分析

在横向结果对比方面，本部分在国家层面上对比分析了在中国与各沿线国家进行“一带一路”价值链分工过程中，生产者和购买者驱动机制分别对中国制造业出口技术结构、增加值出口、产业结构优化的结果进行对比分析。

1. 价值链驱动机制对出口技术结构影响的对比分析

本部分首先对“一带一路”价值链中的生产者和购买者驱动机制对中国制造业出口技术结构的具体影响进行分析（结果如表 7－9 所示）。

表 7－9　“一带一路”价值链驱动机制对出口技术结构的影响结果对比

生产者驱动机制下的结果				购买者驱动机制下的结果			
正向影响国家		负向影响国家		正向影响国家		负向影响国家	
短期	长期	短期	长期	短期	长期	短期	长期
孟加拉国	孟加拉国	泰国	泰国	新加坡	新加坡	孟加拉国	孟加拉
新加坡	新加坡	斯洛伐克	斯洛伐克	罗马尼亚	罗马尼亚	越南	越南
波兰	波兰	印度	印度	菲律宾	菲律宾	斯里兰卡	斯里兰卡
马尔代夫	马尔代夫	匈牙利	匈牙利	老挝	老挝	巴基斯坦	波兰
老挝	老挝			吉尔吉斯斯坦	吉尔吉斯斯坦	拉脱维亚	巴基斯坦
韩国	韩国			印度尼西亚	印度尼西亚	立陶宛	拉脱维亚

续表

生产者驱动机制下的结果				购买者驱动机制下的结果			
正向影响国家		负向影响国家		正向影响国家		负向影响国家	
短期	长期	短期	长期	短期	长期	短期	长期
吉尔吉斯斯坦	吉尔吉斯斯坦			克罗地亚	捷克	哈萨克斯坦	立陶宛
哈萨克斯坦	哈萨克斯坦			捷克	蒙古国	爱沙尼亚	哈萨克斯坦
爱沙尼亚	爱沙尼亚			蒙古国			爱沙尼亚
捷克	蒙古国						
蒙古国							

资料来源：作者整理。

在对中国制造业出口技术结构的影响方面：（1）中国与新加坡、老挝、吉尔吉斯斯坦、捷克、蒙古国的分工在两种价值链驱动机制下都具有正向影响，中国与上述国家制造业间的分工会通过“一带一路”价值链中的生产者驱动机制和购买者驱动机制对中国制造业出口技术结构产生显著的促进作用；（2）中国与孟加拉国、波兰、哈萨克斯坦、爱沙尼亚、马尔代夫、韩国之间的分工仅会通过“一带一路”价值链中的生产者驱动机制对中国制造业出口技术结构产生显著的促进作用，购买者驱动机制则不会产生正向影响，因此中国应尽量采取 OFDI 的方式与这些国家进行分工合作；（3）中国与罗马尼亚、菲律宾、印度尼西亚、克罗地亚之间的分工仅会通过“一带一路”价值链中的购买者驱动机制对中国制造业出口技术结构产生显著的促进作用，并不会通过生产者驱动机制产生正向影响，因此在与这些国家进行分工时，中国应尽量采取海外采购的方式。

2. 价值链驱动机制对增加值出口影响的对比分析

其次，对“一带一路”价值链中的生产者和购买者驱动机制对中国制造业增加值出口的具体影响进行分析（结果如表 7－10 所示）。

表7-10 “一带一路”价值链驱动机制对增加值出口的影响结果对比

生产者驱动机制下的结果				购买者驱动机制下的结果			
正向影响国家		负向影响国家		正向影响国家		负向影响国家	
短期	长期	短期	长期	短期	长期	短期	长期
孟加拉国	孟加拉国	文莱	文莱	保加利亚	保加利亚	柬埔寨	柬埔寨
保加利亚	保加利亚	斯洛文尼亚	越南	文莱	文莱	斯洛伐克	斯洛伐克
泰国	泰国	匈牙利	斯洛文尼亚	越南	越南	巴基斯坦	巴基斯坦
波兰	波兰		匈牙利	土耳其	土耳其	爱沙尼亚	爱沙尼亚
菲律宾	菲律宾			罗马尼亚	罗马尼亚		
韩国	韩国			俄罗斯	俄罗斯		
印度	印度			波兰	波兰		
克罗地亚	克罗地亚			菲律宾	菲律宾		
捷克	捷克			马来西亚	马来西亚		
				立陶宛	立陶宛		
				韩国	韩国		
				吉尔吉斯斯坦	吉尔吉斯斯坦		
				印度尼西亚	印度尼西亚		
				匈牙利	匈牙利		
				克罗地亚	克罗地亚		

资料来源：笔者整理。

在对中国制造业增加值出口的影响方面：（1）中国与保加利亚、波兰、菲律宾、韩国、克罗地亚的分工在两种价值链驱动机制下都具有显著的正向影响，即中国与上述国家制造业间的分工会通过“一带一路”价值链中的生产者驱动机制和购买者驱动机制对中国制造业增加值出口产生显著的促进作用；（2）中国与孟加拉国、泰国、印度、捷克之间的分工仅会通过“一带一路”价值链中的生产者驱动机制对中国制造业增加值出口产生显著的促进作用，但并未通过购买者驱动机制产生正向影响，因此中国应尽量采取OFDI方式与这些国家进行分工；（3）中国与文莱、越南、土耳其、罗马尼亚、俄罗斯、马来西亚、立陶宛、吉尔吉斯斯坦、印度尼西亚、匈牙利之间的分工仅会通过“一带一路”价值链中的购买者驱动机制对中国制造业增加值出口产生显著的促进作用，并不会通过生产者驱动及价值产生正向影响，因此在与这些国家进行分工时，中国应尽量采取海外采购的方式。

3. 价值链驱动机制对产业结构合理化影响的对比分析

再次，对“一带一路”价值链中的生产者和购买者驱动机制对中国制造业结构合理化水平的具体影响进行分析（结果如表 7 - 11 所示）。

表 7 - 11　“一带一路”价值链驱动机制对制造业结构合理化的影响结果对比

生产者驱动机制下的结果				购买者驱动机制下的结果			
正向影响国家		负向影响国家		正向影响国家		负向影响国家	
短期	长期	短期	长期	短期	长期	短期	长期
孟加拉国	孟加拉国	文莱	文莱	保加利亚	保加利亚	斯洛伐克	斯洛伐克
保加利亚	保加利亚	斯洛文尼亚	斯洛文尼亚	柬埔寨	柬埔寨	爱沙尼亚	哈萨克斯坦
越南	越南	匈牙利	匈牙利	越南	越南		爱沙尼亚
泰国	泰国			土耳其	土耳其		
罗马尼亚	罗马尼亚			斯洛文尼亚	斯洛文尼亚		
波兰	波兰			新加坡	新加坡		
菲律宾	菲律宾			罗马尼亚	罗马尼亚		
韩国	韩国			俄罗斯	俄罗斯		
印度	印度			波兰	波兰		
克罗地亚	克罗地亚			菲律宾	菲律宾		
捷克	捷克			马来西亚	立陶宛		
				立陶宛	韩国		
				韩国	吉尔吉斯斯坦		
				吉尔吉斯斯坦	印度尼西亚		
				印度尼西亚	匈牙利		
				匈牙利	克罗地亚		
				克罗地亚			
				蒙古国			

资料来源：笔者整理。

在对中国制造业结构合理化的影响方面：（1）中国与保加利亚、越南、罗马尼亚、波兰、菲律宾、韩国、克罗地亚在两种价值链驱动机制下的分工都产生显著的正向影响，即中国与上述国家制造业间的分工会通过“一带一路”价值链中的生产者驱动机制和购买者驱动机制对中国制造业结构的合理化产生显著的促进作用；（2）中国与孟加拉国、泰国、印度、捷克之间的分工仅会通过“一带一路”价值链中的生产者驱动机制对中国制造业结构合理化产生显著的促进作用，因此中国应尽量采取 OFDI 的方式对这些国家进行分工；（3）中国与柬埔寨、土耳其、斯洛文尼亚、新加坡、俄罗斯、马来西亚、立陶宛、吉尔吉斯斯坦、印度尼西亚、匈牙利、蒙古国之间的分工仅会通过“一带一路”价值链中的购买者驱动机制对中国制造业结构合理化产生显著的促进作用，因此在与这些国家进行分工时，中国应尽量采取海外采购的方式。

4. 价值链驱动机制对产业结构高级化影响的对比分析

最后，对“一带一路”价值链中的生产者和购买者驱动机制对中国制造业结构高级化水平的具体影响进行分析（结果如表 7－12 所示）。

表 7－12　“一带一路”价值链驱动机制对制造业结构高级化的影响结果对比

生产者驱动机制下的结果				购买者驱动机制下的结果			
正向影响国家		负向影响国家		正向影响国家		负向影响国家	
短期	长期	短期	长期	短期	长期	短期	长期
孟加拉国	越南		斯洛伐克	菲律宾	文莱	孟加拉国	孟加拉国
泰国	新加坡			蒙古国	罗马尼亚	文莱	巴基斯坦
新加坡	波兰				蒙古国	柬埔寨	哈萨克斯坦
俄罗斯	老挝					斯里兰卡	
波兰	哈萨克斯坦					罗马尼亚	
老挝	印度尼西亚					巴基斯坦	
吉尔吉斯斯坦	匈牙利					老挝	
哈萨克斯坦	捷克					哈萨克斯坦	

续表

生产者驱动机制下的结果				购买者驱动机制下的结果			
正向影响国家		负向影响国家		正向影响国家		负向影响国家	
短期	长期	短期	长期	短期	长期	短期	长期
印度尼西亚	蒙古国						
匈牙利	爱沙尼亚						
爱沙尼亚							
捷克							

资料来源：笔者整理。

在对中国制造业结构高级化的影响方面：（1）中国与蒙古国在两种价值链驱动机制下的分工都产生显著的正向影响，即中国与蒙古国制造业间的分工会通过“一带一路”价值链中的生产者驱动机制和购买者驱动机制对中国制造业结构的高级化产生显著的促进作用，但结果仅在长期内显著，在短期内并不显著；（2）中国与新加坡、波兰、老挝、哈萨克斯坦、印度尼西亚、匈牙利、爱沙尼亚之间的分工仅会通过“一带一路”价值链中的生产者驱动机制在短期和长期内对中国制造业结构高级化产生显著的促进作用，因此中国应尽量采取 OFDI 的方式与这些国家进行分工；（3）中国与孟加拉国、泰国、俄罗斯、吉尔吉斯斯坦、捷克的分工仅在短期内会通过“一带一路”价值链生产者驱动机制对中国制造业结构高级化水平产生显著的促进作用，但在长期的作用并不明显，相反，与越南的分工则在长期中相对明显，而在短期中不显著；（4）中国与菲律宾之间的分工仅会通过“一带一路”价值链中的购买者驱动机制在短期内对中国制造业结构合理化产生显著的促进作用，而在长期内的作用不显著；与文莱和罗马尼亚的分工在长期内显著，而在短期内不显著，因此在与这些国家进行分工时，中国应尽量采取海外采购的方式。

二　对结果的纵向对比分析

在纵向结果对比方面，本部分对比分析了在生产者驱动机制和购买者驱动机制下，中国与各“一带一路”沿线国家制造业间的分工会对中国制造业出口技术结构、增加值出口、产业结构优化的具体影响，从而探讨在不同驱动机制下，中国应与哪些国家进行价值链分工合作来实现制造业转型升级。

（一）生产者驱动机制下的结果对比

本部分首先针对中国与“一带一路”沿线国家制造业之间在生产者驱动机制下的分工结果进行对比分析，结果如表7－13所示。

表7－13　“一带一路”价值链生产者驱动机制下的检验结果对比

出口技术结构		增加值出口		产业结构合理化		产业结构高级化	
具有显著正向影响的国家							
短期	长期	短期	长期	短期	长期	短期	长期
孟加拉国	孟加拉国	孟加拉国	孟加拉国	孟加拉国	孟加拉国	孟加拉国	越南
新加坡	新加坡	保加利亚	保加利亚	保加利亚	保加利亚	泰国	新加坡
波兰	波兰	泰国	泰国	越南	越南	新加坡	波兰
马尔代夫	马尔代夫	波兰	波兰	泰国	泰国	俄罗斯	老挝
老挝	老挝	菲律宾	菲律宾	罗马尼亚	罗马尼亚	波兰	哈萨克斯坦
韩国	韩国	韩国	韩国	波兰	波兰	老挝	印度尼西亚
吉尔吉斯斯坦	吉尔吉斯斯坦	印度	印度	菲律宾	菲律宾	吉尔吉斯斯坦	匈牙利
哈萨克斯坦	哈萨克斯坦	克罗地亚	克罗地亚	韩国	韩国	哈萨克斯坦	捷克
爱沙尼亚	爱沙尼亚	捷克	捷克	印度	印度	印度尼西亚	蒙古国
捷克	蒙古国			克罗地亚	克罗地亚	匈牙利	爱沙尼亚
蒙古国				捷克	捷克	爱沙尼亚	
						捷克	
具有显著负向影响的国家							
短期	长期	短期	长期	短期	长期	短期	长期
泰国	泰国	文莱	文莱	文莱	文莱	斯洛伐克	
斯洛伐克	斯洛伐克	斯洛文尼亚	越南	斯洛文尼亚	斯洛文尼亚		
印度	印度	匈牙利	斯洛文尼亚	匈牙利	匈牙利		
匈牙利	匈牙利		匈牙利				

资料来源：作者整理。

一方面，中国与各“一带一路”沿线国家制造业之间在生产者驱动机制下的分工中：（1）孟加拉国、捷克、波兰为结果最好的三个国家，说明“一带一路”价值链中的生产者驱动机制可以中国对其进行 OFDI 的方式促进中国制造业出口技术结构与产业结构的优化以及增加值出口规模的扩大，即可全面促进中国制造业实现转型升级；（2）泰国、韩国表现次之，前者可以促进中国制造业增加值出口规模的扩大以及产业结构的优化，但却不利于出口技术结构的优化，后者可以促进出口技术结构的优化、增加值出口规模的扩大以及产业结构的合理化，但对产业结构高级化的影响并不显著；（3）为新加坡、保加利亚、老挝、菲律宾、克罗地亚、印度、爱沙尼亚、哈萨克斯坦，其中，价值链生产者驱动机制通过中国对新加坡、哈萨克斯坦、爱沙尼亚、老挝的 OFDI 促进中国制造业出口技术结构的优化和产业结构的高级化；生产者驱动机制则通过中国对保加利亚、印度尼西亚、克罗地亚、菲律宾 OFDI 的方式促进中国制造业增加值出口规模的扩大以及产业结构的合理化；（4）中国对其他国家 OFDI 对制造业转型升级的影响相对单一，并不全面，即在中国与这些国家的分工中，“一带一路”价值链生产者驱动机制对中国制造业转型升级的影响并不突出。

另一方面，中国与各“一带一路”沿线国家制造业之间在生产者驱动机制下的分工中：（1）匈牙利结果最差，即虽然会显著促进中国制造业结构趋于高级化，但“一带一路”价值链中的生产者驱动机制会通过中国对匈牙利 OFDI 的方式显著抑制中国制造业出口技术结构的优化、增加值出口规模的扩大以及产业结构的合理化；（2）生产者驱动机制会通过中国对文莱、斯洛文尼亚 OFDI 的方式显著抑制中国制造业增加值出口规模的扩大以及产业结构趋于合理化，也会通过中国对斯洛伐克 OFDI 的方式显著抑制中国制造业出口技术结构的优化以及产业结构的高级化；（3）中国与泰国、印度之间的分工会通过“一带一路”价值链中的生产者驱动机制显著抑制中国制造业出口技术结构的优化，而与越南之间的分工则会显著抑制其增加值出口规模的扩大。

（二）购买者驱动机制下的结果对比

本部分其次针对中国与“一带一路”沿线国家制造业之间在购买者驱动机制下的分工结果进行对比分析，结果如表 7 - 14 所示。

表 7 - 14　“一带一路”价值链购买者驱动机制下的检验结果对比

出口技术结构		增加值出口		产业结构合理化		产业结构高级化	
具有显著正向影响的国家							
短期	长期	短期	长期	短期	长期	短期	长期
新加坡	新加坡	保加利亚	保加利亚	保加利亚	保加利亚	菲律宾	文莱
罗马尼亚	罗马尼亚	文莱	文莱	柬埔寨	柬埔寨	蒙古国	罗马尼亚
菲律宾	菲律宾	越南	越南	越南	越南	蒙古国	
老挝	老挝	土耳其	土耳其	土耳其	土耳其		
吉尔吉斯斯坦	吉尔吉斯斯坦	罗马尼亚	罗马尼亚	斯洛文尼亚	斯洛文尼亚		
印度尼西亚	印度尼西亚	俄罗斯	俄罗斯	新加坡	新加坡		
克罗地亚	捷克	波兰	波兰	罗马尼亚	罗马尼亚		
捷克	蒙古国	菲律宾	菲律宾	俄罗斯	俄罗斯		
蒙古国		马来西亚	马来西亚	波兰	波兰		
		立陶宛	立陶宛	菲律宾	菲律宾		
		韩国	韩国	马来西亚	立陶宛		
		吉尔吉斯斯坦	吉尔吉斯斯坦	立陶宛	韩国		
		印度尼西亚	印度尼西亚	韩国	吉尔吉斯斯坦		
		匈牙利	匈牙利	吉尔吉斯斯坦	印度尼西亚		
		克罗地亚	克罗地亚	印度尼西亚	匈牙利		
				匈牙利	克罗地亚		
				克罗地亚			
				蒙古国			
具有显著负向影响的国家							
短期	长期	短期	长期	短期	长期	短期	长期
孟加拉国	孟加拉国	柬埔寨	柬埔寨	斯洛伐克	斯洛伐克	孟加拉国	孟加拉国
越南	越南	斯洛伐克	斯洛伐克	爱沙尼亚	哈萨克斯坦	文莱	巴基斯坦
斯里兰卡	斯里兰卡	巴基斯坦	巴基斯坦		爱沙尼亚	柬埔寨	哈萨克斯坦
巴基斯坦	波兰	爱沙尼亚	爱沙尼亚			斯里兰卡	
拉脱维亚	巴基斯坦					罗马尼亚	
立陶宛	拉脱维亚					巴基斯坦	

续表

出口技术结构		增加值出口		产业结构合理化		产业结构高级化	
具有显著正向影响的国家							
哈萨克斯坦	立陶宛					老挝	
爱沙尼亚	哈萨克斯坦					哈萨克斯坦	
	爱沙尼亚						

资料来源：笔者整理。

一方面，在中国与各“一带一路”沿线国家制造业之间在购买者驱动机制下的分工中：（1）罗马尼亚和菲律宾为结果最好的三个国家，说明“一带一路”价值链中的购买者驱动机制可以中国对其进行海外采购的方式促进中国制造业出口技术结构与产业结构的优化以及增加值出口规模的扩大，即可全面促进中国制造业实现转型升级；（2）吉尔吉斯斯坦、印度尼西亚、克罗地亚、蒙古国表现次之，其中，购买者驱动机制可以通过中国对吉尔吉斯斯坦、印度尼西亚、克罗地亚进行海外采购来促进中国制造业增加值出口技术结构的优化、增加值出口规模的扩大以及产业结构的合理化，对蒙古国的海外采购则可以促进中国制造业出口技术结构的优化、产业结构的合理化以及高级化，但对增加值出口的影响并不显著；（3）为新加坡、保加利亚、越南、俄罗斯、波兰、立陶宛、韩国、土耳其、马来西亚、匈牙利、文莱，其中，价值链购买者驱动机制通过中国对保加利亚、越南、罗马尼亚、波兰、俄罗斯、立陶宛、马来西亚、韩国、匈牙利的海外采购来促进中国制造业增加值出口规模的扩大以及产业结构的合理化；购买者驱动机制则通过中国对新加坡海外采购的方式促进中国制造业出口技术结构的改善以及产业结构的合理化；（4）中国对其他国家海外采购对制造业转型升级的影响相对单一，并不全面，即在中国与这些国家的分工中，“一带一路”价值链购买者驱动机制对中国制造业转型升级的影响并不突出。

另一方面，中国与各“一带一路”沿线国家购买者驱动机制下的分工中：（1）巴基斯坦、爱沙尼亚的结果最差，前者会显著抑制中国制造业出口技术结构的改善、增加值出口贸易规模的扩大以及产业结构的高级化，后者则会显著抑制出口技术结构的改善、增加值出口贸易规模的扩大以及产业结构的合理化；（2）购买者驱动机制会通过中国对孟加拉国、斯里兰卡海外采购的方式显著抑制中国制造业出口技术结构的改善以及产业结构的高级化，也会通过中国对柬埔寨海外采购的方式显著抑制中国制造业增加值出口规模的扩大以及产业结构的高级化；（3）其他国家的结果显示其对中国制造业转型升级的抑制作用相对单一。

第五节　本章小结

本章基于非线性和非对称影响的视角，根据中国与“一带一路”各沿线国家间的具体分工情况，使用非对称自回归分布滞后模型（NARDL）对“一带一路”价值链中的生产者驱动机制和购买者驱动机制下的分工对中国制造业出口技术结构、增加值出口规模、产业结构优化的非对称影响进行详细分析，在国家层面分析中国与各沿线国家如何选择具体的分工形式，从而促进“一带一路”价值链中的生产者与购买者驱动机制对中国制造业转型升级的积极影响。

具体来说，一方面，为实现制造业出口技术结构的优化，中国可以选择与新加坡、老挝、吉尔吉斯斯坦、捷克、蒙古国同时进行生产者和购买者驱动机制下的价值链分工，并可以选择与孟加拉国、波兰、哈萨克斯坦、爱沙尼亚、马尔代夫、韩国进行生产者驱动机制下的价值链分工，选择与罗马尼亚、菲律宾、印度尼西亚、克罗地亚进行购买者驱动机制下的价值链分工；为实现制造业增加值出口规模的扩大，中国可以选择与保加利亚、波兰、菲律宾、韩国、克罗地亚同时进行生产者和购买者驱动机制下的价值链分工，并可以选择与孟加拉国、泰国、印度、捷克进行生产者驱动机制下的价值链分工，与文莱、越南、土耳其、罗马尼亚、俄罗斯、马来西亚、立陶宛、吉尔吉斯斯坦、印度尼西亚、匈牙利进行购买者驱动机制下的分工；为实现制造业结构的合理化，中国可以选择与保加利亚、越南、罗马尼亚、波兰、菲律宾、韩国、克罗地亚同时进行生产者和购买者驱动机制下的价值链分工，并选择与孟加拉国、泰国、印度、捷克之间进行生产者驱动机制下的分工，与柬埔寨、土耳其、斯洛文尼亚、新加坡、俄罗斯、马来西亚、立陶宛、吉尔吉斯斯坦、印度尼西亚、匈牙利、蒙古国之间进行购买者驱动机制下的分工；为实现制造业结构的高级化，中国可以选择与蒙古国同时进行生产者和购买者驱动机制下的价值链分工，并选择与新加坡、波兰、老挝、哈萨克斯坦、印度尼西亚、匈牙利、爱沙尼亚进行生产者驱动机制下的价值链分工，选择与孟加拉国、泰国、俄罗斯、吉尔吉斯斯坦、捷克、菲律宾、文莱、罗马尼亚之间进行购买者驱动机制下的分工。

另一方面，根据结果可以看出，“一带一路”价值链生产者驱动机制会通过中国与孟加拉国、捷克、波兰之间的分工全面促进中国制造业转型升级，通过与泰国、韩国、新加坡、保加利亚、老挝、菲律宾、克罗地亚、印度、爱沙尼亚、哈萨克斯坦之间的分工则从多个方面助力中国制造业转型升级；“一带一路”价值链购买者驱动机制会通过中国与罗马尼亚和菲律宾之间的分工全面促进中国制造业转型升级，通过与吉尔吉斯斯坦、印度尼西亚、克罗地亚、蒙古国、新加坡、保加利亚、越南、俄罗斯、波兰、立陶宛、韩国、土耳其、马来西亚、匈牙利、文莱之间的分工则从多个方面助力中国制造业转型升级。

第八章

研究结论与政策启示

第一节　研究结论

一　现实方面

本书从现实层面对“一带一路”沿线国家制造业分工合作的典型化事实进行分析，并对相关问题进行测度分析。具体来说，本书首先对中国与其他沿线国家制造业参与国际分工合作的现实特征进行分析，主要从中国制造业参与国际分工现状、其他沿线国家参与国际分工现状、“一带一路”沿线国家在全球价值链中的位置三个方面展开。结果显示：（1）中国 FDI 和 OFDI 水平自改革开放以来一直处于上升的阶段，贸易虽然也在逐步上升，但从增加值贸易视角来看，中国制造业价值创造能力仍有待提升；（2）其他“一带一路”沿线国家在国际金融危机之后参与国际分工的情况并不理想，且增加值贸易视角下的数据显示各国制造业增值能力也有待加强；（3）在价值链分工地位方面，从整体产业层面来说，在“一带一路”沿线国家中，中国制造业处于相对上游的位置，其中位置指数高于中国的沿线国家有 13 个，低于中国的沿线国家有 20 个；从细分行业层面来说，中国的木材、木制品与软木制品行业（C6）、食物、饮料与烟草行业（C3）、焦炭、精炼石油与核燃料行业（C8）、皮、皮革与鞋类行业（C5）、基本金属与加工金属行业（C12）在“一带一路”沿线国家中都处于价值链相对上游的位置；织物与纺织品行业（C4）、电子设备与光学设备行业（C14）、其他非金属矿石行业（C11）、机械装备行业（C13）总体上仍处于价值链相对下游的位置。

其次，本书对中国与“一带一路”沿线国家制造业互惠合作发展的现实特征进行分析，具体从制造业投资合作现状、制造业贸易合作现状、制造业共生水平 3 个方面展开。结果显示：（1）自倡议提出以来，中国对“一带一路”沿线国家直接投资一直处于波动性上升的状态，且东南亚为中国主要投资对象；（2）中国与“一带一路”沿线国家贸易合作总体上保持相对稳定的状态，且出口的波动性较小而进口的波动性较大；（3）在产业共生水平方面，中国与“一带一路”沿线国家制造业共生水平总体有待提高，且双边实现良好共生主要集中于原材料制品以及初级产品行业，同时吉尔吉斯斯坦共在 8 个行业中与中国都具有较高或相对良好的共生水平，柬埔寨、文莱分别在 7 个和 6 个行业内保持较好的共生水平，俄罗斯与老挝分别都在 4 个行业内表现较为突出，孟加拉国、巴基斯坦、尼泊尔和斯里兰卡都分别在 3 个行业内表现较为突出，哈萨克斯坦、韩国、马尔代夫、印度尼西亚、不丹、泰国和罗马尼亚则均在少数特定行业内与中国保持较好的共生水平。

对于中国来说，根据对现实分析结果的总结可以看出，一方面，在目前全球价值链分工体系中，中国制造业对外经贸往来一直处于较为活跃的状态，且在所有“一带一路”沿线国家中，中国制造业总体处于价值链相对上游的位置，但细分行业中处于相对上游位置的仍然较少；同时，在增加值贸易视角下，中国制造业的增值能力仍然有待加强，即仍需要不断推进制造业转型升级，提升在国际中的竞争力。另一方面，自“一带一路”倡议提出以来，中国与其他沿线国家在制造业中一直保持紧密的经贸互动，具体表现在对沿线国家投资的波动性上升以及贸易的相对稳定，且东南亚地区国家一直是主要合作伙伴；从产业共生情况来说，总体上中国仍需不断优化与其他“一带一路”沿线国家在制造业领域内的共生水平，且应与吉尔吉斯斯坦、柬埔寨、俄罗斯等国在不同的制造业细分行业中进行更为具体的合作，从而可以进一步提升与这些国家在不同行业中的共生水平。

二　理论方面

本书从数理模型和内部作用机理两个方面对“一带一路”价值链驱动机制对中国制造业转型升级进行理论层面的分析。

数理模型方面，本书立足于发展中国家视角，构建“三国价值链分工模型”，分析了价值链分工合作如何通过生产者驱动和购买者驱动机制对链条上游和下游国家形成影响。分析结果显示：（1）价值链顺向分工方面，发展较好的发展中国家（C2）与发展较弱的发展中国家（C3）的价值链分工会通过生产者驱动和购买者驱动下的溢出效应，提升处于价值链下游的C3国家国内技术水平，促进其实现制造业结构优化。而这反过来会增强其国内对较高复杂度中间品和最终品的生产与供应能力，并对更为复杂中间品的产生需求。这会使C2国家对C3国家增加复杂度较高的中间品出口规模，降低复杂度较低的中间品出口规模，即优化了C2国家的出口技术结构。同时处于价值链上游的C2国家对下游的C3国家中间品出口规模会存在先不变，再上升，后下降的趋势。（2）价值链逆向分工方面，发展较好的发展中国家（C2）与发达国家（C1）的价值链逆向分工会通过生产者驱动和购买者驱动下的溢出效应，提升处于价值链下游的C2国家国内技术水平，改善国内产业结构。同时，C2国家的技术升级也会带动其国内生产能力的提升，扩大中间品与最终品的生产范围，并对C1国家更为复杂中间品产生更大需求。而这反过来会促进处于价值链上游的C1国家向处于下游的C2国家出口复杂度更高的中间品，即改善其国内出口技术结构，但出口规模并未发生改变。

作用机理方面，本书围绕“价值链驱动机制→分工形式→治理模式→中国制造业升级”这一关键线索，结合中国参与“一带一路”倡议的现实情况，在共商共建共享全球治理观的基础上，详细分析了“一带一路”价值链驱动机制影响中国制造业转型升级的内部作用机理。结果显示：(1) 在生产者驱动型“一带一路”价值链中，处于相对上游位置的中国企业可凭借自身技术优势，通过资源、效率和市场寻求型 OFDI 等方式与处于相对下游位置的沿线国家企业进行价值链顺向分工，而处于相对下游位置的中国企业则可以凭借自身资本优势和现有技术水平，通过战略资产获取型 OFDI 等方式与处于相对上游位置的沿线国家企业进行价值链逆向分工；在购买者驱动型区域价值链中，处于相对上游位置的中国企业可以借助自身服务与品牌优势，通过外包、OEM 合作等方式与处于相对下游位置的沿线国家进行价值链顺向分工，而处于相对下游位置的中国企业则可以借助自身的资本与组织管理优势，通过逆向外包等方式与处于相对上游位置的沿线国家企业进行价值链逆向分工；除此之外，中国企业与政府应通过产业转移、技术溢出、人才培养、提升制造业服务化水平等扶持性合作方式带动区域内发展较为落后的国家发展，同时中国企业可以与区域内相对发达国家的物流企业、金融机构等进行互惠性合作，从而实现互利共赢。(2) 在“一带一路”价值链顺向分工合作中，治理模式主要为层级型和领导型，但处于相对上游位置的中国厂商在与处于相对下游位置的沿线国家厂商之间进行合作时，并不会阻碍其进行自主式升级，相反会在“互通互联”的基础上积极帮助其实现升级；在“一带一路”价值链逆向分工合作中，治理模式主要为关系型、模块型和市场型，但处于相对下游位置的中国厂商并不会对处于相对位置的其他沿线国家相关厂商的成长与发展进行干预，相反还会积极学习这些厂商的成熟经验与高级技术，从而实现共同发展。(3) 在中国与“一带一路”沿线国家进行价值链顺向分工合作过程中，合作会从前向产业关联效应、要素价格变动效应、产业转移效应、技术溢出效应、技术倒逼效应、后向产业关联效应、市场整合效应、需求放大效应、市场依赖效应共9个方面使中国制造业出口规模扩大、出口技术结构优化、刺激资本回流与积累，从而最终促进了中国制造业的转型升级；在中国与“一带一路”沿线国家进行价值链顺向分工合作过程中，合作会从前向产业关联效应、逆向技术溢出效应、供给放大效应、成长示范效应、后向产业关联效应、市场竞争效应、市场补充效应、学习效应共8个方面提升中国制造业整体技术水平、扩大制造业出口规模以及国内的产品生产范围，从而最终促进了中国制造业的转型升级。

综合理论方面分析结果，可以看出，一国制造业实现转型升级可以体现在出口规模扩大、出口技术结构改善、产业结构优化三个方面。对于中国来说，在与其他“一带一路”沿线国家制造业间进行合作的过程中，可以与沿线国家进行价值链顺向分工，并通过生产者和购买者驱动机制发挥产业转移效应、技术溢出效应、技术倒逼效应、市场依赖效应等，从而促进制造业实现转型升级；可以与沿线国家进行价值链逆向分工，并通过生产者和购买者驱动机制发挥逆向技术溢出效应、供给放大效应、学习效应等，从而促进制造业实现转型升级。

三 实证方面

在经过理论分析之后，本书在对称和非对称两个视角下，从整体层面和国家层面对“一带一路”价值链驱动机制对中国制造业转型升级的影响进行实证检验。

在对称视角下的实证方面，结果显示：（1）从整体层面来看，各被解释变量均对自身具有显著的“惯性”作用，即显著促进了自身水平的提升，且“一带一路”价值链中的生产者驱动机制和购买者驱动机制虽然会通过OFDI和海外采购的形式对各被解释变量产生负向抑制作用，但总体上仍有利于中国制造业的转型升级；（2）在价值链顺向分工中，中国制造业出口技术结构和增加值出口对自身具有显著的正向促进作用，且“一带一路”价值链中的生产者驱动机制和购买者驱动机制在静态情况下对中国制造业对“一带一路”沿线国家的出口技术结构和增加值出口规模都具有显著的正向促进作用，而在动态情况下生产者驱动机制对二者的影响总体为正，购买者驱动机制的影响则总体为负，说明中国在与沿线国家进行价值链顺向合作中更应注重生产者驱动下的分工，从而不断促进中国制造业转型升级；（3）在价值链逆向分工中，中国制造业结构的合理化和高级化对自身都具有显著的促进作用，且“一带一路”价值链中的生产者驱动机制和购买者驱动机制无论在静态还是动态情况下，总体上都会对中国制造业合理化水平具有正向作用，但对高级化水平则都具有显著的负向作用，说明中国与“一带一路”沿线国家的价值链逆向分工合作虽然有利于中国制造业结构的合理化，但不利于高级化发展，即逆向 OFDI 和逆向海外采购的“逆向技术溢出效应”并未有效发挥；（4）企业层面来看，总体而言生产者和购买者驱动机制都会对中国制造业企业生产效率产生明显的促进作用，其中生产者驱动机制主要在短期和长期的逆向分工以及长期的顺向分工中发挥明显的作用，购买者驱动机制主要在短期和长期的顺向分工中发挥明显的促进作用，说明中国参与“一带一路”价值链分工有利于促进制造业实现全面转型升级，并应当注重在顺向分工中对沿线国家的海外采购和长期 OFDI，以及在逆向分工中对沿线国家的逆向 OFDI。

在非对称视角下的实证方面，结果显示：（1）为实现制造业出口技术结构的优化，中国可以选择与新加坡、老挝、吉尔吉斯斯坦、捷克、蒙古国同时进行生产者和购买者驱动机制下的价值链分工，并可以选择与孟加拉国、波兰、哈萨克斯坦、爱沙尼亚、马尔代夫、韩国进行生产者驱动机制下的价值链分工，选择与罗马尼亚、菲律宾、印度尼西亚、克罗地亚进行购买者驱动机制下的价值链分工；为实现制造业增加值出口规模的扩大，中国可以选择与保加利亚、波兰、菲律宾、韩国、克罗地亚同时进行生产者和购买者驱动机制下的价值链分工，并可以选择与孟加拉国、泰国、印度、捷克进行生产者驱动机制下的价值链分工，与文莱、越南、土耳其、罗马尼亚、俄罗斯、马来西亚、立陶宛、吉尔吉斯斯坦、印度尼西亚、匈牙利进行购买者驱动机制下的分工；为实现制造业结构的合理化，中国可以选择与保加利亚、越南、罗马尼亚、波兰、菲律宾、韩国、克罗地亚同时进行生产者和购买者驱动机制下的价值链分工，并选择与孟加拉国、泰国、印度、捷克之间进行生产者驱动机制下的分工，与柬埔寨、土耳其、斯洛文尼亚、新加坡、俄罗斯、马来西亚、立陶宛、吉尔吉斯斯坦、印度尼西亚、匈牙利、蒙古国之间进行购买者驱动机制下的分工；为实现制造业结构的高级化，中国可以选择与蒙古国同时进行生产者和购买者驱动机制下的价值链分工，并选择与新加坡、波兰、老挝、哈萨克斯坦、印度尼西亚、匈牙利、爱沙尼亚进行生产者驱动机制下的价值链分工，选择与孟加拉国、泰国、俄罗斯、吉尔吉斯斯坦、捷克、菲律宾、文莱、罗马尼亚之间进行购买者驱动机制下的分工。（2）“一带一路”价值链生产者驱动机制会通过中国与孟加拉国、捷克、波兰之间的分工全面促进中国制造业转型升级，通过与泰国、韩国、新加坡、保加利亚、老挝、菲律宾、克罗地亚、印度、爱沙尼亚、哈萨克斯坦之间的分工则从多个方面助力中国制造业转型升级；“一带一路”价值链购买者驱动机制会通过中国与罗马尼亚和菲律宾之间的分工全面促进中国制造业转型升级，通过与吉尔吉斯斯坦、印度尼西亚、克罗地亚、蒙古国、新加坡、保加利亚、越南、俄罗斯、波兰、立陶宛、韩国、土耳其、马来西亚、匈牙利、文莱之间的分工则从多个方面助力中国制造业转型升级。

综合实证方面分析结果可以看出，一方面，在整体层面上，在中国与其他沿线国家制造业之间进行分工过程中，“一带一路”价值链中的生产者驱动机制和购买者驱动机制总体上会促进中国制造业实现转型升级，且在价值链顺向分工合作中，生产者驱动机制对中国制造业出口规模扩大和出口技术结构的改善作用更为明显；在价值链逆向分工合作中，两种驱动机制都会提升中国制造业结构的合理化水平，但对高级化水平的提升作用则较弱。另一方面，在国别层面上，为实现制造业出口规模的扩大、出口技术结构的改善以及产业结构的优化，中国应当分别与不同的“一带一路”沿线国家之间进行价值链分工，且与孟加拉国、捷克、波兰之间可以通过“一带一路”价值链中的生产者驱动机制全面促进中国制造业的转型升级；与罗马尼亚和菲律宾之间可以通过购买者驱动机制全面促进中国制造业的转型升级。

第二节　政策启示

在现实、理论、实证三个方面对“一带一路”价值链驱动机制对中国制造业转型升级的影响进行详细分析并得出相应结论的基础上，本书最后在政府层面、产业层面、企业层面提出相应对策建议，为中国在未来与“一带一路”沿线国家进行价值链分工以实现制造业转型升级提出可行的对策建议，也为中国与沿线国家在未来的合作方向提供更加明确的方向。

一　基于政府层面的建议

从政府层面来说，为进一步推进“一带一路”价值链的构建以及中国与其他沿线国家制造业之间的经贸合作，促进中国制造业实现转型升级。首先，中国政府应当在坚持共商共建共享全球治理观的基础上继续大力推进“一带一路”倡议的建设，继续对沿线国家进行基础设施投资，并增加与各沿线国家的高层互动，形成良好的双多边高层友好往来关系，同时从共同推动自由贸易协定的签订、提升投资便利化水平、促进区域内各国金融体系的衔接、推动各国互联网与物联网的对接、沟通构建跨境合作的事前风险预警系统以及事后监督系统等，从而在多个方面为“一带一路”价值链构造以及在此框架的各国经贸合作提供良好的政治经济外部环境。其次，中国政府应当进一步鼓励国内企业“走出去”，并通过税收补贴、资金融通等方式保障企业进行对外直接投资以及海外采购部分生产环节，并实现与东道国企业的顺利衔接。最后，中国政府应当进一步加大对“一带一路”区域内国家的资本吸引力度，通过引入更多外资实现中国与其他沿线国家在多领域内的深入合作，这也有利于技术、管理经验等高级生产要素的扩散，从而在助力中国制造业发展的同时有利于实现区域内各国的共同发展。

二　基于产业层面的建议

从产业层面来说，为促进中国与其他沿线国家制造业在“一带一路”价值链框架下的深度分工，实现中国制造业的转型升级以及各国制造业的共同发展。首先，应不断推进“一带一路”框架下的境外经贸合作区以及海外园区的建设，并以此为平台吸引各国企业进入，通过上下游产业关联促进知识和技术的传递以及人才的联合培养，从而实现技术溢出效应和产业集聚效应等，最终达到正的外部性，即实现合作区或园区内企业的互利共赢，进一步提高中国与其他沿线国家制造业之间的共生水平。其次，在不断推进基础设施建设投资的基础上，应积极对“一带一路”价值链内其他沿线国家进行中国部分制造业的转移，而制造业的跨境转移不仅可以进一步深化“一带一路”价值链中的分工，也可以借助价值链中产业间的关联效应，在优化中国制造业结构的同时提升沿线国家的工业化水平，即促进其国内相关产业技术水平的提升以及生产规模的扩大，从而实现区域内各国制造业的共同发展。最后，在鼓励制造业“走出去”的同时，也应当鼓励与之相关的金融业、运输物流业、互联网等行业进入到“一带一路”价值链中，在与相对发达国家相关企业进行合作的同时积极帮助相对落后国家发展其自身的通信、金融和物流网络，从而保障价值链的顺利构建以及价值链分工的顺利进行。

三 基于企业层面的建议

从企业层面来说，作为进行价值链分工与对外经贸合作的具体行为主体，在构建“一带一路”价值链以及进行具体分工的过程中，首先，中国制造业企业应当加强对“一带一路”价值链的重视，并积极通过 OFDI 和海外采购的方式与沿线国家实现价值链分工，从而不断提升自身生产效率，进而促进制造业实现全面的转型升级。其中，在“一带一路”价值链顺向分工下，中国制造业企业应重视在短期和长期内采用海外采购的方式与沿线国家进行分工，同时，虽然 OFDI 在短期内无法产生明显的影响，但也应当重视对沿线国家的长期投资；在“一带一路”价值链逆向分工下，中国制造业企业应当发挥自身资本与管理优势，积极对沿线国家进行逆向 OFDI，从而助力自身生产效率在短期和长期的提升。其次，中国制造业企业在与发展较为落后的沿线国家企业进行合作时，应当主动对这些企业进行技术帮扶和人员培训，从而快速提升其生产能力，促进快速实现规模经济，而在与较为发达的沿线国家企业进行合作时，应当积极派出学习小组或相关技术人员，在与相关企业进行合作的同时争取实现技术的“内部化”，从而在未来提升自身竞争力。再次，中国制造业企业除进行海外采购和 OFDI 以外，还需不断进行自主研发与创新，不断提升在价值链中的地位，同时不断增强对区域内相对落后国家的技术分享与人才培养，引领这些国家快速实现工业化。最后，中国互联网企业、金融企业以及物流企业也应在“一带一路”价值链的框架下积极对外进行投资与合作，构建国际平台网络、金融网络以及物流网络，在提升区域整体制造业服务化水平的同时，通过对各国市场中相关信息的整合以及信息在价值链条中的高效传递促进跨国供应链条的形成以及双多边市场的融合，从而助力中国制造业在未来实现转型升级。

第三节　研究不足与展望

一　研究不足

本书虽然“一带一路”价值链驱动机制对中国制造业转型升级的影响进行了科学的理论探讨和实证分析，但由于无法获得制造业细分行业的对外直接投资数据，因此对上述影响的实证检验主要停留在整体产业层面而无法讨论各细分行业中所存在的具体影响。同时，由于部分国家数据不可得或缺失较为严重，因此在研究样本选取过程中无法涵盖所有“一带一路”沿线国家，因此本书研究结果的全面性仍然有待提高。

二　研究展望

本书从价值链分工视角出发，研究了在中国与其他沿线国家进行制造业分工合作过程中，“一带一路”价值链中的生产者驱动机制和购买者驱动机制对中国制造业转型升级的影响，并使用增加值贸易数据和对外直接投资数据对文中所提出的问题进行实证检验，得出相应实证结果，从而针对性地从多个方面提出可行的对策建议。同时，位于“一带一路”倡议之外的第三方国家或市场的参与对于中国与沿线国家制造业之间的分工合作以及对中国制造业转型升级有何种影响；“一带一路”价值链驱动机制如何与全球价值链驱动机制共同作用于中国制造业转型升级，即具有何种影响；除制造业外，中国与“一带一路”沿线国家在其他产业中的分工合作是否也会对其各自的转型升级形成不同的影响等都是未来需要进一步深入研究的问题。

参考文献

［美］W. W. 罗斯托：《经济成长的阶段——非共产党宣言》，郭熙保、王松茂译，中国社会科学出版社 2001 年版。

［美］罗伯特·J. 凯伯：《国际贸易（第十三版）》，中国人民大学出版社 2012 年版。

［日］小岛清：《对外贸易论》，周宝廉译，南开大学出版社 1987 年版。

［英］亚当·斯密：《国民财富的性质和原因的研究》，郭大力、王亚南译，商务印书馆 1974 年版。

蔡东青、周经：《东道国人力资本、研发投入与我国 OFDI 的反向技术溢出》，《世界经济研究》2012 年第 4 期。

蔡海亚、徐盈之：《贸易开放是否影响了中国产业结构升级?》，《数量经济技术经济研究》2017 年第 10 期。

陈东：《区域自由贸易集团与关税及贸易总协定》，《世界经济》1994 年第 1 期。

陈虹、杨成玉：《“一带一路”国家战略的国际经济效应研究——基于 CGE 模型的分析》，《国际贸易问题》2015 年第 10 期。

陈雷、李坤望：《区域经济一体化与经济增长收敛性：实证分析》，《南开经济研究》2005 年第 2 期。

陈敏、桂琦寒、陆铭、陈钊：《中国经济增长如何持续发挥规模效应？——经济开放与国内商品市场分割的实证研究》，《经济学》（季刊）2007 年第 10 期。

陈晓华、黄先海：《中国出口品技术含量变迁的动态研究——来自50国金属制品1993—2006年出口的证据》，《国际贸易问题》2010年第4期。

陈晓华、黄先海、刘慧：《中国出口技术结构演进的机理与实证研究》，《管理世界》2011年第3期。

陈羽、黄晶磊、谭蓉娟：《逆向外包、价值链租金与欠发达国家产业升级》，《产业经济研究》2014年第4期。

程超泽：《中国对外经济区域一体化的圈层模式》，《经济学家》1995年第1期。

程大中：《中国参与全球价值链分工的程度及演变趋势——基于跨国投入—产出分析》，《经济研究》2015年第9期。

程大中：《中国生产性服务业的水平、结构及影响——基于投入—产出法的国际比较研究》，《经济研究》2008年第1期。

程大中、姜彬、魏如青：《全球价值链分工与自贸区发展：内在机制及对中国的启示》，《学术月刊》2017年第5期。

程大中、李韬、姜彬：《要素价格差异与要素跨国流向：对HOV模型的检验》，《世界经济》2015年第3期。

程大中、郑乐凯、魏如青：《全球价值链视角下的中国服务贸易竞争力再评估》，《世界经济研究》2017年第5期。

程定华：《世界历史的选择，一体化进程的召唤——关税与贸易总协定的历史作用》，《世界经济研究》1995年第1期。

赤松要：《日本产业发展的雁行形态》，《商业经济论丛》1936年第8期。

崔娜、柳春：《“一带一路”沿线国家制度环境对中国出口效率的影响》，《世界经济研究》2017年第8期。

邓慧慧、桑百川：《FTA网络化发展中第“轮轴—辐条”模式：福利效应与中国的参与战略》，《财贸经济》2012年第7期。

董有德、孟醒：《OFDI逆向技术溢出与国内企业创新能力——基于我国分价值链数据检验》，《国际贸易问题》2014年第9期。

樊纲、关志雄、姚枝仲:《国际贸易结构分析:贸易品的技术分布》,《经济研究》2006 年第 8 期。

方慧、赵胜立:《“一带一路”倡议促进了中国产业结构升级吗?——基于 285 个城市的双重差分检验》,《产业经济研究》2021 年第 1 期。

方英、马芮:《中国与“一带一路”沿线国家文化贸易潜力及影响因素:基于随即前沿引力模型的实证研究》,《世界经济研究》2018 年第 1 期。

冯予蜀:《论关税贸易总协定对发展中国家的差别待遇》,《世界经济》1987 年第 9 期。

傅京燕、程芳芳:《“一带一路”倡议对中国沿线省份产业结构升级的影响研究》,《经济经纬》2021 年第 3 期。

傅耀:《产业升级、贸易政策与经济转型》,《当代财经》2008 年第 4 期。

傅元海、叶祥松、王展祥:《制造业结构优化的技术进步路径选择——基于动态面板的经验分析》,《中国工业经济》2014 年第 9 期。

郭克莎:《加入 WTO 对中国工业的综合性影响分析》,《经济研究》2002 年第 11 期。

韩永辉、罗晓斐、邹建华:《中国与西亚地区贸易合作的竞争性和互补性研究——以“一带一路”战略为背景》,《世界经济研究》2015 年第 3 期。

何剑、孙玉红:《全球 FTA 网络化发展对不同地位国家的影响》,《中国软科学》2008 年第 5 期。

洪俊杰:《中国开放型经济的双环流理论初探》,《国际贸易问题》2018 年第 1 期。

洪俊杰、刘志强、黄薇:《区域振兴战略与中国工业空间结构变动——对中国工业企业调查数据的实证分析》,《经济研究》2014 年第 8 期。

洪世勤、顾晓燕、刘厚俊：《中国制造业出口技术结构与变化趋势研究》，《统计研究》2016 年第 7 期。

洪银兴：《WTO 条件下贸易结构调整和产业升级》，《管理世界》2001 年第 2 期。

洪银兴：《创新驱动攀升全球价值链中高端》，《经济学家》2017 年第 12 期。

胡晓鹏：《产业共生：理论界定及其内在机理》，《中国工业经济》2008 年第 9 期。

胡晓鹏、李庆科：《生产性服务业与制造业共生关系研究——对苏、浙、沪投入产出表的动态比较》，《数量经济技术经济研究》2009 年第 2 期。

胡艺、闫吉丽、全毅：《中国与“21 世纪海上丝绸之路”沿线国家贸易互补性测度及其影响因素的实证研究》，《世界经济研究》2017 年第 8 期。

黄先海、陈晓华：《要素密集型逆转与贸易获利能力提升——以中美纺织业为例》，《国际贸易问题》2008 年第 2 期。

黄先海、陈晓华、刘慧：《产业出口复杂度的测度及其动态演进机理分析——基于 52 个经济体 1993—2006 年金属制品出口的实证研究》，《管理世界》2010 年第 3 期。

黄先海、杨高举：《中国高技术产业的国际分工地位研究：基于非竞争型投入占用产出模型的跨国分析》，《世界经济》2010 年第 5 期。

黄先海、余骁：《以“一带一路”建设重塑全球价值链》，《经济学家》2017 年第 3 期。

黄先海、诸竹君：《新产业革命背景下中国产业升级的路径选择》，《国际经济评论》2015 年第 1 期。

贾妮莎、雷宏振：《中国 OFDI 与“一带一路”沿线国家产业升级——影响机制与实证检验》，《经济科学》2019 年第 1 期。

蒋殿春、张宇：《经济转型与外商直接投资技术溢出效应》，

《经济研究》2008 年第 7 期。

蒋冠宏、蒋殿春:《中国对外投资的区位选择:基于投资引力模型的面板数据分析》,《世界经济》2012 年第 9 期。

蒋冠宏、蒋殿春:《中国工业企业对外直接投资与企业生产率进步》,《世界经济》2014 年第 9 期。

金京、戴翔、张二震:《全球要素分工背景下的中国产业转型升级》,《中国工业经济》2013 年第 11 期。

黎峰:《进口贸易、本土关联与国内价值链重塑》,《中国工业经济》2017 年第 9 期。

黎峰:《增加值视角下的中国国家价值链分工——基于改进的区域投入产出模型》,《中国工业经济》2016 年第 3 期。

黎峰:《中国国内价值链是怎样形成的?》,《数量经济技术经济研究》2016 年第 9 期。

李波、杨先明:《贸易便利化与企业生产率:基于产业集聚第视角》,《世界经济》2018 年第 3 期。

李逢春:《对外直接投资的母国产业升级效应——来自中国省际面板的实证研究》,《国际贸易问题》2012 年第 6 期。

李海舰、魏恒:《新型产业组织分析范式构建研究——从 SCP 到 DIM》,《中国工业经济》2007 年第 7 期。

李建军、李俊成:《“一带一路”基础设施建设、经济发展与金融要素》,《国际金融研究》2018 年第 2 期。

李杰、李捷瑜、黄先海:《海外市场需求与跨国垂直并购——基于低端下游企业的视角》,《经济研究》2011 年第 5 期。

李敬、陈旎、万广华、陈澍:《“一带一路”沿线国家货物贸易的竞争互补关系及动态变化——基于网络分析方法》,《管理世界》2017 年第 4 期。

李坤望、黄玖立:《中国贸易开放度的经验分析:以制造业为例》,《世界经济》2006 年第 8 期。

李坤望、王有鑫:《FDI 促进了中国出口产品质量升级吗?——

基于动态面板系统 GMM 方法的研究》,《世界经济研究》2013 年第 5 期。

李梅、柳士昌:《对外直接投资逆向技术溢出的地区差异和门槛效应》,《管理世界》2012 年第 1 期。

李晓、李俊久:《“一带一路”与中国地缘政治经济战略的重构》,《世界经济与政治》2015 年第 10 期。

梁华:《中国恢复关贸总协定席位后进口条件的变化及其影响》,《管理世界》1992 年第 4 期。

梁琦、吴新生:《“一带一路”沿线国家双边贸易影响因素研究——基于拓展引力方程的实证检验》,《经济学家》2016 年第 12 期。

廖庆梅、刘海云:《基于二元梯度和边际的中国制造业 OFDI 母国就业效应》,《国际贸易问题》2018 年第 6 期。

林毅夫、刘培林:《以加入 WTO 为契机推进国有企业改革》,《管理世界》2001 年第 2 期。

林毅夫、孙希芳:《经济发展的比较优势战略理论——兼评〈对中国外贸战略与贸易政策的评论〉》,《国际经济评论》2003 年第 12 期。

刘冰、周绍东:《基于技术和市场内生互动的中国产业升级路径研究》,《管理世界》2014 年第 2 期。

刘海云、聂飞:《中国 OFDI 动机及其对外产业转移效应——基于贸易结构视角》,《国际贸易问题》2015 年第 11 期。

刘啟仁、黄建忠:《贸易自由化、企业动态与行业生产率变化——基于我国加入 WTO 的自然实验》,《国际贸易问题》2016 年第 1 期。

刘青、陶攀、洪俊杰:《中国海外并购的动因研究——基于广延边际与集约边际的视角》,《经济研究》2017 年第 1 期。

刘仕国、吴海英、马涛、张磊、彭莉、于建勋:《利用全球价值链促进产业升级》,《国际经济评论》2015 年第 1 期。

刘维林:《产品架构与功能架构的双重嵌入——本土制造业突破

GVC 低端锁定的攀升途径》，《中国工业经济》2012 年第 1 期。

刘志彪、张杰：《从融入全球价值链到构建国家价值链：中国产业升级的战略思考》，《学术月刊》2009 年第 9 期。

刘志彪、张杰：《全球代工体系下发展中国家俘获型网络的形成、突破与对策——基于 GVC 和 NVC 的比较视角》，《中国工业经济》2007 年第 5 期。

刘志彪、张少军：《中国地区差距及其纠偏：全球价值链和国内价值链的视角》，《学术月刊》2008 年第 5 期。

刘志迎、郎春雷：《基于共生的产业经济分析范式探讨》，《经济学动态》2004 年第 2 期。

卢福财、胡平波：《全球价值网络下中国企业低端锁定的博弈分》，《中国工业经济》2008 年第 10 期。

马颖、李静、余官胜：《贸易开放度、经济增长与劳动密集型产业结构调整》，《国际贸易问题》2012 年第 9 期。

毛其淋、盛斌：《对外经济开放、区域市场整合与全要素生产率》，《经济学（季刊）》2011 年第 10 期。

毛其淋、许家云：《中国企业对外直接投资是否促进了企业创新》，《世界经济》2014 年第 8 期。

孟祺：《基于“一带一路”的制造业全球价值链构建》，《财经科学》2016 年第 2 期。

潘素昆、袁然：《不同投资动机 OFDI 促进产业升级的理论与实证研究》，《经济学家》2014 年第 9 期。

彭水军、袁凯华：《全球价值链视角下中国加工贸易的升级演进》，《经济学家》2016 年第 10 期。

彭水军、袁凯华、韦韬：《贸易增加值视角下中国制造业服务化转型的事实与解释》，《数量经济技术经济研究》2017 年第 9 期。

彭羽、沈玉良：《“一带一路”沿线自由贸易协定与中国 FTA 网络构建》，《世界经济研究》2017 年第 8 期。

丘东晓：《自由贸易协定理论与实证研究综述》，《经济研究》

2011 年第 9 期。

邵朝对、李坤望、苏丹妮：《国内价值链与区域经济周期协同：来自中国的经验证据》，《经济研究》2018 年第 3 期。

沈铭辉、张中元：《中国境外经贸合作区："一带一路"上的产能合作平台》，《国际政治与经济》2016 年第 3 期。

盛斌、果婷：《亚太区域经济一体化博弈与中国的战略选择》，《世界经济与政治》2014 年第 10 期。

盛斌、黎峰：《"一带一路"倡议的国际政治经济分析》，《南开学报》（哲学社会科学版）2016 年第 1 期。

孙文远：《产品内价值链分工视角下的产业升级》，《管理世界》2006 年第 10 期。

谭秀杰、周茂荣：《21 世纪"海上丝绸之路"贸易潜力及其影响因素——基于随即前沿引力模型》，《国际贸易问题》2015 年第 2 期。

佟家栋：《"一带一路"倡议的理论超越》，《经济研究》2017 年第 12 期。

王桂军、卢潇潇：《"一带一路"倡议与中国企业升级》，《中国工业经济》2019 年第 3 期。

王海杰、李延朋：《全球价值链分工中产业升级的微观机理：一个产权经济学的观点》，《中国工业经济》2013 年第 4 期。

王开、靳玉英：《全球 FTA 网路形成机制研究》，《财贸经济》2013 年第 9 期。

王克岭、罗斌、吴东、董建新：《GVC 治理模式演进的影响因素研究》，《产业经济研究》2013 年第 7 期。

王原雪、张二震：《全球价值链视角下的区域经济一体化及中国的策略》，《南京社会科学》2016 年第 8 期。

王岳平：《开放条件下的工业结构升级》，经济管理出版社 2004 年版。

王直、魏尚进、祝坤福：《总贸易核算法：官方贸易统计与全球价值链的度量》,《中国社会科学》2015 年第 9 期。

魏龙、王磊:《从嵌入全球价值链到主导区域价值链——“一带一路”战略的经济可行性分析》,《国际贸易问题》2016 年第 5 期。

吴进红:《开放经济与产业结构升级（第一版)》,社会科学文献出版社 2007 年版。

吴先明、黄春桃:《中国企业对外直接投资的动因:逆向投资与顺向投资的比较研究》,《中国工业经济》2016 年第 1 期。

吴哲、范彦成、陈衍泰、黄莹:《新兴经济体 OFDI 的逆向知识溢出效应——基于中国对 OBOR 国家 OFDI 的实证研究》,《中国管理科学》2015 年第 11 期。

小岛清、鱼金涛:《日本对外直接投资动向综述》,《外国经济与管理》1985 年第 5 期。

徐康宁、冯伟:《基于本土市场规模的内生化产业升级:技术创新的第三条道路》,《中国工业经济》2010 年第 11 期。

许南、李建军:《产品内分工、产业转移与中国产业结构升级》,《管理世界》2012 年第 1 期。

杨帆:《中国对外开放的历史与展望》,《管理世界》2015 年第 4 期。

杨连星、刘晓光:《中国 OFDI 逆向技术溢出与出口技术复杂度提升》,《财贸经济》2016 年第 6 期。

杨水利、易正广、李韬奋:《基于再集成的“低端锁定”突破路径研究》,《中国工业经济》2014 年第 6 期。

袁纯清:《共生理论——兼论小型经济》,经济科学出版社 1998 年版。

袁凯华、彭水军:《中国加工贸易的价值攀升:嵌入 NVC 会优于 GVC 吗》,《统计研究》2017 年第 8 期。

张辉:《全球价值链动力机制与产业发展策略》,《中国工业经济》2006 年第 1 期。

张辉:《全球价值链理论与我国产业发展研究》,《中国工业经济》2004 年第 5 期。

张辉:《全球价值链下北京产业升级研究》, 北京大学出版社 2007 年版。

张会清:《中国与“一带一路”沿线地区的贸易潜力研究》,《国际贸易问题》2017 年第 7 期。

张杰、刘东:《我国地方产业集群的升级路径: 基于组织分工架构的一个初步分析》,《中国工业经济》2006 年第 5 期。

张理娟、张晓青、姜涵、刘畅:《中国与“一带一路”沿线国家的产业转移研究》,《世界经济研究》2016 年第 6 期。

张茉楠:《“一带一路”战略框架下的全球价值链合作》,《区域经济评论》2016 年第 5 期。

张少军:《全球价值链与国内价值链——基于投入产出表的新方法》,《国际贸易问题》2009 年第 4 期。

张亚斌:《“一带一路”投资便利化与中国 OFDI 选择——基于跨国面板数据及投资引力模型的实证研究》,《国际贸易问题》2016 年第 9 期。

张蕴岭:《东亚合作与中国——东盟自由贸易区的建设》,《当代亚太》2002 年第 1 期。

赵金龙:《我国“一带一路”FTA 战略的路径选择探究》,《世界经济研究》2016 年第 12 期。

赵伟、古广东、何元庆:《外向 FDI 与中国技术进步: 机理分析与尝试性实证》,《管理世界》2006 年第 7 期。

周茂、陆毅、符大海:《贸易自由化与中国产业升级: 事实与机制》,《世界经济》2016 年第 10 期。

周叔莲、王伟光:《科技创新与产业结构优化升级》,《管理世界》2001 年第 10 期。

Aschauer David, 1989, “Does Public Expenditure Productive?” *Journal of Monetary Economics*, Vol. 23, No. 2.

Alfaro Laura, Areendam Chanda, Sebnem Kalemli - Ozcan and Selin

Sayek, 2002, “FDI and Economic Growth: The Role of Local Financial Markets”, *Journal of International Economics*, Vol. 64, No. 1.

Arrow J. Kenneth, 1962, “The Economic Implications of Learning by Doing,” *Review of Economics Studies*, Vol. 29, No. 3.

Amiti Mary and Caroline Freund, 2010, *The Anatomy of China's Export Growth*, Chicago: University of Chicago Press.

Antràs Pol and Davin Chor, 2013, “Organizing the Global Value Chain,” *Econometrica*, Vol. 81, No. 6.

Antràs Pol, Davin Chor, Thibault Fally and Russell Hillberry, 2012, “Measuring the Upstreamness of Production and Trade Flows,” *American Economic Review*, Vol. 102, No. 3.

Arndt W. Sven, 2014, “Production Networks in an Economically Integrated Region”, in Sven W. Arndt, *Evolving Patterns in Global Trade and Finance*, World Scientific Publishing Co. Pte. Ltd..

Arndt W. Sven and Henryk Kierzkowski, 2001, *Fragmentation: New Production Patterns in the World Economy*, Oxford: Oxford University Press.

Bhagwati N. Jagdish, 2007, *In Defense of Globalization: With a New Afterword*, New York: Oxford University Press.

Bair Jennifer and Enrique D. Peters, 2006, “Global Commodity Chains and Endogenous Growth: Export Dynamism and Development in Mexico and Honduras,” *World Development*, Vol. 34.

Buurman Joost and Piet Rietveld, 1999, “Transport Infrastructure and Industrial Location: The Case of Thailand,” *Review of Urban & Regional Development Studies*, Vol. 11, No. 1.

Baas W. Leenard and Frank A. Boons, 2004, “An Industrial Ecology Project in Practice: Exploring the Boundaries of Decision – making Levels in Regional Industrial System”, *Journal of Cleaner Production*, Vol. 12, No. 8 – 10.

Baldwin E. Richard and Thorvaldur Gylfason, 1995, "A Domino Theory of Regionalism", in Richard Baldwin, Jaakko Kiander, Pertti Haaparanta, *Expanding Membership of the European Union*, Cambridge: Cambridge University Press.

Banga Rashmi, Dinesh Kumar and Philip Cobbina, 2015, "Trade – led Regional Value Chains in Sub – Saharan Africa: Case Study on the Leather Sector," Commonwealth Trade Policy Discussion Papers, London: Commonwealth Secretariat.

Bhatia S. Ujal, 2013, "The Globalization of Supply Chains – Policy Challenges for Developing Countries," in Deborah K. Elms and Patrick Low, eds. *Global Value Chains in a Changing World*, Fung Global Institute (FGI), Nanyang Technological University (NTU), and World Trade Organization (WTO).

Ernst & Young Global Limited, 2016, *Going Out – the Global Dream of a Manufacturing Power*, 2016 China Outbound Investment Outlook.

Egger Peter and Mario Larch, 2008, "Interdependent preferential trade agreement memberships: An empirical analysis," *Journal of International Economics*, Vol. 76, No. 2.

Fan C. Cindy and Allen J. Scott, 2003, "Industrial Agglomeration and Development: A Survey of Spatial Economic Issues in East Asia and a Statistical Analysis of Chinese Regions," *Economic Geography*, Vol. 79, No. 3.

Finger J. Michael and Mordechai E. Kreinin, 1979, "A Measure of 'Export Similarity' and Its Possible Uses," The Economic Journal, Vol. 89, No. 356.

Fosfuri Andrea and Massimo Motta, 1999, "Multinationals without Advantage," *The Scandinavian Journal of Economic*, Vol. 101, No. 4.

Gereffi Gary, 1999 (a), "A Commodity Chains Framework for Analyzing Global Industries," Duke University Working Paper, August 12.

Gereffi Gary, 1999 (b), "International Trade and Industrial Upgrading in the Apparel Commodity Chain," *Journal of International Economics*, Vol. 48, No. 1.

Gereffi Garyand Miguel Korzeniewicz, 1994, *Commodity Chains and Global Capitalism*, New York: Praeger.

Grubel J. Herbert and Peter J. Lloyd, 1975, "Intra – Industry Trade: The Theory and Measurement of International Trade in Differential Products," *Journal of International Economics*, Vol. 6, No. 3.

Gereffi Gary, John Humphrey and Timothy Sturgeon, 2005, "The Governance of Global Value Chains," *Review of International Political Economy*, Vol. 12, No. 1.

Gammeltoft Peter, Helena Barnard and Anoop Madhok, 2010, "Emerging Multinationals, Emerging Theory: Macro – and Micro – level Perspectives," *Journal of International Management*, Vol. 16, No. 2.

Hummels David, Jun Ishii and Kei – Mu Yi, 2001, "The Nature and Growth of Vertical Specialization in World Trade," *Journal of International Economics*, Vol. 54.

HausmannRicardo, Jason Hwang and Dani Rodrik, 2007, "What You Export Matters," *NBER Working Paper*, No. 11905.

Humphrey John and Hubert Schmitz, 2001, "Governance in Global Value Chains", IDS Bulletin, Vol. 32, No. 3.

Humphrey John and Hubert Schmitz, 2004, "Chain Governance and Upgrading: Taking Stock," in John Humphrey, *Local Enterprises in the Global Economy*, Cheltenhan: Edward Elgar Publishing.

Huang Yiling, 2017, "Research on Energy Strategy and Chinese Energy Investment in the Middle East", paper published under licence by IOP Publishing Ltd. , IOP Conference Series: Earth and Environmental Science, Volume 81, 2nd International Conference on Materials Science, Energy Technology and Environmental Engineering (MSETEE 2017),

Zhuhai, China, April 28 – 30.

Haddad Mona and Ann Harrison, 1993, "Are There Positive Spillovers from DFI: Evidence from Panel Data for Morocco", *Journal of Development Economics*, Vol. 42, No. 1.

Jolliffe T. Ian, 2002, *Principal Component Analysis* (*Second Edition*), New York: Springer.

Jacobson B. Noel and Stefan Anderberg, 2005, "Economics of Industrial Ecology," in Jeroen V. D. Bergh and Marco A. Janssen, *Economics of Industrial Ecology: Materials, Structural Change, and Spatial Scales*, London: The MIT Press.

Kokko Ari, 1994, "Technology Market Characteristics and Spillovers," *Journal of Development Economics*, Vol. 43, No. 2.

Kokko Ari, 1996, "Productivity Spillovers from Competition between Local Firms and Foreign Affiliates," *Journal of International Development*, Vol. 8, No. 4.

Kolstad Ivar and Arne Wiig, 2012, "What Determines Chinese Outward FDI?" *Journal of World Business*, Vol. 47, No. 1.

Kojima Kiyoshi, 1973, "A Macroeconomic Approach to Foreign Direct Investment", *Hitotsubashi Journal of Economics*, Vol. 14, No. 1.

Kruokawa Kisho, 1997, *Each One a Hero: The Philosophy of Symbiosis*, Tokyo: Kodansha International Press.

Krugman Paul R., 1987, "The Narrow Moving Band, the Dutch Disease, and the Competitive Consequences of Mrs. Thatcher: Notes on Trade in the Presence of Dynamic Scale Economics", Journal of Development Economies, Vol. 27, No. 1 – 2.

Kotler Philip, Somkid Jatusripitak, Suvit Maesincee, 1997, *The Marketing of Nations: A Strategic Approach to Building National Wealth*, New York: The Free Press.

Krugman R. Paul and Anthony J. Venables, 1995, "Globalization and the Inequality of Nations," *Quarterly Journal of Economics*, Vol. 110, No. 4.

Koopman Robert, Zhi Wang and Shang – Jin Wei, 2014, "Tracing Value – added and Double Counting in Gross Exports," *The American Economic Review*, Vol. 104, No. 2.

Kaplinsky Raphael, 2000, "Globalization and Unequalisation: What can be Learned from Value Chains Analysis?" *Journal of Development Economies*, Vol. 37, No. 2.

Kaplan Yilmaz, 2017, "China's OBOR as a Geo – Functional Institutionalist Project," *Taltech Journal of European Studies*, Vol. 7, No. 1.

Lall Sanjaya, 2000, "The Technological Structure and Performance of Developing Country Manufactured Exports, 1985 – 1998," *Oxford Development Studies*, Vol. 28, No. 3.

Lipsey Richard G., 1982, "An Economic Theory of Central Places," *The Economic Journal*, Vol. 92, No. 265.

Lindert H. Peter, 1986, "Unequal English Wealth since 1670," *The Journal of Political Economy*, Vol. 94, No. 6.

Luo Yadong and Rosalie L Tung, 2007, "International Expansionof Emerging Market Enterprises: A Springboard Perspective," *Journal of International Business Studies*, Vol. 38, No. 4.

Mathews A. John, 2006, "Dragon Multinationals: New Players in 21st Century Globalization," *Asia Pacific Journal of Management*, Vol. 23, No. 1.

Meyer – Stamer Jörg, 2004, "Regional Value Chain Initiatives: An Opportunity for the Application of PACA – Approach," *Duisburg: Mesopartner Working Paper.*

Meyer – Stamer Jörg, 2003, "Why is Local Economic Development So Difficult?" *Duisburg: Mesopartner Working Paper.*

Morris Mike, Cornelia Staritz and Justin Barnes, 2011, "Value

Chain Dynamics, Local Embeddedness, and Upgrading in the Clothing Sectors of Lesotho and Swaziland," *International Journal of Technological Learning, Innovation and Development*, Vol. 4, No. 1 – 3.

Overholt H. William, 2015, "Posture Problems Undermining One Belt, One Road, One Pivot," *Global Asia*, Vol. 10, No. 3.

Parente L. Stephen and Edward C. Prescott, 1999, "Monopoly Rights: A Barrierto Riches," *American Economic Review*, Vol. 89, No. 5.

Paracer Surindar and Vernon Ahmadjian, 2000, *Symbiosis: An Introduction to Biological Association (Second Edition)*, Oxford: Oxford University Press.

Porter E. Michael, 1985, *Competitive Advantage: Creating and Sustaining Superior Performance*, New York: The Free Press.

Porter E. Michael, 1990, *The Competitive Advantage of Nations: With a New Introduction*, New York: The Free Press.

Ramamurti Ravi and Jitendra V. Singh, 2009, *A Theoretical Aspects of MNEs from Emerging Markets, Emerging Multinationals in Emerging Markets*, Cambridge: Cambridge University Press.

Staritz Cornelia, Gary Gereffi and Olivier Cattaneo, 2011, "Shifting End Markets and Upgrading Prospects in Global Value Chains," *International Journal of Technological Learning Innovation and Development*, Vol. 4, No. 1 – 3.

Suder Gabriele, 2011, "Globalisation, Really, Is a Regional FTA – Regional Economic Integration: Europe and Asia," paper delivered to JETRO – IDE, June 30, 2011, Chiba.

Schmitz Hubert, 2004, "Local Upgrading in Global Chains: Recent Findings", paper delivered to the DRUID Summer Conference, June 14 – 16, 2004.

Sengupta Jati, 2012, *Dynamics of Industry Growth*, New York: Springer.

United Nations Conference on Trade and Development, 2016, *African Continental Free Trade Area: Developing and Strengthening Regional Value Chains in Agricultural Commodities and Processed Food Products*, United Nations Publication, November 2, 2016.

Vernon Raymond, 1966, "International Investment and International Trade in the Product Cycle," *The Quarterly Journal of Economics*, Vol. 80, No. 2.

Wang Jian and Michael B. Charles, 2010, "Application of the Input – Output Model to the Analysis of Socio – Economic Impacts by Different Transport Infrastructure Investment in Australia," paper delivered to The 18th International Input – Output Conference, sponsored by CRC for Rail Innovation and Southern Cross University, Sydney, June 20 – 25, 2010.

Zheng Bijian, 2017, "China's 'One Belt, One Road' Plan Marks the Next Phase of Globalization", *New Perspectives Quarterly*, Vol. 34, No. 3.

Zaccaro J. Stephenand Zachary N. J. Horn, 2003, "Leadership Theory and Practices: Fostering and Effective Symbiosis", The Leadership Quarterly, Vol. 14, No. 6.

索　　引

D

E

F

G

Z

后　　记

当今世界是在分工和贸易的基础上建立的、以价值创造为核心的巨大网络，其中在供给侧和需求侧所形成的驱动机制令各个国家和经济体的产业相互关联，形成以价值为引导的价值链，并在链条的各环节中扮演着不同的角色，发挥着不同的作用。自改革开放以来，中国一直凭借自身在资源和劳动力等生产要素方面的优势，积极地参与全球分工和贸易合作并嵌入到全球价值链中。随着经济实力和国际影响力的不断扩大，中国在全球分工和贸易格局中的作用越来越重要，高质量和高端化成为目前中国经济发展的主要趋势和目标，沿全球价值链不断向上攀升的需求也更加急切。与此同时，中国也越来越多地参与到全球治理中，不仅提高了发展中国家的话语权，更是为共建人类命运共同体做出了极大贡献。

然而，在此过程中，中国也面临着来自内外部的多重压力，其中外部压力主要来源于两个方面，其一是美国等发达国家在高端研发和高端制造领域内对中国实施的限制与封锁，其二是越南等近年来崛起的发展中国家在中低端制造领域内对中国市场的挤占；内部压力主要来源于劳动力成本上升、高端研发能力不足等方面。这些压力令中国经济发展，尤其是制造业发展陷入一定的困境。

当前，世界正处于百年未有之大变局，外部环境的不确定进一步增加了中国制造业在转型升级过程中可能遭遇的风险和挑战，因此寻求一条稳定可靠的升级路径成为当下的重点问题。2013 年

“一带一路”倡议的提出不仅为中国深化改革开放、传播中国理论和思想提供了重要依托，也为新时代下促进中国经济高质量发展提供了重要机遇。在共商共建共享全球治理观的引领下，“一带一路”价值链如何影响一国制造业发展、中国与其他“一带一路”沿线国家间的产业关系如何、“一带一路”价值链能否促进中国制造业转型升级……这些问题仍然需要进一步研究。针对这些问题，本书进行了详细分析，并尝试给出可能的答案。

当然，想要研究和分析这些问题并非易事，在本书即将付梓之际，我要特别感谢我博士阶段的导师，山东大学经济学院张宏教授。从确定“‘一带一路’价值链与中国制造业升级”这一研究方向开始，我博士阶段走过的每一步都离不开张教授对我的细心指导和帮助。其间我也曾遇到瓶颈，也曾萌生退意，但张教授对我的支持、信任和鼓励让我一直坚持下来，并在未来的科研之路上永远激励着我。

此外，感谢国家社会科学基金优秀博士论文出版项目对于本书的资助，同时也要感谢每一位评审专家和老师的辛勤付出。对我来说，能得到各位专家和老师的支持是一种莫大的鼓舞，这坚定了我的科研信心，让我可以在科研之路上走得更远。

本书可以顺利出版，还要特别感谢本书的责任编辑，中国社会科学出版社的党旺旺老师。党老师认真负责的工作态度让我敬佩不已，在她耐心的帮助下，书稿才得以不断完善，并最终达到出版要求。

作为一名青年学者，我坚信，从长远的角度来看，“一带一路”倡议是中国应对百年未有之大变局以及解决众多内外部问题的关键所在，而构建和参与“一带一路”价值链则是中国制造业实现价值链攀升的必经之路。我不仅希望借助本书阐述自己的想法，也希望可以借助此书不断勉励自己继续对感兴趣的问题和坚持的观点深入探索下去。

当然，本书难免存在不足之处，希望各位专家和读者不吝赐教，笔者会在未来的研究中加以改进。

潘雨晨

2022 年 10 月于山东威海